民國歷史與文化研究

八 編

第 **10** 冊

民國全運會研究

孫 璐 著

花木蘭文化事業有限公司

國家圖書館出版品預行編目資料

民國全運會研究／孫璐 著 — 初版 — 新北市：花木蘭文化事
業有限公司，2018〔民 107〕
目 2+236 面；19×26 公分
（民國歷史與文化研究 八編；第 10 冊）
ISBN 978-986-485-500-1（精裝）
1. 運動會 2. 民國史
628.08   107011563

ISBN-978-986-485-500-1

民國歷史與文化研究
八 編 第 十 冊   ISBN：978-986-485-500-1

民國全運會研究

作　者　孫 璐
總 編 輯　杜潔祥
副總編輯　楊嘉樂
編　　輯　許郁翎、王 筑　美術編輯　陳逸婷
出　版　花木蘭文化事業有限公司
發 行 人　高小娟
聯絡地址　235 新北市中和區中安街七二號十三樓
　　　　　電話：02-2923-1455／傳真：02-2923-1452
網　址　http://www.huamulan.tw 信箱 hml 810518@gmail.com
印　刷　普羅文化出版廣告事業
初　版　2018 年 9 月
全書字數　203705 字
定　價　八編 10 冊（精裝）台幣 18,000 元

民國全運會研究

孫璐 著

作者簡介

孫璐，男，1987 年生，籍貫江蘇揚州，現居重慶。目前爲重慶文化藝術職業學院副教授。主要研究方向爲中國近現代文化史、非物質文化遺產保護與教學研究。曾主持、主研重慶市教育委員會人文社科項目、重慶市高等教育教學改革項目、重慶市藝術科學規劃項目等多項省部級科研項目，參與《南京教育史》（第 2 版）近現代部分的編寫工作。目前在《學術界》、《江蘇師範大學學報（哲學社會科學版）》等 CSSCI 中文核心期刊發表多篇論文。

提　要

　　民國全運會是民國時期（1912 ～ 1949）中國國內水平最高、規模最大的綜合性體育運動會，它代表了當時中國的近代體育發展水平。民國全運會的舉辦歷盡艱辛，步履蹣跚，經歷了從無到有、規模從小到大再到陡然衰落的過程。

　　民國全運會的舉辦為近代中國體育發展水平的展現提供了良好的平臺。它向國內外大眾展示了民國年間中國近代體育的發展成果，振奮了中國的民族精神，一定程度上回擊了當時西方列強對國人「東亞病夫」的蔑稱。民國全運會還起到了推廣近代體育運動、普及近代體育項目的作用，客觀上刺激了邊疆地區的近代體育發展。20 世紀 30 年代，民國全運會的舉辦在一定程度上增強了中華民族的凝聚力，為即將到來的全面抗日戰爭作了戰前動員。

　　民國全運會也存在著很多不可避免的歷史局限。首先，民國全運會從無到有的誕生過程是建立在西方列強對中國侵略的基礎之上的，這是民國全運會的先天不足。民國全運會所反映出的近代中國體育發展水平總體上是比較落後的。全國運動會的名號在當時始終名不副實，一定程度上催生出局部地區唯錦標論和體育發展貴族化的不良傾向。

　　民國全運會的發展歷程就好比一部汽車從點火發動、起步上路、逐漸加速再到遭遇車禍的過程，呈現出一個緩慢上升、逐漸加速再到驟然衰落的曲線狀圖案。它凝聚著當時的中國人為體育強國夢想不懈的努力和追求的過程，體現出中華民族不畏強暴、迎難而上的奮鬥精神。

目

次

導　論

一、問題的提出

　　自鴉片戰爭爆發、中國歷史開始步入近代歷史以來，中國的政治制度、社會經濟基礎、文化思想在短時間內轉變之劇烈、迅速爲中國古代歷史從未有過的。近代中國體育正是在這一次次的劇變中應運而生，也正是在這一次次的劇變中艱難的向前發展，這是一個從無到有、從小到大的充滿艱辛坎坷的歷史進程。1840 年鴉片戰爭之前，中國一些古老的傳統體育運動長期得不到應有的重視，正因爲如此，中國古代的大一統王朝數量雖然不算少，但千百年來都未有舉國大一統、定期舉辦並形成制度的體育現象的出現。1840 年鴉片戰爭以後，以堅船利炮爲先鋒的西方工業文明敲開了古老中國的大門，近代中國經歷了西方列強一次次血與火的洗禮，伴隨著這一次次的陣痛，西方近代體育悄然進入中國。儘管在此期間中國的傳統文化思想和西方近代體育思想之間有過激烈的碰撞，但最終中國還是走上了以模倣學習爲主流的借鑒融合之路。進入 20 世紀以後，中西文化激烈碰撞爭戰的熱度逐漸下降，學習、模倣、借鑒、融合逐漸成爲近代中國社會的主流，這不僅體現在近代中國的政治生活和社會經濟生活中，也體現在社會文化思想方面。而在近代體育的發展方面，近代中國借鑒西方體育的學習模式在 20 世紀初得到穩定和鞏固，並以近代中國於南京舉辦的首次全國運動會爲其作出最好的注解。

　　全運會，即全國運動會。今天的中華人民共和國全運會，是當代中國國內水平最高、規模最大的綜合性運動會，每四年在全國各省市舉行一次，其主要目的是爲奧運會鍛鍊新人、選拔人才，同時號召全民參加體育鍛鍊，培

養出強健的體魄和頑強的精神以建設和諧社會和美好生活。全運會的舉行，還會對舉辦地產生較大的政治、社會影響和巨大的經濟效益。民國時期的全國運動會，在 1949 年以前，則是中國國內水平最高、規模最大的綜合性運動會。從 1912 年中華民國建立直到 1949 年新中國成立前，中國共舉辦過六屆全運會，在此期間國民政府追認 1910 年舉辦於南京南洋勸業會場北部跑馬場的運動會為民國第一屆全運會，但這種說法模糊了歷史界限，既然是民國時期的全運會，就不應該把 1910 年舉辦的運動會計算在內。因此我們視民國年間共舉辦過六屆全國運動會。民國全運會在中國的發展經歷了一段不平凡的時期。民國全運會萌芽於晚清宣統年間，其後的幾屆全運會歷經北洋政府時期、南京國民政府時期和國共內戰時期。這一時期的中國在總體上還是處於水深火熱的政治失序狀態，在這樣一種社會大環境之下，全運會的組織和舉辦定是幾經波瀾的。民國歷屆全運會是在怎樣的具體環境下、又是如何舉辦起來的？民國歷屆全運會的舉辦背景都是大同小異的嗎？民國歷屆全運會的舉辦都是舊中國的政府一手包辦的嗎？民國全運會的組織、舉辦、實踐操作等方面有一個固定的制度嗎？全運會在民國時期經歷了一個怎樣的歷史發展進程？民國全運會在中國近代體育史上佔有一個什麼樣的位置？這其中所經歷的種種變革與發展，其來龍去脈必定有其背後的深層次的原因。通過對民國時期全運會歷史發展進程的探索研究，我們可以梳理出民國時期歷屆全運會舉辦的脈絡，弄清楚民國歷屆全運會舉辦的具體情形，揭示出民國全運會的發展趨勢和對近代中國體育的貢獻。

任何一種社會文化現象的出現，必然有其深厚的文化土壤。民國時期的全運會作為一種體育文化現象，能在政治失序的數十年內在中國頻頻「現身」，足以說明這一時期的中國體育發展有其存在的社會文化土壤。至少必須要有一定的社會體育基礎，方具備舉辦全運會的社會基礎條件。因此民國時期的體育發展和全運會的舉辦有著不可分割的辨證聯繫，一方面民國全運會的舉辦需要建立在近代中國體育發展的社會基礎上，另一方面民國全運會作為一種體育現象，其舉辦又可以進一步促進近代中國體育的發展。民國全運會的舉辦與當時中國的體育競技、社會經濟、建築行業、學校體育、民俗生活等領域存在著哪些聯繫，而這些領域又在哪些層面、何種程度上影響了民國全運會舉辦的方方面面。揭示民國歷屆全運會的舉辦與近代中國體育發展之間有著怎樣的具體聯繫和規律，是一項值得反思、探析、研究的課題。

今天的中國，早已摘掉了自晚清開始直至民國時期「東亞病夫」的恥辱稱號。在北京成功舉辦的承載著中國人百年奧運之夢、體育強國之夢的第 29 屆夏季奧林匹克運動會，向全世界展現了當代中國體育事業的發展盛況，展現了中國人不屈不撓、頑強拼搏、艱苦奮鬥的體育精神。回首過往，在那個「東亞病夫」的稱呼甚囂塵上的年代裏，民國全運會的舉辦更蒙上了一層鮮豔的民族主義色彩。民國全運會與當時的奧林匹克運動會之間存在著怎樣的關係，民國全運會的舉辦是否也承載著舊中國人民的體育夢想。研究這一時期的全國運動會，除了能夠揭示全運會本身的發展概況，也在一定程度上揭示出民國年間政治、經濟、文化、社會等相關領域的各項事業的發展情況。在和新中國的全運會對比研究下，摸索全運會發展的規律，為今天的全運會乃至奧林匹克運動會的舉辦、中國體育事業的發展都能提供歷史借鑒。

二、研究基礎

對民國時期體育發展情況的總體研究，或缺乏系統性，或缺乏相應的針對性，而對於民國全運會的研究，無論國內外目前都還處於相對薄弱的階段。從涉及到民國全運會的相關論著來看，以相關的近代中國體育類教科書為典型代表，如谷世權、林伯原主編的《中國體育史》（北京體育學院出版社 1989 年版），譚華主編的《體育史》（高等教育出版社 2005 年版），何啟君、胡曉風的《中國近代體育史》（北京體育大學出版社 1991 年版）等，國外也有相關體育類講義，以日本笹島恆輔編著的《近代中國體育運動史（日本新體育學講座第 43 卷）》（逍遙書院 1978 年版）為代表。除此之外，還有一些綜合類的論著對民國全運會多少有所涉及，如史全生主編的《中華民國文化史》（吉林文史出版社 1990 年版）等。此類著作多屬於綜合性論著，時間跨度大，涵蓋層面廣，如上述《中國體育史》，從中國古代的先秦時代開始，一直到現當代新中國的體育發展情況，每個時期的體育發展情形論著中均有涵蓋，綜合性強，對拓寬人們的視野，加深人們對中國體育歷史的瞭解程度大有裨益。此外這些論著對民國全運會均有不同程度的描述，如《中華民國文化史》分別在第一編、第二編的第十章最後一節的最後一小部分將民國時期幾屆規模和影響較大的全運會的舉辦概況、比賽結果等展現出來。但從專題研究的角度出發，這類論著的題目相對較大，綜合性過強，因此普遍存在著一個問題，即只是對民國時期全部的或幾屆全運會做了概述性質的描寫，僅有浮光掠影

的敘述，沒有或少有評論，因此缺乏對民國時期全運會以及相關體育發展情況的詳細論述或針對性研究，屬於「點到即止」的類型。

從上世紀八十年代至今，涉及到民國時期的全運會研究的相關論文，僅有寥寥的 20 餘篇，其中還有一部分論文並不是以民國全運會的研究作為主要研究內容的，因此真正以民國全運會作為研究主題的論文寥寥無幾。其中研究相對比較深刻、具有一定代表性的論文有廖建林的《社會變遷與近代體育的發展——對舊中國第三屆全國運動會的歷史考察》(《求索》2004 年第 4 期)，陳建寧的《一九三零年在杭州舉行的第四屆全運會》(《浙江檔案》2001 年第 10 期) 和《1948 年上海第七屆全國運動會》(《上海檔案》2001 年第 6 期) 以及史國生的《舊中國第五屆全運會競賽概況考證》(《體育文化導刊》2006 年第 6 期)。廖建林的論文以民國時期的第三屆全運會作為研究對象，分別從思想文化背景、本屆全運會的舉辦概況、本屆全運會對當時社會產生的影響這三大部分進行論述，作者最終得出結論，認為「社會觀念的轉變是近代體育事業發展的前提，近代社會經濟的發展是近代體育事業發展的基礎。」〔註 1〕作者從文化思想觀念的轉變以及近代中國社會經濟基礎的轉型入手，提出以這兩者為前提和基礎，分析研究民國時期的全運會，揭示出民國時期第二屆全運會舉辦的深層次的經濟和文化思想背景，有著較強的思辨性。陳建寧的兩篇論文分別以民國時期第三屆全運會以及第六屆全運會作為研究對象，均採用了類似記敘文的體例，描述了兩屆全運會的舉辦背景和舉辦過程，生動再現了當年全運會賽場上的比賽盛況，並向世人展示了一些當年全運會組織舉辦和實踐操作的具體細節。不過較為遺憾的是，由於缺乏一定的思索和深入的研究，兩篇論文並沒有提供較為完整和豐碩的研究成果，僅可以被看做是這兩屆民國全運會的科普文章。史國生的《舊中國第五屆全運會競賽概況考證》以詳實的史料為依託，將民國第四屆全運會的參賽單位和選手、競賽規程、比賽概況和成績以及一些全運會期間的趣聞花絮展現在世人眼前，考證嚴密，數據詳實，把說明文的優勢在論文中體現出來，為我們考證當時全運會的比賽成績、研究民國全運會的競技體育水準提供了方便。但與此同時，這也就意味著論文以考據為主，不可避免的忽視了民國全運會與近代中國體育發展的辨證聯繫，對全運會與當時中國社會的相互關係缺乏深度的研究。

〔註 1〕廖建林：《社會變遷與近代體育的發展——對舊中國第三屆全國運動會的歷史考察》，《求索》2004 年第 4 期。

　　目前對民國時期全運會的整體性研究還很薄弱，涉及到這方面並帶有系統性研究的研究生學位論文僅有 3 篇：開雲的《中國全運會述評（1910～2001）》，劉勇的《略論中國「全運會」演變史》和姚敏的《體育救國：民國時期全運會研究》。開雲的論文研究對象是民國時期的全運會和新中國時期的全運會，作者把這兩個時期的全運會作為一個整體進行研究，時間跨度大，其研究重點是新中國成立後舉辦的歷屆全運會，民國時期的全運會僅作為其研究的背景、前瞻和溯源，由於整篇論文就是一個述評，因此作為鋪墊的民國全運會只能算是一筆帶過了。劉勇的論文研究對象依然是新中國的全運會，重點闡述了新中國歷屆全運會演變的歷史進程，對民國時期的全運會缺乏針對性的研究，因此也只能算是論文中匆匆一瞥的背景敘述。唯一對民國時期的全運會作了相對深入細緻研究的，僅有姚敏的《體育救國：民國時期全運會研究》了，在最後的結論中，作者認為，雖然民國時期全運會的舉辦在客觀上激發了普通民眾的民族主義愛國熱情，促進了民國時期體育事業及其他相關事業的進步和發展，但最後並沒有達到真正挽救中國於水火之中的目的。作者以抗日戰爭的爆發以及抗戰對中國體育事業的摧殘作為以「體育救國」為指導思想的民國全運會失敗的象徵。論文牢牢抓住「體育救國」的思想理念和民國全運會之間的關係，揭示出民國時期全運會舉辦的思想背景之一，對當時全運會舉辦所透露出的民族主義色彩予以足夠的重視，為近代中國政治思想史和體育思想史方面的相關研究做出了貢獻。

　　民國全運會作為民國時期體育界的一項賽事，在歷史研究方面則是一種社會文化現象和歷史現象。一種社會文化現象的產生必然有其相應成長的社會文化的土壤，也必然會對其周邊的事物造成一定的影響。因此，未來對民國全運會的研究將越來越注重與周邊的歷史、社會現象的互動關係研究，研究者將通過橫向或縱向的對比研究，不但能探清民國全運會的歷史起源，還可以揭示出其社會文化的土壤，以及民國時期全運會的歷史地位、作用、同周邊其他社會歷史現象的相互關係以及對之後的歷史進程的影響。民國時期全運會研究不僅涉及中國近現代思想史、近現代文化史、近代中國體育史，同時還涉及到民國社會史的研究，在未來的研究領域，跨學科研究、學科之間合作共同研究的趨勢將日漸增強。

三、研究思路及方法

本研究從縱向和橫向兩條線索進行展開：從縱向上來看，以 1840 年鴉片戰爭之後近代體育傳入中國並得到發展的這麼一條軌跡爲主線，遵循近代體育事業發展的內在邏輯，將研究的視角對準了晚清時期、北洋政府時期、南京國民政府時期、抗日戰爭到國共內戰時期的體育發展和在此期間的歷屆民國全運會舉辦的情況，並逐一提煉、歸納出每個不同時期近代體育發展的特點及歷屆全運會舉辦的詳情特徵；從橫向上來看，本研究會將研究的觸角伸向各個不同時期近代體育思想發展的情況、相關體育法規的建立和完善、傑出人物在全運會舉辦方面的努力、全運會與其他國內以及國際運動會的相互關係、全運會與近代中國相關事業的相互關係等因素，探討和解讀民國歷屆全運會與近代中國體育及其他社會事業的相互辨證關係。

關於民國時期歷屆全運會及近代中國體育發展的研究，僅民國時期的歷屆全運會在時間上的前後跨度就長達 30 餘年，考慮到其間所涉及到的近代中國體育包涵的種種變革和發展情況，更是將時間跨度拉長至半個世紀以上。在如此長的時間跨度和複雜的研究內容中，選擇恰當的切入點，做到重點突出、邏輯清晰、觀點新穎，可謂本研究必須解決的首要問題。

在本研究的切入點方面，結合近代中國體育變革和發展的情況，論述民國時期歷屆全運會舉辦的具體情況及發展變革過程，至於近代中國體育發展的詳細情況不做重點研究，只是涉及到近代中國體育發展的相關問題對民國歷屆全運會舉辦的影響。此外，本研究主要闡釋民國時期全運會變革發展的歷史進程，因此民國時期的歷屆全運會乃是本研究的主旨，受到篇幅所限，對與全運會有關的周邊社會體育事業、人物的具體問題、相關體育概念等不作詳細分析和深入探討，本研究將視其必要程度作不同程度的說明和論述。

民國全運會，顧名思義，一般認爲就是在 1912 年中華民國成立後直至 1949 年新中國成立之前的這一段時期內，舉辦的 6 次全國性質的體育運動會。但是，國民政府曾將晚清宣統年間於南京南洋勸業會場北部的跑馬場舉辦的一屆全運會視作民國第一屆全國運動會。筆者認爲，這種說法模糊了歷史界限，既然是民國時期的全運會，就不應該把 1910 年舉辦的運動會計算在內。因此本研究視民國全運會總共舉辦過 6 屆。由於全運會的舉辦涉及內容頗廣，本研究將圍繞民國全運會作重點分析和探究，對與之相關的其他近代文化社會

事業、人文社會科學以及自然科學等不做深入研究，視研究情況進行一定的論述或只作一般性的說明。

　　本研究共由五章組成。第一部分爲導論，針對民國全運會與近代中國體育事業發展研究的問題提出，作爲研究基礎綜述以及闡述本課題的研究思路與方法；第一章爲晚清時期西方近代體育在中國傳播的具體情形，主要梳理西方近代體育傳入中國的具體發展過程，也是晚清全運會舉辦的重要背景；第二章爲民國成立初期北洋政府統治時期的民國全運會，即民國第一屆全運會舉辦的具體情形，從北洋政府時期的體育法規、學校體育教育等方面論述這一時期體育事業的變革和發展；第三章爲五四運動後的北洋政府時期舉辦的全運會，即民國第二屆全運會的具體情形；第四章爲南京國民政府「黃金十年」（1927 年～1937 年）統治時期的民國全運會，即民國第三屆、第四屆和第五屆全運會舉辦的具體情形，除了前面章節所述的體育法規、學校體育教育等，這一時期的體育組織、建築事業、文化思想觀念等領域都與民國全運會的舉辦有著千絲萬縷的聯繫；第五章爲抗戰結束後至新中國成立前國共內戰時期的民國第六屆全運會，經歷了八年抗戰，還繼續經歷著國共內戰的民國全運會，究竟是如何組織並舉辦的，同時梳理戰爭時期中國體育事業的艱難發展情形；結論部分爲對民國全運會相關問題的思考和論述，對民國時期全運會的發展歷程和發展因素作了簡要陳述，揭示民國全運會的歷史發展進程、大體走勢以及在近代中國體育史上的歷史地位。

　　採用什麼樣的研究方法是由具體的研究目標、研究對象決定的。研究方法的選擇必須以研究目標、研究對象爲依據，選擇適當的研究方法，有助於事半功倍的完成研究課題。因此，本課題的研究方法均爲可以達到研究目的的基本方法。

　　首先是文獻解讀法，中國近現代史的基本研究方法之一，運用大量的歷史文獻、報刊雜誌、檔案資料、相關著作等，力求對研究問題和研究對象進行發展的、具體的、全面的、深入的歷史考察和歷史分析，這一方法不僅可以用作對民國全運會問題的研究，亦可用於對相關問題的分析和評價。

　　其次是對比研究法，也是歷史學常用的研究方法之一，將幾屆民國全運會的相關情況安排在一起，進行對照比較，有利於揭示出研究對象的發展規律和發展趨勢。

第三是實證分析法，這是自然科學常用的研究方法，在這裡亦可有所作為，本研究將以歷史發展為線索，依據各個不同時期的全運會舉辦和體育發展情形，對民國全運會的發展進行實證研究。在這裡本課題可以運用案例分析，既選取幾屆有代表性的民國全運會舉辦具體問題的案例，也選取幾個不同時期的民國體育發展情形的案例。

第四是調查法，採用實地考察的方法，不僅可以就相關研究問題獲取第一手資料，還可以挖掘出一些平時不太受重視的老舊信息，往往會給相關問題的研究帶來新的思路。

第一章　民國全運會的萌芽

　　1840 年鴉片戰爭之前，中國大地上存在著源遠流長、內容豐富且開展相對廣泛的傳統體育項目。鴉片戰爭以後，西方列強利用堅船利炮轟開了古老中國的大門，中國逐漸淪爲半殖民地半封建社會。在此期間，西方近代體育便跟隨著侵略者的步伐逐步流傳至中國。因此中國近代體育在形式上包含兩個部分，一部分是自古以來中國固有的傳統民族形式的體育，還有一部分是指西方近代體育〔註1〕。從時間角度來講，中國近代體育指的就是 1840 年至 1949 年這段時期的中國體育。中國近代體育的變革和發展，實際上是民族傳統體育在新歷史時期的自然延續演變過程中，逐步讓出了主導地位，西方近代體育隨著在中國的傳播擴大而逐步佔據中國近代體育的主流，這也符合近代中國歷史上西學東漸的趨勢。從這一轉變的結果來看，中國近代體育最終還是以西方近代體育爲主導地位的。

　　清末民初時期歷屆全運會的舉辦，無一不是以西方近代體育的體系爲指導的，這與近代體育自身具備的特點也有很大的關係。近代體育是指人類進入近代資本主義歷史時期後，世界上普遍流行與普遍實施的體育〔註2〕。隨著人類進入資本主義歷史發展階段，近代體育不似古代傳統體育是從屬於社會的其他各種活動，而是在各種近代自然科學如生理學、醫學、解剖學等發展的基礎上對這些科學的綜合運用，已經形成一個獨立的學科體系，具有突出的競爭性和廣泛的國際性。因此近代體育是人類對近代科學技術成果的廣泛靈活運用的一種具體體現形式，有著「近代科學技術的櫥窗」之美譽。

〔註1〕王其慧、李寧：《中國體育史》，武漢體育學院教務處，1984 年，第 134 頁。
〔註2〕王其慧、李寧：《中國體育史》，武漢體育學院教務處，1984 年，第 123 頁。

　　近代中國歷屆全運會的舉辦，是受到了西方近代體育很大影響的，這一時期的中國體育，深深打上了這種歷史的烙印。全運會作為一種文化體育現象，正是需要以近代體育的發展作為前提和基礎的，可以說沒有近代體育的普及教育、廣泛推廣和科學的訓練體系，就沒有近代中國歷屆全運會的舉辦。因此梳理清楚近代體育在中國的傳播、推廣及其發展和成長，對我們搞清楚民國時期歷屆全運會的舉辦背景有著極其重要的意義，而近代中國歷屆全運會舉辦的內容和水準也正是中國近代體育發展水平最好的體現。

第一節　晚清時期西方近代體育在中國的傳播與推廣

　　19 世紀的西方近代體育是伴隨著列強侵略者的腳步逐漸傳入中國的，那麼這種傳播是通過哪些具體的途徑、又是如何在晚清時期的中國得到傳播的？本研究將傳播途徑概括為以下四大渠道。

一、西方教會學校

　　19 世紀，西方列強在運用堅船利炮武力侵略中國的同時，是將來華的傳教士作為重要的侵略先鋒運用的。這些來華傳教士除了進行宗教活動以行使文化侵略之實以外，還開設了一批教會學校來培養親西方的教會力量，並以這些教會學校為據點，鞏固、擴大文化侵略的成果，同時搜集中國境內的政治、經濟、社會、軍事情報，以方便西方列強對中國的侵略。但世事無絕對，這些傳教士群體中也有一部分是具有良好的科學文化素養和道德品質的人，而且這些西方教會學校重視學生的全面發展，有的開設體育課程，使得不少中國人能夠接觸到西方先進的科學文化以及體育教育理念，在一定程度上對中國各項近代化教育事業的發展起到了推動作用。

　　西方傳教士來華創辦教會學校是在鴉片戰爭之前就已經開始了。1818年，英國籍的蘇格蘭基督教傳教士羅伯特・馬禮遜（Robert.Morrison）在馬六甲創辦了英華書院（Ying Wa College），「為宣傳基督教而學習英文和中文」〔註 3〕，培養傳教人才，1843 年英華書院被遷移到香港，這是西方來華傳教士最早創辦的教會學校之一。1839 年，為紀念卒於中國的馬禮遜傳教士，美國的傳教士布朗（Samuel.R.Brown）在廣州開設了馬禮遜學校，之後遷往澳門、

〔註 3〕陳景磐：《中國近代教育史》，人民教育出版社，1983 年，第 50 頁。

香港，該學校除了教授中文以外，還設置有初等算術、英文、地理、歷史等課程〔註4〕，這所學校成為基督教教育事業在中國的開端。鴉片戰爭以後，南京條約的簽訂為西方傳教士進入中國進行相關宗教活動提供了許多便利，而這些傳教士除了進行傳教等宗教活動以外，大多數都會從事教育工作，即在教堂內或自己家中附設學校。之後教會學校便逐漸增多。如 1850 年的上海，英國安立甘會創辦了英華書院，美國長老院創辦了清心書院，天主教創辦了徐匯公學（聖芳濟書院）；1853 年，美國公理會在福州創辦了格致書院，望海樓天主堂在天津附設了法漢學堂、誠正小學和淑貞女小學等。根據相關資料的不完全統計，西方傳教士在中國的人數統計如下：

1845 年：英國人 10 名，美國人 20 名，德國人 1 名。

1848 年：英國人 19 名，美國人 44 名，德國人 2 名，瑞士人 2 名。

1855 年：英國人 24 名，美國人 46 名，德國人 3 名，瑞士人 2 名〔註5〕。

值得一提的是，以當時中國的領土面積和人口規模來看，這些西方傳教士的數量規模及其能產生的影響可謂滄海一粟，因此早期在中國創建的這些西方教會學校數量不多，規模也較小，且並沒有開設專門的體育課程，因此對中國近代體育的實際影響並不是很大。而且更為重要的一點是，當時還處於 19 世紀的中期，以小農經濟為主體的中國還處於封建社會自給自足的經濟狀態，文化思想觀念方面仍然深受中國古代儒家思想的影響，去這些西方教會學校學習在不少中國人眼裏顯然是「離經叛道、欺師滅祖」的行為，再加上這其中又有不少西方傳教士以傳教或教育為名，從事文化侵略的實際行為遭到了中國當地人民群眾的強烈抵制和反抗。因此早期的西方教會學校在中國的影響力本就極為有限，再加上種種政治、文化因素的影響和制約，當時西方教會學校在中國的存在僅僅是一種象徵性的意義。

直到 19 世紀下半頁，西方教會學校在近代中國各種不平等條約的支持與保護下，方才得以逐漸發展壯大，教會學校的數量和規模都得到了較大增長。1868 年，美國強迫清政府簽訂了不平等的《中美續增條約》，其中第七條規定美國人有在中國「設立學堂」的自由，從此西方列強在中國創辦教會學校正式得到了條約的保障，西方列強也因此更積極的在中國開辦教會學校，加強文化侵略活動。根據 1877 年「在華基督教傳教士大會」的報告，從鴉片戰爭

〔註4〕容閎：《西學東漸記》，湖南人民出版社，1981 年，第 7 頁。

〔註5〕陳景磐：《中國近代教育史》，人民教育出版社，1983 年，第 50 頁。

以後到 1877 年，基督教在中國創辦的學校有 350 所，學生總人數達 5975 人，且大多數學校都是在 19 世紀 60 年代以後才建立起來的。其中男日校 177 所，學生 2991 人，男寄宿學校 31 所，學生 647 人；女日校 82 所，學生 1307 人，女寄宿學校 39 所，學生 794 人；傳道學校 21 所，學生 236 人。而到了 1889 年，基督教教會學校的學生總人數達到了 16836 人〔註6〕。據不完全統計，至 19 世紀末，教會學校的總數量達到了 2000 所左右，學生總人數超過 40000 人。

　　與數量和規模急劇增長相適應的，自然是教會學校的影響力日益增長，不過當時體育課程在教會學校中的開設卻並不常見。據考證，最早有見於記載的西方教會學校開設體育課程的，是 1864 年美國北長老會傳教士狄考文（Calvin.W.Mateer）創辦的山東登州文會館，開始時是一所教會小學，1873 年增設高等科，屬於中學程度，學制 6 年，1876 年，鄒立文、李秉義、李青山三人在此修完了 9 年課程，在他們所獲得的畢業文憑中證實了體育課程在此學校的開設〔註7〕。雖然這一時期大多數教會學校仍未開設體育課程，但作為在課外開展的體育活動，在教會學校裏卻是一種常例。如 1884 年基督教會在江蘇鎮江創辦的女校，該校校規第四條記載：「本校上課每日從 8 時開始，11 時半午食，午後的上課從 1 時起到 4 時結束。在休息時間中使用已備好的器具，各自進行遊戲，學生不得私出校門，不得心不在焉或往校門外眺望。〔註8〕」由此可見該校是使用休息時間讓學生們作自由遊戲的。再如由美國長老會創辦的山東煙台匯文書院，1895 年在由郭顯德主持時，每天的上下午課間都會加上兩次運動時間，上午的運動時間稱為「放小學」，經常做「搶球」的遊戲，學生分成兩隊，教員擲出皮球，學生們搶到以後還給教員，在 5 分鐘內以搶得次數最多者為獲勝。下午的活動時間則進行「奪旗」（又稱跪趨）遊戲。但是即使是這種類型的遊戲活動，在當時依然被不少人視為「誤人子弟」，甚至還有少數學生因此而退學。

　　儘管如此，19 世紀末西方教會學校對近代體育在中國的傳播與推廣還是做出了一定程度的貢獻，尤其值得一提的是創辦於 1879 年的上海聖約翰書院（Saint John's College）。上海聖約翰書院是美國聖公會上海主教施約瑟（Samuel.Isaac.Joseph.Schereschewsky）把原來的兩所聖公會學校培雅書院以

〔註6〕陳景磐：《中國近代教育史》，人民教育出版社，1983 年，第 65 頁。
〔註7〕呂達：《中國近代課程史論》，人民教育出版社，1994 年，第 23～25 頁。
〔註8〕蘇竟存：《中國近代學校體育史》，人民教育出版社，1994 年，第 34 頁。

及度恩書院合併而成的。聖約翰書院在創建之初，同其他多數西方教會學校一樣，並無體育課程的設置，學生僅在課間有踢毽子、跳繩、風箏之類的簡單遊戲運動，學校裏也沒有專門的體育設備。隨著時間的推進，該校逐漸將體育活動在校內普及開來，包括足球、籃球、排球、網球、棒球、體操、游泳等，還有一些田徑項目，幾乎囊括了當時近代體育在中國傳播的所有體育項目。學校還將軍操定爲必修科目，規定每天清晨必須出操，每周還需要進行兩次會操。1890 年，上海聖約翰書院舉辦了以田徑爲主體的學校運動會，這是西方教會學校在中國最早舉辦的運動會之一，此後每年的春秋兩季都要各舉行一次運動會。1898 年，上海聖約翰書院還專門成立了體育會，負責開展各類體育活動，舉辦班際比賽和校內外的體育運動比賽。1901 年，該校組建了足球隊，由於當時的足球隊員還都拖著滿清長長的辮子，因此這支足球隊被稱爲「約翰辮子軍」，然而這卻是中國國內第一支具備近代意義的足球隊，中國著名體育家馬約翰先生就曾是這支足球隊的主力球員。1902 年，上海聖約翰書院和南洋公學舉辦了上海第一次校際的足球比賽。1905 年，該校還和基督教青年會舉辦了上海第一場華人棒球賽。從 1904 年至 1908 年，上海聖約翰書院、英華書院、蘇州東吳大學、南洋公學等組織了中華大學聯合體育會，4 年間共舉辦了 5 屆田徑比賽。正因爲上海聖約翰書院長期以來重視體育運動，使得該校的體育活動長盛不衰，在 20 世紀初中國國內各種體育比賽的領獎臺上，時時能看見聖約翰書院學子們的身影。

其他西方教會學校也在那個世紀之交的時代舉辦過各種體育運動會。1897 年，上海南洋公學在學生課餘活動時提倡練習田徑，並且在 1899 年第一次舉辦了以田徑爲主體的校運動會；1898 年，山東煙台匯文書院等一些教會學校開始舉行一些以遊戲性的賽跑項目爲主體的田徑運動會；1903 年，「煙台闔灘運動會」開始出現了一些正規的田徑項目；1905 年，北京匯文書院和河北通縣協和書院首次舉行了田徑對抗賽。

這些西方教會學校開展近代體育活動時間較早，開了風氣之先，爲西方近代體育在中國的傳播與推廣發揮了重要的作用。與此同時，這些教會學校往往還很重視體育錦標，因此在平時訓練時非常專業，走的是專業訓練的路線，體育運動的成績也相當優秀，這也給當時中國近代體育的發展起到了一個模範示範的作用，在當時的一些運動會上，這種示範表現作用尤爲明顯。

二、基督教青年會

　　基督教青年會是全球性的基督教青年社會服務團體，是一個國際性教會
組織，其努力目標是「發揚基督精神，團結青年同志，養成完美人格，建設
完美社會」以及「不但注意個人的靈德，而且還看重體、智、群三方面的提
練。」〔註9〕基督教青年會在把西方近代體育引入中國並發揚光大的過程中發
揮了無可替代的重要作用，它是將西方近代體育在中國傳播並發揚的最有力
的推動者。1910 年在上海基督教青年會的發起組織下，全國學校區分隊第一
次體育同盟會在南京舉行，這也是後來民國政府追認的第一屆全國運動會，
近代中國的第一次全國性質的運動會是由基督教青年會發起組織舉辦的，由
此足見其對中國近代體育影響之大、影響之深遠。此屆全運會舉辦具體情形
會在後面詳述，在此主要論述基督教青年會在中國對西方近代體育的傳播與
發揚。

　　基督教青年會最早出現在中國是 1876 年，當時在上海成立了第一個青年
會組織，但是它的活動只允許居住在中國的外國青年參加〔註10〕。1885 年，
美國傳教士施美志（George.Blood.Smyth）和畢海瀾（Harlan.Page.Beach）在
中國分別創辦了福州英華書院和河北通州潞河書院，這是在中國最早的兩個
基督教青年會。1890 年在華的外國傳教士在上海舉行全國大會，大會決定向
北美協會請求派人到中國來組織青年會，1895 年北美協會派遣來會理
（D.W.Lyon）到中國作為第一名青年會的幹事。之後青年會在中國便開始較
為迅速的發展起來，1901 年，全國已經有學校青年會 40 處，城市青年會 3 處，
中國幹事 2 人，外國幹事 6 人，永久會所 1 處（天津青年會），自此開始青年
會以知識界青年為其工作對象、重要城市為其工作地點的工作方針已經基本
確立〔註11〕。到了 1912 年，全國共有 25 個城市建立了青年會，會員共 11300
人，全國已經有學校青年會 105 處，會員 3876 人〔註12〕。

　　我國著名的體育家馬約翰在其論文《體育歷程十四年》中寫道：「基督教
青年會是推動體育發展的最積極的因素，它為體育工作廣泛生產印刷品，給

〔註 9〕百度百科：《基督教青年會》。
〔註10〕陳晴：《清末民初新式體育的傳入與嬗變》，華中師範大學出版社，2007 年，
　　　　第 65 頁。
〔註11〕百度百科：《基督教青年會》。
〔註12〕國家体委體育文史工作委員會、中國體育史學會：《中國近代體育史》，北京
　　　　體育學院出版社，1989 年，第 65 頁。

各種體育活動帶來廣闊的表演場地，它的影響遍及全國各地。」〔註13〕這絕
非誇大其詞，首先基督教青年會在引進西方的體育項目方面具有頗多貢獻。
1896 年，天津的基督教青年會最早將籃球運動引入中國，當時籃球的名稱叫
做「筐球」，是在空地兩端的樹上各自掛上一個竹簍做筐子來玩這種球類遊戲
的〔註14〕，它就是由當年北美協會派遣來中國天津最早擔任天津青年會幹事
的來會理（D.W.Lyon）先生介紹來的。而當時籃球運動則是由美國馬薩諸塞
州斯普林菲爾德（Springfield）市基督教青年會國際訓練學校的體育教師詹姆
斯・奈史密斯（James.Naismith）博士為解決多季戶外寒冷無法進行橄欖球、
棒球運動而於 1891 年底發明的，籃球運動最早引入中國的時間距離籃球運動
的發明誕生僅僅 5 年時間！這在當時各項事業普遍落後西方的近代中國可謂
是一個小小的奇蹟！之後不久，北京、上海等地的基督教青年會也開始有了
籃球運動，漸漸的籃球運動逐漸有了一批受眾。天津青年會幹事來會理
（D.W.Lyon）記載道：「天津青年會之最初活動，是每週一次的查經班、辯論
會，此外會員對籃球亦極感興趣，故一時有成為群眾運動的氣概。但在玩球
以前，他們的一番姿態很是可觀，他們必須盤好自己的髮辮，修短長長的指
甲，把不便利的長袍脫去，這樣，他們就把書生的尊嚴放棄，而換上一副高
興活潑的姿態了。但是，這種運動只在會所草地圍牆的背後舉行，頗有狹隘
不便之概。」〔註15〕1910 年，籃球運動的發明者詹姆斯・奈史密斯
（James.Naismith）博士的學生蔡樂爾來中國天津基督教青年會擔任幹事時，
將籃球技術和比賽規則進一步確立下來。在 1910 年的全國學校區分隊第一次
體育同盟會（晚清時期的全運會）上，籃球運動作為表演項目第一次亮相全
國賽場。之後籃球運動便在中國各學校裏逐漸開展起來，各校相繼組成了自
己的籃球隊，各種比賽紛至杳來，籃球運動迅速風靡中國。

　　排球運動則是在 20 世紀初由英國基督教青年會傳入中國的，當時叫「隊
球」、「對球」或「挖力球」。1908 年，英國基督教青年會派人到上海進行教會
工作時帶來了排球運動。最先從事排球運動的是廣州、香港一些學校的學生，
之後在北京、天津、上海等沿海重要城市逐步發展起來，排球運動的比賽規

〔註13〕黃延復：《馬約翰體育言論集》，清華大學出版社，1986 年，第 59 頁。
〔註14〕國家体委體育文史工作委員會、中國體育史學會：《中國近代體育史》，北京
　　　　體育學院出版社，1989 年，第 419 頁。
〔註15〕蘇竟存：《中國近代學校體育史》，人民教育出版社，1994 年，第 36 頁。

則、技術發展也逐漸開始規範化。1914 年，在華北運動會上，排球運動被首次列爲正式比賽項目〔註16〕。

壘球運動也是由基督教青年會於 20 世紀初傳入中國的。1913 年左右在北京、天津、上海、廣州等大城市裏的基督教青年會和教會學校開始從事壘球運動，當時參加這項運動的多爲男子。直至 1915 年在上海舉辦的第二屆遠東運動會上，菲律賓派遣女子壘球隊進行了表演，國內的壘球運動才開始在青少年女性中發展起來。之後上海基督教青年會以及上海愛國女校體育科開始從事女子壘球運動，北京、上海、廣州、青島等一些沿海城市和福建、湖南、湖北等省份的大、中學校也開展了壘球運動。在 1933 年的民國第四屆全國運動會上，女子壘球被列爲正式比賽項目〔註17〕。

此外，還有一些西方近代體育項目，雖然並不是直接由基督教青年會引進的，但這些體育項目在中國傳播和發展的過程中，基督教青年會起到了積極地促進作用。中國的近代足球運動始於 19 世紀末，以香港和上海兩地從事足球運動爲最早。1897 年，香港開始舉辦特別銀牌足球賽，此時在上海、南京、北京等大城市裏，足球運動也開始興起。1901 年，上海聖約翰書院成立了正規的足球隊，1902 年，上海舉辦「史考托杯」足球賽〔註18〕，1903 年，香港最高學府皇仁學院組織球隊與英國海軍舉行了一場足球賽，這是中國人第一次和外國人舉行足球比賽〔註19〕。1904～1908 年，香港、上海、北京開始出現了學校之間的足球聯賽，廣州、武漢也開始出現了足球運動。1910 年的晚清全運會上，足球被列爲競賽項目之一〔註20〕。乒乓球運動現在雖然作爲中國的「國球」而使中國人倍感自豪，但中國最早開展乒球運動的時間在 20 世紀初，而且是在上海、天津、廣州等沿海城市的一些由外國人控制的機構裏，由外國人和極少數中國人之間進行的娛樂活動。此後，基督教青年會和一些教會學校才逐漸開展了這項運動〔註21〕。但是乒乓球運動在近代中國的發展並不是很快。

〔註16〕 崔樂泉：《中國近代體育史話》，中華書局，1998 年，第 217～218 頁。
〔註17〕 國家体委體育文史工作委員會、中國體育史學會：《中國近代體育史》，北京體育學院出版社，1989 年，第 445 頁。
〔註18〕 印永清：《中國體育史話》，黃山書社，1997 年，第 119 頁。
〔註19〕 國家体委體育文史工作委員會、中國體育史學會：《中國近代體育史》，北京體育學院出版社，1989 年，第 426～427 頁。
〔註20〕 印永清：《中國體育史話》，黃山書社，1997 年，第 120 頁。
〔註21〕 國家体委體育文史工作委員會、中國體育史學會：《中國近代體育史》，北京體育學院出版社，1989 年，第 437 頁。

作為西方最早創建的體育項目，田徑運動最早出現在中國是在 1878 年的福建省蒲田縣培元書院。該書院一開始就有美國傳教士教學生們練習賽跑、跳遠、跳高、擲鐵球等〔註22〕。隨後在 19 世紀末、20 世紀初的中國，各地基督教青年會逐步在課堂內外開展了田徑運動。1890 年，上海聖約翰書院舉行了田徑運動會，1899 年，北京、天津的一些學校在基督教青年會的組織下還舉行過田徑比賽〔註23〕。

體操是最早傳入中國的近代體育項目，19 世紀 60 年代隨著洋務運動的開始，體操項目便已傳入中國。關於基督教青年會在體操運動傳播發揚方面所起的作用，崔樂泉先生做了很好的評價：「在近代西方體操運動傳入和發展的過程中，基督教青年會也起了一定的作用。從本世紀初開始，在華的一些基督教青年會中的外籍人士就開始宣傳和傳播西方體操運動。早期來華工作的外籍體育幹事、體育教練。除個別人外，大部分來自北美，他們的體育思想屬於基督教青年會體育體系，在於「培養全面發展的人」。在體操技術上，他們帶來了美國式的德國體操和瑞典體操運動。這對本世紀初在學校中單一操演日本化的德國體操、兵士體操的中國青少年來說，一改傳統德國式體操嚴肅、呆板之氣，增強了輕鬆優美的內容，在當時產生了一定的影響，並作為近代體操傳入中國的重要組成部分，對學校體育中體操活動的開展和普及起了推動作用。」〔註24〕

三、洋務學堂

唯物辯證法認為：內因是事物發展的根本原因，外因是事物發展的必要條件；外因通過內因起作用。如果說西方教會學校及基督教青年會對西方近代體育引入中國的積極作用屬於外因，那麼晚清時期中國人自己創辦的洋務學堂及一些新式學堂則屬於內因。沒有中國人自己主動去引進、學習西方近代體育意願的內因，西方教會學校、基督教青年會主動引進西方體育的外因就不會起到顯著的成效。19 世紀下半頁，經歷過兩次鴉片戰爭的洗禮，清朝統治階級中一部分握有實權的人物諸如曾國藩、李鴻章、左宗棠、張之洞等

〔註22〕　國家体委體育文史工作委員會、中國體育史學會：《中國近代體育史》，北京體育學院出版社，1989 年，第 446 頁。
〔註23〕　印永清：《中國體育史話》，黃山書社，1997 年，第 119 頁。
〔註24〕　崔樂泉：《中國近代體育史話》，中華書局，1998 年，第 201 頁。

人，出於對內鎮壓農民起義、對外抵禦西方列強侵略、維持清朝統治的需要，越來越感覺到不能再照舊模式統治下去了，他們決心引進西方先進的科學技術，從 19 世紀 60 年代至 90 年代掀起了以「自強」、「求富」為口號的長達 30 餘年的洋務運動。與統治階級中的頑固守舊勢力相比，這些人思想較為開明，視野相對開闊，在中國近代歷史上被稱為洋務派。洋務派本著「師夷長技以自強」、「中學為體，西學為用」的理念，開辦了一系列造船廠、機器廠，大力引進西方先進的科學技術，派遣留學生赴歐美留學，與此同時，為配合洋務運動對近代人才的需求，創辦了一批洋務學堂。這些洋務學堂為中國培養了第一批近代科技和軍事人才，在中國近代史上是具有進步意義的。

洋務派在當時創建了一批中國最早的軍事學堂和專業技術學堂，比較著名的有：福建馬尾船政局附設的船政學堂（創辦於 1866 年），天津水師學堂（創辦於 1880 年），天津電報學堂（創辦於 1880 年），北洋水師學堂（創辦於 1881 年），上海電報學堂（創辦於 1882 年），天津武備學堂（創辦於 1885 年），廣東陸師學堂（創辦於 1886 年），廣東水師學堂（創辦於 1887 年），江南水師學堂（創辦於 1890 年），南洋水師學堂（創辦於 1890 年），天津軍醫學堂（創辦於 1893 年），南京陸軍學堂（創辦於 1895 年），江南陸軍學堂（創辦於 1896 年），湖北武備學堂（創辦於 1897 年）等〔註25〕。這些學堂大多仿照西方同類學校進行課程的設置，而且還會聘用外籍教員，除了教授外語之外，洋務學堂還會教授學生相關的西方近代自然科學知識。

除此之外，多數洋務學堂都設置有體育類的課程，19 世紀後期的洋務學堂對西方近代體育在中國的傳播推廣最為有力的即是體操運動。廣義的體操泛指一切體育活動，而狹義的體操概念，則指的是柔軟（徒手）體操、器械體操和兵式體操等。在 19 世紀後期，中國對「體操」一詞的概念是取其廣義的，即包括了一切體育教育的相關內容。而洋務學堂引進的體操內容，則主要包括柔軟體操、器械體操、兵式體操和應用體操，另外還有一些田徑項目，以及和實踐操作息息相關的體育類項目如「爬桅」等。

軍事學堂中一般多採用德國式體操和瑞典式體操，兩者都包括柔軟體操和器械體操兩部分，柔軟體操主要是軀乾和四肢的各種運動，旨在訓練身體

〔註25〕 呂達：《中國近代課程史論》，人民教育出版社，1994 年，第 52 頁；國家体委體育文史工作委員會、中國體育史學會：《中國近代體育史》，北京體育學院出版社，1989 年，第 54〜55 頁。

的力量、敏捷、靈巧等身體因素，而器械體操顧名思義，在訓練中會使用各種體育器械，如單槓、雙槓、木馬、弔環、弔棒、天橋、平臺等，除了鍛鍊身體的力量、敏捷、靈巧等生理因素外，還會訓練人的勇敢、果斷、堅強等心理和精神因素。德國式體操在柔軟體操的訓練階段，往往是一人呼喊口號，所有人集體做操，要求動作整齊劃一，具有培育集體主義精神的作用，非常適合軍隊的訓練，因而在洋務派創辦的軍事學堂中十分普遍。不過瑞典式體操則是以注重姿勢和醫療方面的矯正作用而著名的，與德國式體操相比，瑞典式體操更加注重完善人體自身，動作更為舒緩優美，使用的器械更加多樣化，而德國式體操則更加強調體育的社會功能，更強調集體主義和紀律性，動作相對呆板〔註 26〕。

以北洋水師學堂為例，王恩溥先生的一段記載反映了當時北洋水師學堂在近代體育項目訓練方面的內容：「那時的體育活動內容，作為正式體育課程的，有擊劍、刺棍、木棒、拳擊、啞鈴、足球、跳欄比賽、算術比賽、三足競走、羹匙託物競走、跳遠、跳高、爬桅等項，此外還有游泳、滑冰、平臺、木馬、單雙槓及爬山運動等，只是還沒有籃球、網球等活動。上體育課時一班大約有 30 人左右，一般全是頭三班全體出操。我們那時所學的體操最初為德國操，主要演習方城操及軍事操，後來到戊戌年間（1898 年）易改為英國操了。那時由海軍調到一個船長叫曹嘉祥的和兩個炮手來當我們的教練，另外還有一個英國人教我們體育。我當時由於酷愛體育運動，所以對各方面都能來兩手，尤其對「爬桅」一項更感興趣。〔註 27〕」

從這段記載我們可以看出，洋務學堂是非常重視體育活動的，體育課程的設置在洋務學堂中屬於普遍現象，體操訓練得到高度重視，不少田徑項目也已經引入學堂並作為正式的體育課程進行學習，如 1894 年，天津水師學堂開展有跨欄、跳高、跳遠等項目的體育活動。此外洋務學堂也重視體育活動與實踐操作的結合，看重其實用性，如「爬桅」一項即屬此列。由此觀之，19 世紀後期，在晚清政府的支持或默許下，洋務派著力創辦了一批軍事學堂和專業技術學堂，聘請外籍教員，在「師夷長技」的理念下，大力引進西方近代體育項目，一定程度上使得其在中國得到了傳播與推廣。

〔註 26〕 全國體育學院教材委員會：《體育學院通用教材：體育史》，人民體育出版社，1989 年，第 104 頁。
〔註 27〕 王恩溥：《談談六十三年前的體育活動》，《中國體育史參考資料》第 3 輯，人民體育出版社，1958 年，第 121～122 頁。

四、清末新學制的出臺

1900 年，八國聯軍入侵中國，老大腐朽的滿清王朝在列強的軍事打擊下再一次屈膝求和，中國面臨被列強瓜分而亡國滅種的危險；與此同時，義和團運動在中國北方如火如荼的發展起來，沉重打擊了滿清王朝的腐朽統治。面臨著內憂外患的局面，為繼續維持清朝的統治，滿清統治階級被迫在政治方面作出重大改革舉措，推行「新政」，其主要措施有：設立外務部、商部、練兵處、巡警部、學部，整頓吏治，預備立憲；廢除武舉，裁汰綠營，建立「常備軍」；廢除科舉，設立學堂，選派學生出國留學等等。其中，清政府在學校教育的制度層面作出了一系列重大的變革，對清朝末年乃至民國初年的體育教育、體育發展均產生了極為深遠的影響。

1902 年，清廷公佈了《欽定學堂章程》，但由於清廷內部的政治鬥爭，這個章程未及實施便被廢除。1903 年清廷公佈了《奏定學堂章程》，它由張之洞等人擬訂，特別參考了日本的教育制度，是中國歷史上第一個、也是最後一個由清政府頒佈並實施的近代學制。《奏定學堂章程》規定了年限和教科內容：滿 6 歲入學，初等小學堂 5 年，高等小學堂 4 年，中學堂 5 年，高等教育 6～7 年，通儒院 5 年，其中包含實業教育和師範教育〔註28〕。《奏定學堂章程》中，從小學校到高等學校都要上體操課，這體現出清政府對近代體育的重視。《奏定學堂章程》中規定的各學校的體育課時數以及教學內容如下：

初等小學堂：各學年週三學時，一年級遊戲、有益之運動，二至五年級遊戲、有益之運動、普通體操。

高等小學堂：各學年週三學時，各學年普通體操、兵式體操、有益之運動。

中學堂：各學年週二學時，各學年普通體操、兵式體操。普通體操有矯正法、徒手、啞鈴、球竿、棍棒，兵式體操有教練、柔軟體操、小隊教練、器械體操、中隊教練、野外演習、兵學大要。

初級師範學堂：各學年週二學時，一至四年普通體操、兵式體操，五年普通體操、兵式體操、體操教授法。內容與中學堂相同。

優級師範學堂：各學年週三學時，各學年體操、有益之運動、兵式訓練。

〔註28〕 笹島恒輔（日）：《近代中國體育運動史（日本新體育學講座第 43 卷）》，武恩蓮譯，逍遙書院，1978 年，第 140 頁。

高等學堂：各學年週三學時，各學年普通體操、兵式體操〔註29〕。

1907年清廷還公佈了女子學制：

女子小學堂：各學年週四學時，一年級遊戲，二至四年級遊戲、普通體操。

女子高等小學堂：各學年週三學時，各學年普通體操、遊戲。

女子師範學堂：各學年週二學時，各學年普通體操、遊戲、教授法〔註30〕。

1909年，清廷還根據現實情況做了一定的調整，對《奏定學堂章程》進行了一些修訂。小學校的體育課每個星期增加一個學時，城市內的學校體育被列爲必修課，鄉村學校則未作規定。當時體育課使用的器材也分輕重兩種，輕器械有棍棒、啞鈴、球竿等，重器械有單槓、雙槓、木馬等，柔軟體操（徒手體操）採用德國式體操，有日本教員的學校則採用瑞典式體操，體育的範圍限於體操和一系列具有體操和田徑色彩的遊戲活動〔註31〕。

由此觀之，清末「新政」內容中頒佈的新學制，構建了當時比較完善的學校體育系統，體育課（雖然只是以體操爲主要內容）作爲一門正式的課程，以政府文件的形式確立下來，成爲學校的必修課程，大大提升了體育課在學校課程中的地位，這在中國近代體育史上佔有極其重要的地位。而在新學制頒佈後短短數年間，中國各地新式學堂如雨後春筍般迅猛發展起來，根據相關資料統計，1907年全國各類學校共有37888所，學生數量達到了1024988人，至民國建立的1912年，全國學校數量增至87272所，學生的總人數達到了2933387人〔註32〕。學校開設的體育課，每星期至少也有兩個學時，尤其是小學堂的體育課，每天至少有一個小時時間，這些現象均可以表明，新學制的頒佈對西方近代體育在清朝末年、在中國民間的普及起到了至關重要的作用，大大促進了西方近代體育在中國的傳播與推廣，加速了中國近代體育的轉型。

〔註29〕 笹島恒輔（日）：《近代中國體育運動史（日本新體育學講座第43卷）》，武恩蓮譯，逍遙書院，1978年，第144頁。

〔註30〕 笹島恒輔（日）：《近代中國體育運動史（日本新體育學講座第43卷）》，武恩蓮譯，逍遙書院，1978年，第144～145頁。

〔註31〕 笹島恒輔（日）：《近代中國體育運動史（日本新體育學講座第43卷）》，武恩蓮譯，逍遙書院，1978年，第145頁。

〔註32〕 陳晴：《清末民初新式體育的傳入與嬗變》，華中師範大學出版社，2007年，第254頁。

第二節　晚清「全運會」的舉辦

　　近代中國的第一屆全運會的舉辦時間仍屬於晚清統治時期。雖然此屆全運會在之後被民國政府追認爲第一屆全國運動會，但筆者認爲，這種說法模糊了歷史界限，既然是民國時期的全運會，就不應該把 1910 年舉辦的運動會計算在內。也就是說，從 1912 年中華民國建立後到 1949 年中華人民共和國成立前，民國時期共舉辦過六屆全國運動會。因此筆者認爲本屆全運會僅可作爲民國時期全運會的萌芽階段，這是晚清時期第一次也是最後一次「全國運動會」。

一、舉辦背景

　　晚清時期，尤其是在 20 世紀初新學制頒佈以前，近代體育在中國還處於一個萌芽階段、還處於近代體育項目在中國傳播的層次水平之上，而且，這種傳播還僅限於在當時由西方列強把持操縱的教會學校、青年會的範圍，受眾人群僅僅是這些學校的學生，遠遠沒到在群眾之中進行普及、甚至有所發展的階段。即便是在此類教會學校，體育課程的開設都不是什麼普遍現象，就不用說正式的體育教師在當時能有多少。而這類學校體育運動往往只是使學生們在課餘時間能夠有所消遣，不受到外界人士的影響和干擾，「僅作愚民政策一工具」〔註 33〕而已。當時，毋庸說在民眾之中如何普及和發展近代體育，即便是在晚清時期處於統治階層的一些官員、士紳階層，近代體育對他們也是一個非常陌生、極其新鮮的概念，其中有些人對此甚至是處於一個極其無知的狀態，對近代體育的認識可謂如孩童般幼稚，甚至因此而鬧出了一些笑話。

　　晚清時期，有一次天津的某候補道因外國某領事的邀請，參觀他們打網球的比賽，只見兩個外國人在一片空地上左右開弓，網球在攔網上飛來飛去，雙方大汗淋漓，比賽結束以後，這位外國領事感覺酣暢淋漓，便問天津候補道說：「你看打球好不好？」這位天津候補道回答說：「你未免太辛苦了，若是雇一個人替你來打，豈不好嗎？」〔註 34〕這自然是一件笑話，雖然未必是眞人眞事，但卻足以反映出當時廣大的中國人對體育運動的思想觀念何其落

〔註33〕 程登科：《世界體育史綱要》，重慶商務印書館，1945 年，第 220 頁。
〔註34〕 章輯五：《世界體育史略》，上海勤奮書局，1931 年，第 42～43 頁。

後！晚清時期的官員們尚且如此，普通的中國人對當時近代體育的概念可謂一無所知，這與古代中國人的思想觀念並無差異。

20 世紀初清政府在推行「新政」、頒布新學制以後，體育課程作為必修課程在學校裏的設置以政府文件的形式正式確立下來，這在當時來說是一個質的飛躍，對今後中國近代體育的發展有著深遠的影響。不過在當時來說，這種影響還尚未體現出來。畢竟一項政策的作用和影響，是需要在一段長時間內進行考察的。因此在剛剛頒布新學制的中國晚清時期，這種深遠影響是體現不出來的。

晚清時期，中國近代體育還處於一個從無到有的萌芽狀態，對中國近代體育發展較有影響的還是西方列強幕後把持操縱下的一些教會學校。在前面的章節中，筆者已經就近代體育的傳播推廣進行了論述，展示了相關類型的學校對近代中國體育發展的影響力。雖然此時期西方的教會學校、中國自己創辦的洋務學堂等對青少年學生們開展了近代意義上的體育訓練，並且這種訓練的學生受眾面隨著時間的推進有不斷擴大的趨勢，但總體來講，其範圍僅限於此類學校的青少年學生。而且這類體育訓練的形式也極為有限，晚清新學制的頒佈僅僅是將體操（尤其是兵操）課程作為體育課程的主體進行設置的，其他類型的體育運動幾乎沒有涉及。而廣大的中國普通民眾在此時對體育的認知仍然深受中國古代的儒家、道家哲學思想的影響，受到封建社會倫理綱常的約束，受到中國古代社會文學、美術、教育的影響，「勞心者治人，勞力者治於人」仍然是此時中國人普遍的思想觀念，重文輕武依然是當時中國較為普遍的現象。

在這樣一種思想觀念和社會大環境下，在中國舉辦一次運動會似乎可謂是天方夜譚。然而以當時中國的體育環境來講，正因為從事近代體育訓練的人群是少數的青年學子，而這部分人又處於一個個相對孤立的訓練環境之中（大多數是一個個的學校），檢驗和比較他們訓練成果的方式自然是通過把這一個個的孤島聯繫和組織起來，進行一次綜合性的比賽。因此，在全國從事某項事業人數有限的前提下，把這部分人集中起來進行一次比賽，也可稱作是這項事業的全國性的比賽了吧。這既可以說是晚清時代中國近代體育的悲哀，也可以說是晚清時代中國近代體育的誕生慶典，真可謂悲喜交加，五味俱全，個中滋味只有當時從事相關體育事業的中國人才能深刻體會了吧。

　　早在晚清全運會舉辦之前，西方教會學校和中國的少數新式學校就舉辦過多場校內和校際的運動賽事。1890 年，上海聖約翰書院舉辦了一場以田徑為主體項目的校內運動會，這是在中國最早舉辦的具有近代意義的運動會之一，此後每年的春秋兩季該校都要各舉行一次運動會。據考證，中國近代最早的校際競賽舉辦於 1899 年，是由當時的北洋大學堂總辦（即校長）王少泉和北洋大學堂的總教習（相當於教務長）英國人丁嘉立兩人聯合倡議的，由北洋大學堂主辦，邀請了當時天津水師學堂、天津武備學堂和天津電報學堂的代表隊參加比賽，這還只能稱作競賽，並不是嚴格意義上的運動會。當時較早的運動會是在 1902 年由天津各校舉辦的聯合運動會。1903 年，山東煙台的幾個學校聯合舉辦了「煙台闔灘運動會」，運動員總共也就 50 餘人，但是運動會上已經出現了諸如 100 碼、200 碼、跳高、跳遠、擲木球、盤櫈子等具備近代體育性質的體育項目，此外還包括一些諸如拔河、奪旗、裝麻袋、搬山芋、三足競走、算術競走、退步競走等一系列的遊戲體育項目。從這次田徑項目的設置情況來看，當時山東煙台地區的體育運動水平在國內還是比較先進的。1906 年，湖南高等實業學堂舉辦了長沙校際運動會，其中有各類田徑項目、兵式體操、武術表演等。1907 年，「江南第一次聯合運動會」（又稱「寧垣學界第一次聯合運動會」）在南京舉行，這是當時中國規模最大的一次校際運動會，總共有 80 餘個學校參加，共設置體育項目 69 個，大部分項目都是一些具有表演性質的娛樂遊戲體育活動，諸如競走遊戲、賽馬、柔術、體操、爭球遊戲等，也有一些是比較正規的田徑項目，諸如推鉛球、跳高、撐桿跳高、跳遠等。到民國成立前的幾年內，由於新學制的頒佈，體育課程開始在新式學校內普及，在校際運動會的基礎之上，一些省市州縣開始舉辦地區性質的聯合運動會。在這方面開展較早的是天津，從 1902 年開始直至 1911 年民國成立前夕，天津市共舉辦了 8 屆市「聯合運動會」，其中都以田徑項目作為運動會的主要項目。四川省也在 1905 年到 1908 年舉辦過 2 次全省運動會。1906 年浙江寧波舉辦運動大會，其下所轄的 6 個縣均派遣代表隊參加比賽。

　　除了這些以學校為單位組織的綜合運動會之外，從 19 世紀末開始，以某項具體的球類運動為主要對象的球類競賽也開始在中國開展起來，其中最具代表性的當屬足球運動。最早開展足球運動競賽的地區是香港，早在 1897 年，香港就舉辦了特別銀盃足球賽，之後在上海等一些沿海的大城市也都開展了

此項活動。1901 年，上海聖約翰大學組建了正式的足球隊，由於當時的中國足球隊員還都拖著滿清長長的辮子，因此這支足球隊也被稱爲「約翰辮子軍」，然而這是當時中國國內第一支具備近代性質的足球隊，中國著名體育家馬約翰先生就曾是這支足球隊的主力球員之一。1902 年，上海舉辦「史考托杯」足球賽，它是由當年同時成立的西人足球聯合會（簡稱西聯會）組織舉辦的，規定每年 10 月至來年 4 月爲足球賽季，西聯會的活動一直持續到 1943 年春季，因第二次世界大戰的影響才全部停止。與此同時，與足球相關的體育組織也開始成立起來，這標誌著足球運動從學校開始逐步向社會上擴展。成立最早的足球組織當屬 1904 年在香港成立的華大足球會，1908 年華大足球會改名爲南華足球會，它是中國近代足球運動的第一個組織，由其組織的足球隊是當時我國實力最強的一支，在當時戰績顯赫，並且湧現出一批諸如李惠堂這樣的中國早期叱吒風雲的著名足球運動員。

　　凡此種種，或是綜合性運動會，或是足球比賽，都反映出 20 世紀初的晚清新學制頒佈後，中國近代體育的萌芽沒有被封建制度和舊的思想觀念扼殺，而是緩慢的成長起來。這些比賽、競賽以及運動會的舉辦和組織，都是近代中國體育萌芽成長的見證，它們的舉辦和組織爲近代中國體育的發展培養了一批體育人才，鍛鍊了一批中國早期的運動員，也爲晚清時期中國第一次全國運動會的舉辦奠定了組織和舉辦的各項基礎。另一個值得注意的問題是，這些運動會、比賽或競賽的發起、組織和舉辦，都是外國人主導或參與的，尤其是運動會的組織者、裁判均由外國人擔任，這個現象也說明了在晚清時代的中國，近代體育發展的先天畸形和近代中國的半殖民地半封建社會的性質是相吻合的。

二、舉辦情況

　　晚清全運會於宣統二年（1910 年）10 月 18 日，在南京南洋勸業會場北部的跑馬場正式舉行，其原稱爲「全國學校區分隊第一次體育同盟會」，民國成立後，追認這次運動會爲民國第一屆全國運動會。這次運動會是上海基督教青年會派遣體育幹事美國人埃克斯納（M.J.Exner）到南京籌辦並發起組織的，大會持續 5 天，至 22 日結束全部比賽。從它的原稱呼（原來的簡稱爲「全國學界運動會」）可以更加清晰的看出，這次運動會的性質仍然屬於當時中國國內各個學校的聯合運動會性質，範圍仍局限於學界，只是這次運動會規模

更大，影響範圍更廣，可以說是集晚清時代校際運動會之大成，故此次運動會為民國全運會之萌芽。

　　這次運動會被安排在南京南洋勸業會期間舉行，也是受到近代奧運會的啟發。1900 年的法國巴黎奧運會以及 1904 年的美國聖路易斯奧運會均採用了「奧運會+博覽會」的組辦模式，舉辦非常成功，取得了很好的效果。上海基督教青年會體育幹事埃克斯納，當時正在中國從事傳教活動，他在上海創辦了「體育幹事訓練班」，具體負責在中國推廣近代體育。他倡議在南京南洋勸業會會展期間舉辦體育賽事，並且聯合基督教青年會在中國各個地區的相關組織，共同發起組織這次全國性的學校運動會。與此同時，為方便籌辦組織這次運動賽事，還成立了一個和運動會名稱同名的體育組織，即「全國學校區分隊第一次體育同盟會」，埃克斯納自任籌備會會長。這是一個臨時性組織，沒有固定的會址、機構、活動場所、組織系統，在此屆運動會結束後該組織即告解散。參加此次籌備大會工作的中國人，有當時擔任天津基督教青年會董事的張伯苓先生，還有當時擔任過清政府郵傳部尚書的唐紹儀先生，著名法學家、外交家伍廷芳先生，另外還有被後世譽為「中國奧運之父」的王正廷先生等人都加入了這個組織參與運動賽事的籌辦。這一批中國人都有過出訪海外的經歷，他們對舉辦近代意義的運動會、近代意義的博覽會等大型賽事和展會的興致都非常高。值得注意的一點是，在這個籌備會組織中，董事共有 25 人，其中有 12 個人是外國人〔註35〕，不僅如此，由於它本身即是一個以基督教青年會的人員為主體的臨時性組織，會長即為上海基督教青年會美國籍的體育幹事埃克斯納，因此這個籌辦大會的組織一開始就是由外國人把持操縱的，運動會的裁判、秘書、幹事等一系列職務大部分都由外國人擔任。在此屆全運會上，語言全部使用英語，運動會的秩序冊也全部使用英文，甚至連參加運動會的中國運動員，在說到體育運動的術語時，也大多使用英文來講。這些情況也決定了這次運動會是由外國人幕後操縱和組織籌辦的。近代中國的第一屆全運會完全由外國人籌辦組織、把持操控，符合晚清時代中國半殖民地半封建的社會性質，也從一個側面反映出當時中國在國際上的地位之低，充分反映出晚清時期的中國近代體育落後的狀況。

〔註35〕 國家体委體育文史工作委員會、中國體育史學會：《中國近代體育史》，北京體育學院出版社，1989 年，第 160 頁。

在具體籌辦及參賽代表隊方面，籌辦會將全國分為「東南西北中五區」，每個代表區都由基督教青年會選派「一幹練職員充運動委員長，」再由這名委員長選派本代表區內的人員組織成委員會，各區委員會首先要負責主持運動員進行學校預賽，通過預賽選拔優秀的運動員參加本次運動大會，之後各區委員會還需要負責「籌措隊員旅費等」相關事宜。五個代表區的委員會「共同組織全國運動委員會，選任愛克司那博士（Dr.M.J.Exner）為會長，而上海一區任執行部。」但是，由於在此之前中國國內的運動會組織和舉辦性質都是地區性的或是校際運動會，因此籌備大會可謂是第一次在全國範圍內組織運動會，沒有前例可循，組織籌措方面缺乏經驗，過程亦顯得十分倉促，「南京近水樓臺，」尚且因為準備不及而有學校未能參賽，「則各地更難有充分之準備，」許多學校因為臨時準備不足，未能派遣代表運動員參加比賽，實在是一大遺憾，再加上晚清時代的近代體育活動畢竟還沒有引起社會人士的重視，因此本屆全國運動會的「規模非常狹小」，「參加運動員僅一百四十餘人，尚不及今日一學校運動會參加者之踴躍。〔註36〕」由於參賽隊員數量嚴重不足，最後根據參賽運動員的來源地，將 5 個區代表隊更換為華南、華北、武漢、吳寧、上海 5 隊，參賽隊員數量如右：華南隊 28 人（來自香港和廣東地區），華北隊 20 人（來自北京天津以及河北地區），武漢隊 21 人，吳寧隊 31 人（來自蘇州和南京），上海隊 40 人，總計 140 人。參加此次運動會的學校有：上海聖約翰大學，上海南洋公學，天津青年會日校，天津工業學校，武昌文華大學，河北通縣協和文書院，共計 6 校〔註37〕。

每個代表隊的運動員都配有不同顏色的布帶標誌作為區分，華南隊為紫色，華北隊為青色，武漢隊為黃色，吳寧隊為藍色，上海隊為紅色〔註38〕。此次運動會的競賽大種類，僅有田徑、足球及網球三項，籃球運動僅作為表演項目。「田徑比賽分成高級、中級、及學校聯合三組，項目亦不甚完全，競賽中僅有百碼、二百二十碼、四百四十碼、八百八十碼，及一百二十碼低欄等五項，另有以區為單位之八百八十碼替換賽跑，田賽中僅有跳高、跳遠、撐桿跳高，及擲鐵球等四項，度量悉由碼尺計算，每項運動錄取三名，計分用五三一制，以得總分最多之一隊為錦標隊，結果上海得高級組錦標，華北

〔註36〕董啓俊：《全國運動大會小史》，出版社不詳，1937 年，第 3 頁。
〔註37〕董啓俊：《全國運動大會小史》，出版社不詳，1937 年，第 3 頁。
〔註38〕王振亞：《舊中國體育見聞》，人民體育出版社，1987 年，第 132 頁。

得中級組錦標，聖約翰大學得學校組錦標，足球錦標為華南所得，網球錦標為上海所得。」〔註39〕這裡採取的計分方法是第一名得 5 分，第二名得 3 分，第三名得 1 分，以總分最多的隊伍為錦標隊。

競賽日程分配如右：「十月十八日（即第一日）上午九時起下午兩時起為田徑賽；十九日上午比賽網球及籃球，下午網球續賽；二十日全國學堂同盟比賽；二十一日上午比賽足球，下午續賽足球及籃球；二十二日末次比賽足球。」〔註40〕獎品方面，最優獎銀盃一隻，每個項目的前 3 名依次獎勵金、銀、銅牌各一面。「按本屆田徑比賽，既分為高等、中等、學校聯合三組，然運動員多有跨入兩組或三組者，不加限制，殊屬不合，茲錄當時之田徑成績如次」：

高級組

項　目	第　一	成　績
100 碼	黃灝（上海）	10 秒 8
220 碼	韋憲章（上海）	25 秒
440 碼	郭兆仁（華南）	58 秒
880 碼	郭兆仁（華南）	2 分 20 秒
120 碼低欄	潘文炳（上海）	15 秒 8
跳高	赫從光（吳寧）	5 英尺 4 英寸
跳遠	潘文炳（上海）	19 英尺 5 英寸
撐杆跳	古熊彪（上海）	9 英尺 8 英寸
12 磅鉛球	李樹池（華北）	38 英尺 3／4 英寸
12 磅鏈球	黃灝（上海）	111 英尺 5 英寸
880 碼接力	上海隊	1 分 48 秒 5

高級組總分：第一名，上海隊（52 分）；第二名，華北隊（15 分）；第三名，華南隊（13 分）；第四名，吳寧隊（12 分）；第五名，武漢隊（7 分）。

個人名次：第一名，黃灝、韋憲章（11 分）；第二名，郭兆仁、潘文炳（10 分）。

〔註39〕 張研、孫燕京：《民國史料叢刊》第 1126 冊，大象出版社，2009 年，第 387 頁。

〔註40〕 董啟俊：《全國運動大會小史》，出版社不詳，1937 年，第 3 頁。

中級組

項　　目	第　　一	成　　績
50 碼	郭兆仁（華南）	6 秒
100 碼	郭兆仁（華南）	11 秒 2
150 碼	郭兆仁（華南）	16 秒 8
440 碼	郭兆仁（華南）	56 秒
跳遠	翟承修（華北）	18 英尺 3 英寸 1／2
跳高	孫寶信（華北）	4 英尺 11 英寸 1／2
8 磅鉛球	孫寶信（華北）	40 英尺 9 英寸 1／4
880 碼接力	華北隊	1 分 47 秒

中級組總分：第一名，華北隊（39 分）；第二名，華南隊（24 分）；第三名，上海隊（6 分）；第四名，吳寧隊（3 分）；第五名，武漢隊（0 分）。

個人名次：第一名，郭兆仁（20 分）；第二名，孫寶信（13 分）；第三名，翟承修（9 分）；第四名，周法昌、俞時鋐（6 分）。

學校組

項　　目	第　　一	成　　績
100 碼	韋憲章（聖約翰大學）	11 秒
220 碼	韋憲章（聖約翰大學）	25 秒
440 碼	唐榕炳（南洋公學）	58 秒
880 碼	馬約翰（聖約翰大學）	2 分 25 秒 8
12 磅鉛球	李樹池（工業學校）	38 英尺 9 英寸 1／4
12 磅鏈球	黃灝（南洋公學）	110 英尺 4 英寸 1／2
跳高	孫寶信（青年會日校）	5 英尺 5 英寸 1／4
跳遠	潘文炳（聖約翰大學）	19 英尺 8 英寸 3 分
撐杆跳	唐榕炳（南洋公學）	9 英尺 8 英寸
120 碼低欄	潘文炳（聖約翰大學）	15 秒 4
880 碼接力賽跑	聖約翰大學	1 分 44 秒 2

學校組總分：第一名，上海聖約翰大學（37 分）；第二名，上海南洋公學（34 分）；第三名，天津青年會日校（10 分）；第四名，武昌文華大學（9

分）；第五名，天津工業學校（6分）；第六名，河北通縣協和文書院（3分）。
〔註41〕

　　足球方面，第一名爲華南隊，第二名爲上海隊（華南隊 1：0 上海隊）；網球方面，預賽的優勝者有潘文炳、林全誠、馬約翰、許君（4 人全部是上海聖約翰大學的學生），沒有進行決賽；籃球表演賽方面，參加比賽的有上海青年會隊、北京天津聯隊、吳寧隊等，結果上海青年會隊勝吳寧隊，北京天津聯隊勝上海青年會隊。

　　由於本屆全運會主要是由外國人主持操辦，因此會場上的布告、秩序冊等全部使用英文。大會爲了激勵參賽運動員們的鬥志，還發布了類似激勵運動員比賽的檄文布告，中文譯文如下：

　　「布告二：十月十八日爲全國分區體育比賽，此種比賽，只區別種類及地方，不分學校，諸運動員各持其體力、魄力以與人決勝，勝者爲某種運動之全國最大運動家，例如百碼賽跑者爲中國第一之百碼勝者。故此日之運動勝者不但關於某地某校之名譽，且關於個人之名譽，是日共賽十一種，當有十一個運動大家出演，是日之比賽不可不注意。

　　布告三：二十日之全國學堂同盟比賽，則爲各學堂互相競爭，其名譽雖以學堂爲重，不以個人爲重，然其學堂之能勝仍視個人，故其學堂內能有十八日運動大家之三，則勝券可操矣。」〔註42〕

　　此次全國運動會上，最奪觀眾眼球、過程最爲激烈、觀賞性也最高的是上海區足球隊與華南區足球隊的比賽。上海區足球隊由上海聖約翰大學及上海南洋公學兩校足球隊的精英隊員組成。聖約翰大學與南洋公學的足球隊均在 20 世紀初年就成立了（兩支校足球隊分別成立於 1901 年和 1902 年），南洋公學足球隊的《足球歌》在當年可算是一首流行勁歌：「南洋，南洋，諸同學神采飛揚，把足球歌唱一曲，聲音亮。看！吾校的十個足球上將都學問好，道德高，身體強。身上穿上藍與黃兩色衣裳，雄赳赳，氣昂昂，排列在球場上。一開足，個個象生龍活虎，眞不愧蜚聲鴻譽冠我邦。」兩支隊伍在 20 世

〔註41〕　董啓俊：《全國運動大會小史》，出版社不詳，1937 年，第 3～4 頁：張研、孫燕京：《民國史料叢刊》第 1126 冊，大象出版社，2009 年，第 387～388 頁；王振亞：《舊中國體育見聞》，人民體育出版社，1987 年，第 133～135 頁：國家体委體育文史工作委員會、中國體育史學會：《中國近代體育史》，北京體育學院出版社，1989 年，第 84～85 頁。

〔註42〕　王振亞：《舊中國體育見聞》，人民體育出版社，1987 年，第 133 頁。

紀初各自成立後，每年均舉行一次校際足球賽，這兩支球隊培養了不少近代中國早期的足球人才，因此匯聚了這兩支球隊精英的上海區足球隊可謂華東地區最強的足球隊。華南區的足球隊則以香港隊爲主。早在 19 世紀 90 年代末，香港就已經舉辦了一些足球比賽，1908 年「南華足球會」即於香港成立，它是當時中國唯一一支有場地設備、實力最強的足球隊，這支球隊經常出訪南洋各國，戰績顯赫，爲近代中國培養了一批著名的足球運動員，叱吒風雲、名動一時的足球名將李惠堂先生就曾是這支足球隊的一員。因此，和今天的足球賽相比，這場比賽也許談不上巨星雲集，但在當時來說絕對可謂精英薈萃了。比賽進行的十分精彩激烈，儘管上海隊最後不敵經驗豐富的華南隊，以 0：1 輸掉了比賽，但上海隊頑強拼搏、奮力拼搶的精神和精湛的腳下技術還是給觀眾留下了深刻的印象，可謂雖敗猶榮。

在本屆全運會舉辦期間，發生了一些有趣的事情，可謂大會之趣聞花絮。華北隊的代表選手，來自天津青年會日校的孫寶信，跳高成績優異，但在比賽中有兩次跳到空中最高點的時候，身體都已經跳過欄杆，但卻由於脖子上盤起的辮子將欄杆打落，心情極爲忿恨。連在場擔任裁判的外國人都看不下去了，衝著孫寶信大呼：「Cut it off at on！（把辮子割了！）」在場的運動員紛紛受到鼓舞，一齊高呼，一時間人心憤憤，一股革命的氣氛籠罩在會場上空，意欲剗除滿清王朝強加於普通百姓的習俗〔註 43〕。這似乎也預示著老大腐朽的封建滿清王朝的統治已經越來越不符合時代發展的需要，正走向窮途末路。

本屆全運會由於是在南京南洋勸業會場北部的跑馬場舉行的，受到南洋勸業會觀眾的影響，再加上「入場觀覽者不另取資」〔註 44〕，但凡參加勸業會的觀眾至跑馬場觀看全運會不再另外收費，因此參觀本屆全國運動會的觀眾數量眾多，每天可達 40000 多人次。本屆大會爲了特別歡迎婦女觀眾，還特別設置了婦女專座，與男性賓客隔離，並且備有布篷以遮擋陽光，不過即使如此，女性觀眾依然十分少見，數量不及參觀人數的百分之一〔註 45〕。由此可以窺見晚清時代的婦女仍然存有非常嚴重的封建思想觀念，對新鮮事物不聞不問，寧可困守閨房也不願出門，反映出晚清時期中國民間體育思想觀念的落後。

〔註 43〕 王振亞：《舊中國體育見聞》，人民體育出版社，1987 年，第 136 頁。

〔註 44〕 《申報》，1910 年 10 月 19 日。

〔註 45〕 王振亞：《舊中國體育見聞》，人民體育出版社，1987 年，第 136 頁。

在 20 號那天的全國學校同盟的田徑比賽中，總共有 11 個項目，但居然一直比賽至天黑仍未結束。為了不影響下一天的比賽日程，會場工作人員只得手持蠟燭，滿場都是燭光搖曳，倒是頗有一番景色，不過裁判在判罰計分等方面的錯誤就在所難免了。其中最嚴重的當屬接力賽跑這一項，當時用來接力的工具沒有準備好，只好臨時採用拍手的方法代替，在燭火微弱的光線下，拍手拍錯的人很多，當時裁判都是外國人擔任的，對此也無可奈何，由此可以看出，當時運動會舉辦的各種方法、比賽技術等實在是非常落後。

在比賽結束後頒獎的過程中，一些教會學校的運動員不斷的歌唱英國歌曲，尤其是對英皇祝壽的歌曲，一唱再唱，聲音高亮，由此可見當時西方帝國主義的文化侵略對中國的危害之深〔註46〕。

縱觀本屆全國運動會，從發起、組織到操辦主持整個運動會的過程，籌辦董事、秘書、裁判、工作人員等悉數由外國人把持操縱，運動會各個項目的計分、測量一律採取的是碼制、英尺、英寸，運動會上的布告、秩序冊也全部使用英文，就連運動員在比賽期間喊的一些體育術語也全部使用英語。這充分證明了晚清時代的運動會，是半殖民地半封建社會的運動會，其舉辦也只是當時中國國內校際運動會的擴大形式，或者說是晚清時期校際運動會的全國模式。參加此屆全運會的運動選手清一色是各個學校的學生，社會各界對這屆全運會的關注程度也並不高，只是借著當時南京南洋勸業會的場地和聲勢，才有那麼多人進來參觀，大部分人都是抱著看熱鬧的心態觀看本屆全運會的，正所謂「外行看熱鬧」是也，也足可見晚清時期近代體育還僅僅局限於少數學校之內，尤其是當時重視近代體育活動的西方教會學校和基督教青年會。晚清民間社會對近代體育幾乎是一無所知，對本屆全運會自然也沒有任何關注，就連當時在全國具有廣泛影響、赫赫有名的《申報》對本屆全運會的舉辦也只是寥寥一句「全國運動大會明日起在勸業會跑馬場舉行，入場觀覽者不另取資」，〔註47〕之後再未見有任何關於運動會的報導，足見社會各界對近代體育態度之冷漠、認知之幼稚。

從本屆全運會的比賽項目設置來看，比賽項目主要是田徑和球類運動，當時在中國各個學堂內非常流行的各式器械體操、兵式體操以及遊戲趣味性質較強的競走等項目完全沒有出現。這屆全運會從比賽內容、項目到裁判計

〔註46〕 王振亞：《舊中國體育見聞》，人民體育出版社，1987 年，第 136 頁。
〔註47〕 《申報》，1910 年 10 月 19 日。

分，各個方面都是一次重大的革新，雖然裁判計分等方面由外國人操控，但畢竟使得中國近代體育項目的發展取得了一個巨大進步，跟上了當時世界近代體育運動發展的節奏。本屆全運會在舉辦時，距離籃球運動的發明還不到20年，但當時全運會在比賽項目設置中即把籃球列入了表演項目，雖然不算正規比賽項目，但籃球運動作爲一項表演項目的出場，即贏得了觀眾的強烈興趣，比賽各隊的選手們也完全沒有因爲是表演項目就放鬆懈怠，拼搶、爭奪一如正規比賽。而且正因爲這次籃球運動在全運會上的登場，使得籃球項目第一次進入普通中國人的視野，爲籃球運動在中國的後續發展提供了可能性。

這屆運動會的舉辦，第一次將中國各地學校的精英運動選手匯聚一堂，可謂當時展現中國近代體育發展情況的一場視覺盛宴。儘管當時運動場上沒有任何社會人士的參與，也沒有出現任何女性運動員，是爲本屆全運會的缺憾，但是它的舉辦本身就爲中國近代體育的發展培養了一批體育人才，磨練了一批中國運動員，開近代中國全國運動會之先河，實現了從無到有的突破，爲今後民國時期歷屆全運會的舉辦創造了基礎條件。這屆全運會的舉辦還充分展現出20世紀初年中國近代體育的發展情況，中國近代體育在列強的侵略以及封建統治者的壓迫下，破土而出，綻放出了它稚嫩的萌芽！如果把民國全運會的發展歷程比作開汽車上路的過程，那麼晚清時期的這屆全運會的舉辦就好比點火發動汽車的努力過程，雖然汽車還未發動成功，但本屆全運會的舉辦正是點火的嘗試，它爲汽車最終發動成功提供了寶貴的實踐經驗。

第二章　民國全運會的緩慢啓動

　　就在近代中國的第一屆全運會成功舉辦後僅 1 年時間，1911 年 10 月 10 日，武昌起義的炮火聲敲響了老大腐朽的滿清王朝的喪鐘。革命軍迅速佔領了武昌，掌控了武漢三鎮，並消滅了清軍大批的有生力量，成爲對滿清王朝發動總攻擊的突破口，武昌起義成功的消息迅速傳遍了全國。之後辛亥革命猶如烈火般在全國熊熊燃燒並迅速蔓延開來，武昌起義後的短短兩個月時間，關內的 18 省中僅剩下甘肅、河南、直隸、山東 4 省依然效忠清朝，其餘省份紛紛宣佈獨立，滿清王朝的統治幾乎在瞬間就土崩瓦解了。1912 年 1 月 1 日，中華民國臨時政府在南京成立，孫中山被選舉爲臨時大總統。1912 年 2 月 12 日，清朝末代皇帝溥儀宣佈退位，正式宣告了滿清王朝的覆滅。辛亥革命成功推翻了清王朝在中國 260 多年的封建統治，結束了統治中國長達 2000 多年的封建帝制，宣告了一個民主共和時代的開端。之後中國雖然歷經袁世凱稱帝、張勳復辟等企圖回到封建帝制時代的鬧劇，但最終這些鬧劇還是以衆叛親離、不得人心的失敗而告終。

　　然而，辛亥革命勝利的果實最終還是被以袁世凱爲代表的北洋軍閥攫取了。1912 年 3 月，袁世凱在使用了種種手段後，被推選爲中華民國第二任臨時大總統，並遷都北京，從此開始了北洋軍閥統治中國的歷史時期。1916 年袁世凱復辟帝制遭到衆叛親離，失敗後很快死去，之後北洋軍閥分裂成直系、奉系和皖系三派，他們各自投靠不同的西方帝國主義國家作後盾，互相之間爭奪在北京的中央政府的權力，與此同時各地軍閥雖已形成實質性割據一方的勢力，但在名義上服從北京中央政府的管轄，因此從 1912 年袁世凱出任大總統一直到 1929 年年底張學良宣佈「東北易幟」，這一段時期被稱爲北洋政府統治時期。

　　儘管在北洋政府時期，中國內戰頻仍，軍閥之間混戰不休，老百姓生活水平低下，中國半殖民地半封建社會的性質沒有得到改變，但是北洋政府在維護國家統一和領土完整、國內經濟建設、文化教育等領域還是取得了一定的成績，為中國的現代化建設事業作出了一定的貢獻。

　　這一時期，隨著民主共和時代的開始，人民群眾的思想覺悟也逐漸開始提高了，相比於晚清時代，民眾對流傳進入中國的西方文化也不再採取排斥的態度，對其中的有益文化也有一定程度的接受和消化吸收。體育的重要地位在北洋政府時期得到了正式的確立，一系列的法令法規使得體育在學校中的地位得到了充分的法律保障。這一時期的學校對體育內容也進行了大規模的改革，多種近代體育項目在此時期被大量引進學校體育活動中來，並且還培養出一批體育師資力量，為近代中國體育的發展儲備了一批體育人才。這一時期，中國國內逐漸形成了一些不同級別的體育競賽的制度，一批體育組織也在這一時期組建起來，與此同時，對體育賽事主辦權的回收是北洋政府時期中國近代體育發展的一大亮點。

　　民國年間的第一屆全運會和第二屆全運會均在這一時期舉辦，而這兩屆全運會的舉辦時間分別是在 1914 年和 1924 年，兩屆全運會相隔 10 年，中間恰好以 1919 年的「五四運動」為中點。這一時期近代體育的發展又正好可以「五四運動」為分界線，分為兩個時期。「五四運動」前的近代體育是晚清時期近代體育萌芽的延續，在此基礎上繼續發展，而「五四運動」後的近代體育則是民國時期中國近代體育開始緩慢起步的一個階段，有了質的飛躍，這一時期的近代體育發展為後來南京國民政府時期全運會的舉辦奠定了組織基礎和人才基礎，為在下一階段民國全運會的穩步發展做好了鋪墊。總而言之，與晚清時期相比，北洋政府時期的中國近代體育開始由不能自主逐漸向自力更生邁進，由萌芽狀態逐漸發展到開始慢慢起步向前進，這是中國近代體育發展的一個過度時期，也是民國全運會發展歷程中重要的啟動時期。

第一節　「五四運動」以前近代體育的推廣

　　晚清時期的全運會，其參賽運動員清一色為學校的學生，且大部分來自重視體育教育的西方教會學校，而組織、裁判等許多工作也都是由外國人獨當一面。但民國時期的全國運動會若能夠自主組織、舉辦起來，就必然少不

了國內體育師資和體育人才的培養，這是全運會舉辦的人才基礎。在 1919 年「五四運動」之前，北洋政府根據社會的現實情況，在延續晚清時期體育教育政策的同時，出臺了多項規程，頒佈了新的學制，以期適應新時期下的國內體育發展情況。但這一時期的教育宗旨仍然注重軍國民教育，強調體育的軍事作用，在學校體育中依然強調兵式體操的重要性。這與民國初年的國內和國際形勢也有著密切聯繫，國內軍閥紛爭、亂戰不休，國際上第一次世界大戰的爆發，再加上當時袁世凱企圖復辟帝制，企圖利用軍事教育使青少年學生成為其統治的工具，凡此種種都使得當時的體育課程僅僅是體操課程（尤其是兵式體操）的另一種稱呼。不過值得注意的是，清末民初的一系列運動會的舉辦，包括晚清第一屆及民國第一屆全運會的舉辦，國際上遠東運動會的舉辦，大大激勵了青少年學生對田徑、球類等近代體育項目的興趣，不少此類的體育項目也因此被引進體操課程內的「遊戲」項目，並有逐漸推廣蔓延之勢，一定程度上推動了近代體育在中國的發展。

一、新學制與新法規

　　1912 年，中華民國臨時政府在南京成立，與此同時也設立了教育部，著名教育家蔡元培先生出任第一任教育總長。教育部在成立後不久即頒佈了《普通教育暫行辦法》、《普通教育暫行課程標準》等相關法令法規。由於晚清時期的學制內容有些已經不再符合時代需求，於是 1912 年 9 月教育部頒佈了新學制，即《壬子學制》，之後一直到 1913 年 8 月，在近 1 年的時間內，教育部陸續頒佈了《高等師範學校規程》、《大學規程》、《實業學校規程》、《公私立專門學校規程》、《師範教育令》、《大學令》、《專門學校令》、《小學校令》等一系列法令法規，這些法令法規將壬子學制變得更加充實化和具體化，綜合起來形成了一個全面完整的學制系統，稱為《壬子癸丑學制》。這個學制將學堂改稱為學校，規定女子與男子一樣有受教育的權利，同時取消了清朝末年為貴族子弟設立的貴冑學堂，課程方面取消了封建教育中「忠君」、「尊孔」的宗旨和讀經講經的課程，體現出民國政府提倡科學與民主的教育思想理念。《壬子癸丑學制》全面規定了國內各級學校在體育課程方面的設置規範。

　　首先是小學體育課程的設置。教育部公佈的《小學校令》規定：「小學校教育以留意兒童身心之發育，培養國民道德之基礎，並授以生活所必需之知

識技能為宗旨。」小學校分為初等小學校和高等小學校，學制分別為 4 年和 3 年。初等小學校設置有 7 門課程（女生則多 1 門縫紉課程），其中就有體操課程的設置。高等小學校設置有 11 門課程（其中以男生修 1 門農業課程而女生修 1 門縫紉課程為區別之處），體操也在必修課程之列。一、二年級的體操課和唱歌課合併，每周 4 小時；三、四年級的體操課每周 3 小時；高等小學校各學年的體操課均為每周 3 小時。關於小學校體操課程的宗旨，小學校令教則第十三條指出：「體操要旨，在使兒童身體各部平均發育，強健體質，活潑精神，兼養成守規律、尚協同之習慣。」有關體操課內容的設置，小學校令教則第十三條指出：「初等小學校首宜授適宜之遊戲，漸加普通體操。高等小學校宜授普通體操，仍時令遊戲，男生加授兵式體操。視地方情形，得在體操教授時間或時間以外，授適宜之戶外運動或游泳。」其中有一點值得注意的是，小學校設置的課程中，有些「視地方情形」，遇到不得已的情況時，「手工、唱歌亦得暫缺。」但體操課程不得刪減，另外「小學校之校地、校舍、校具、體操場等，除非常災變外，不得作為他用。」在硬件方面保證了體操課程得以順利開展〔註1〕。

第二是中學校體育課程的設置。《中學校令》規定：「中學校以完足普通教育、造成健全國民為宗旨。」中學校學制為 4 年，教育部公佈中學校令施行規則還規定：「中學校之學科目為修身、國文、外國語、歷史、地理、數學、博物、物理、化學、法制經濟、圖畫、手工、樂歌、體操。」男生體操課程每周 3 小時，女生每周為 2 小時，「體操要旨在使身體各部平均發育，強健體質，活潑精神，兼養成守規律尚協同之習慣。體操分普通體操、兵式體操二種，兵式體操尤宜注意。女子中學校免課兵式體操。」在體操課程開展的場地方面，「體操場分屋內屋外二處。」根據各個地方的具體條件，室內體育場可以暫缺，但室外的體育場則不得缺少〔註2〕。

第三是師範學校的體育課程設置。《師範學校規程》在「教養學生之要旨」中第一條即規定：「健全之精神宿於健全之身體，故宜使學生謹於攝生，勤於體育。」師範教育分為豫科和本科，本科學制 4 年，「豫科為欲入本科第一部者施必需之教育」，學制為 1 年。豫科設置有 9 門課程，其中有體操課程，女子師範學校多 1 門縫紉課程；本科則設置有 18～19 門課程，體操亦為必修課

〔註 1〕舒新城：《中國近代教育史資料》，人民教育出版社，1981 年，第 444～468 頁。
〔註 2〕舒新城：《中國近代教育史資料》，人民教育出版社，1981 年，第 520～526 頁。

程之一，女子師範本科也設置有 18 或 19 門課程。該規程還規定體操課程的要旨是「在使身體各部平均發育，強健體質，活潑精神，兼養成守規律尙協同之習慣，並解悟高等小學校及國民學校體操教授法。體操宜授以普通體操、遊戲及兵式體操，並教授法。女子師範學校免課兵式體操。」體操課程的教學課時爲男子師範豫科、本科各個學年每周均爲 4 小時，女子師範豫科及本科前三學年每周爲 3 小時，第 4 學年爲每周 2 小時。與《中學校令》規定相同的，師範學校在設備方面，室內體育場視地方條件可以暫時不設，但室外的體育場亦不得缺少〔註3〕。

　　第四是高等師範學校的體育課程設置。「高等師範學校分豫科、本科、研究科。」豫科設置有 8 門課程，體操課程爲其中之一；本科分爲若干部，每個部的學科眾多，但「各部通習之科目爲倫理學、心理學、教育學、英語、體操」，其學制規定爲「豫科一年，本科三年，研究科一年或二年，專修科二年或三年，選科二年以上、三年以下。」各學年每周體操課均爲 3 小時，教育內容爲普通體操、遊戲及兵式體操〔註4〕。

　　從以上法規可以看出，民國成立後，學校體育的教育方面基本沿襲了晚清時代的學校體育模式。從小學校到高等師範學校，體操仍是體育課程最主要的內容，而且兵式體操的訓練依然受到北洋政府的重視，在《中學校令》中還特別指出「兵式體操尤宜注意」的問題，反映出「五四運動」前北洋政府對學校體育的態度是強調其軍事作用的。

　　1915 年 1 月，袁世凱在《頒定教育要旨》中，修改了民國建立伊始的教育方針，確定了「愛國」、「尙武」、「崇實」、「法孔孟」、「重自治」、「戒貪爭」、「戒躁進」的教育宗旨，重新確定儒學作爲學校教育的基本課程。1915 年 2 月，袁世凱頒佈了《特定教育綱要》，批判民國伊始的教育宗旨，認爲其「一不重道德，二不重實利，三無尙武精神，四不切實用」，爲封建儒家文化回歸教育提供了法規保障。這是袁世凱企圖利用儒家文化包含的等級思想來抵制民主共和的革命思想。經過袁世凱的一番大肆宣揚，學校體育開始挖掘傳統體育項目，並對一些傳統體育項目進行局部改造，如將傳統武術改造爲「新武術」等，這在客觀上爲傳統體育文化的傳承和發展提供了新的途徑，使一些傳統體育項目重新煥發出生命力，具備一定的積極意義。但是，由此而大

〔註 3〕　舒新城：《中國近代教育史資料》，人民教育出版社，1981 年，第 702～716 頁。
〔註 4〕　舒新城：《中國近代教育史資料》，人民教育出版社，1981 年，第 718～741 頁。

肆宣揚傳統體育、甚至否定其他近代體育項目，則對近代體育在中國的推廣產生了嚴重的阻礙作用，其反動性十分明顯，不容忽視。

歷史的車輪滾滾向前進，這是任何人也阻擋不了的。晚清時期中國的第一屆全運會、民國年間第一屆全運會、遠東運動會等國內外各項運動會的舉辦，不但大大激發了廣大青少年學生對田徑、球類等近代體育項目的濃烈興趣，同時也振奮了民眾的體育精神。在經歷了第一次世界大戰之後，軍國民教育強調的軍事體育和提倡此教育思想理念的德國戰敗也激發了一些教育界人士對當下現行學校體育的反思。早在民國元年（1912 年）12 月18 日，教育部在《教育部關於各學校應於體操正科外兼作有益運動訓令》中即提到：「本部公佈宗旨，以軍國民教育爲道德教育之輔，原期各學校學生重視體育，養成強壯果毅之風。惟學校教課勢難於體操一科，獨增教授時數，凡辦理學校人員宜體此事，引導學生於體操正科外，爲種種有益之運動。專門以上學校體操不列正科，尤宜組織運動部，隨時練習，以免偏用腦力。每年春秋兩季應酌開學校運動會，互相淬勵，以惰弱爲恥，以勇健爲榮。」〔註 5〕這樣學校在體操課程之外，就有了課外活動的規定，晚清時期開始傳入中國的種種近代體育項目諸如田徑、球類等在學校體育教育方面就有了法律保障，這些近代體育項目在中小學校將有較快的推廣和發展，而學校運動會也因此逐漸開展起來。與此同時，社會上要求增加體操課的學時以便增加田徑、球類運動等近代體育項目的人也越來越多，同時還有不少有識之士呼籲體育不能僅局限於學校，而必須提倡國民體育。在這樣一種輿論環境下，1919 年 3 月，教育部公佈《全國教育計劃書》，其中明確提到要「提倡公眾體育」，認爲「吾國講求體育，只限於學校，未免偏枯，宜倣各國成例，籌設公眾體育場，所以圖國民體育之發展。」〔註 6〕這是「五四運動」前較早提到要發展國民體育的教育文件，說明了當時的體育觀念有了較大的進步，認識到體育不僅是學校的任務，同時也是社會、民族的任務，把體育上升到整個社會和國家的高度，體現出對近代體育的重視。

〔註 5〕中國第二歷史檔案館：《中華民國史檔案資料彙編》第三輯教育，鳳凰出版社，1991 年，第 848 頁。

〔註 6〕舒新城：《中國近代教育史資料》，人民教育出版社，1981 年，第 269 頁。

二、學校體育師資的培養

民國建立以後，學校體育課的名稱叫體操課，顧名思義，其主要內容即為體操，包括兵式體操、普通體操和其他遊戲運動。但是，這一時期的軍國民教育理念體現的十分突出，因此體操課程大部分時間往往是教授學生兵式體操，普通體操訓練較少，更不用說包含「種種有益之運動」的眾多近代體育項目了。當時的體操課實際上多以軍事訓練為主，擔任體操課的教員有不少是軍隊中的退役士兵，他們在體操課上多以軍隊隊列訓練中的立正、稍息、起步走、托槍、舉槍等動作來訓練學生，內容枯燥嚴肅，訓練時間久了，學生易感乏味，鍛鍊身體的效果也不是很明顯，所以這也並不是真正意義上的近代體育訓練。而且這些擔任體操課教員的退役士兵，有一些人言行表現不好，更加容易使得學生反感。因此隨著時間的推移，北洋政府也開始重視其他近代體育項目，逐漸把一些田徑、球類、游泳等運動項目引進學校，且多在課外開展這些體育項目，在學校裏反響較好，受到學生的普遍歡迎。尤其是一些去日本學習體育的留學生在回國擔任體操課教師時，因其教學內容生動活潑而又富有趣味，因此特別受學生的歡迎。

民國成立以後，隨著《壬子癸丑學制》的出臺，中國教育事業相比於晚清時期發展逐漸加快，大批具有近代意義的學校在全國各地建立起來。而隨著學校的大規模發展，對體育的師資需求逐漸擴大。尤其是在晚清時代沿襲下來的傳統體操課程已經越來越不能適應社會發展新形勢的情況下，北洋政府在「五四運動」前即新辦了一批培養體育師資的體育學校。其中有不少高等學校設立了體育專修科，培養中學體育的師資力量。1919 年之前開辦的一批體育學校及其具體創建內容情況如下：

浙江體育專門學校（私立），1912 年 10 月創立於浙江杭州，原名浙江體育學校，後改名為浙江體育專門學校。學制為本科 2 年，選科 1 年半，總共舉辦了 26 期，畢業學生達 1000 餘人。1920 年前後還有朝鮮學生和越南學生。1933 年停辦。

上海女子青年會體育師範學校（教會立），1915 年 8 月創立於上海，第一年招 1 年制簡易班，第二年開始招 2 年制專修班，總共舉辦了 9 期，畢業學生達 200 人。1924 年併入金陵女子大學。

上海愛國女中體育訓練班（私立），1916 年創立於上海，招收高小畢業生，學制 3 年，之後停辦。

廣東女子體育學校（私立），1916 年創立於廣州，招收高小畢業生，學制 2 年。1922 年該校仍然存在，停辦時間不詳。

南京高等師範學校體育專修科，1916 年創立於江蘇南京，學制爲第一屆 2 年，共畢業學生 30 餘人，第二屆學制 3 年。1923 年該校改名爲國立東南大學，該科改爲系，學制 4 年。1927 年該校又改名爲國立中央大學，體育系歸屬於大學教育學院，畢業生被授予教育學士的頭銜。1937 年抗日戰爭爆發後，該校遷移至重慶，1938 年增設體育專修科，抗戰結束後於 1946 年遷回南京。該科系創辦前後 30 餘年共畢業專科學生 203 人，體育系本科學生 199 人，畢業學生數量不算很多，但綜合質量較高，對中國近代體育發展做出了較大的貢獻。

北京高等師範學校體育專修科，1917 年創立於北京，學制爲第一屆 2 年，第二屆 3 年，第三屆 4 年。1923 年該校改名爲北京師範大學。1930 年體育專修科改爲體育系，學制爲 4 年。至 1935 年，該系共有 9 屆畢業生，總人數爲 162 人。抗日戰爭爆發後遷移至西安，1944 年又遷移至蘭州，抗戰結束後於 1946 年遷回北京。前後畢業生總共僅有 200 餘人，但綜合質量較高，對中國近代體育的發展做出了較大的貢獻。

廣東高等師範學校體育專修科，1918 年創立於廣東廣州，僅辦了 2 期，畢業學生 66 人。

蘇州成烈體育專門學校（私立），1918 年創立於上海寶山縣，原名私立中華體育學校，1919 年遷往江蘇蘇州，改名爲蘇州私立中華體育學校。1927 年改名爲成烈體育專科學校，以紀念 1926 年爲策應國民革命軍北伐而被捕遇害的該校校長柳伯英（字成烈）。1937 年抗日戰爭爆發後停辦，戰後重新開辦。1949 年中國人民解放軍佔領上海後併入華東師院，1952 年併入上海體育學院。自 1918 年創立至 1937 年抗戰爆發，該校共畢業學生 1500 餘人。

上海東亞體育專科學校（私立），1918 年創辦於上海，僅有本科，學制 2 年，招收高中畢業生。1930 年開設童子軍教練員訓練班。抗日戰爭時期曾經遷入法租界上課，1942 年停辦。抗戰結束後於 1947 年重新開辦，前後開辦 30 餘年，畢業學生達 1500 餘人，若加上童子軍訓練班畢業總人數超過 3000 人。

北京私立體育學校，1919 年創辦於北京，學制 3 年，總共舉辦了 4 期，畢業學生約 150 人，1929 年停辦〔註7〕。

〔註 7〕國家体委體育文史工作委員會、中國體育史學會：《中國近代體育史》，北京體育學院出版社，1989 年，第 123～124 頁。

　　此外還有 1919 年創辦於南京的南京私立體育學校以及同年創辦於上海的東南女子體育師範學校（私立）。從上面這些體育學校可以看出，多數體育學校都是私立的，雖然其中有一些學校開辦時間很短，有的只辦了短短的 2 期，但總體來看，私立體育學校培養出來的師資力量遠遠超出公立學校培養的師資力量。這也是北洋政府時期體育師資培養的一個特色。當時私立的體育學校財政經費比較緊張，學校地址經常搬遷，辦學也非常不容易。然而正因為私立體育學校的創辦、辦學事宜會遭遇種種困難，因此這些創辦者往往多為對中國近代體育事業富有熱情和事業心的文化體育界人士，他們抱著極大的熱情，不辭辛苦的為這些體育學校辦學，可謂殫精竭力。這些私立體育學校的創辦者及其創辦的體育學校，為北洋政府時期中國近代體育師資人才的培養貢獻了力量，推動了中國近代體育事業的發展。

第二節　民國第一屆全運會的舉辦

一、舉辦背景

　　1911 年的辛亥革命給了封建王朝致命的一擊，滿清在中國的統治被瓦解了，之後 1912 年中華民國成立，這一系列翻天覆地的政治變革使得在中國延續了 2000 多年的封建君主專制制度被徹底終結了，從此民主共和的觀念深入人心。民國的建立，也為中國國內各個實業團體、文化體育組織的創辦和開展活動創造了有利條件。開工廠、設銀行等成為民國建立伊始社會民間的風氣，實業的發展，風氣的漸開，也為民國初年文化團體的成立、體育聯合組織的創辦提供了經濟基礎和社會影響。許多民間團體和組織不再如晚清時期一樣處於秘密狀態，或是借著各種名號在地下從事相關活動，由於民國的成立、民主共和時代的開端，從此可以光明正大的組建相關組織團體，開展各類團體活動。

　　不過值得注意的一點是，從清朝走向覆滅到民國建立伊始這一段短短數年的時間內，雖然在政治領域發生了翻天覆地的變化，政治變革開闢的新時代的到來，似乎使中國社會煥然一新，但是此時期中國近代體育的發展狀況同晚清時期相比併未有太大的改觀。這一方面是新政策的影響和作用需要時間逐漸的體現，晚清時期頒佈的《奏定學堂章程》以及民國初年教育部出臺

的《壬子癸丑學制》，對清末民初時期近代體育的普及和推廣起到了積極的推動作用，對今後中國的體育教育產生了深遠影響，但是這種影響的體現均需要數十年的時間，正所謂「前人栽樹，後人乘涼」，清末民初種下的小樹苗，需要在民國時期發展一段時間，方可成為參天大樹。

清末民初時期，中國國內湧現出一批體育團體，這些團體大致可分為三種類型。第一種是為籌辦校內校際運動會、體育競賽活動等賽事而成立的團體。清末民初時期的某項運動的對抗賽（如足球比賽）、錦標賽以及學校之間的聯合運動會等賽事都有相關的體育運動團體籌辦組織，因此這一類體育團體是當時中國國內數量最多的。當然，由於其存在的使命決定了這些體育團體的性質，所以這類團體往往都是臨時性的，沒有固定的會址、機構、活動場所、組織系統，存在時間多不會太長，許多團體都是在運動賽事結束之後即自行解散。例如 1910 年在南京南洋勸業會場北部跑馬場舉辦的民國第一屆全運會，其承辦組織即為「全國學校區分隊第一次體育同盟會」，團體名稱和這屆運動會的原稱是一樣的，足可見其性質，運動會結束後遂自行解散。

第二種體育團體實際上並不是真正嚴格意義上的體育組織，而是為清朝末年資產階級民主革命培養和訓練武裝力量的。這類體育團體在晚清時期最為活躍，而且大多數團體都是在秘密狀態下展開活動的，或是利用公開、合法的地位秘密進行資產階級民主革命的謀劃。如 1906 年成立的上海商團工會、上海華商體操會、湖南野球會等等。因為這類組織的性質實際上是資產階級革命團體，因此這類團體的體育活動和訓練往往與軍事鬥爭密切相關。

第三種是以研究和開展體育活動為主要目的的體育團體。這類團體往往有選擇的側重開展某個具體的體育活動項目或運動競賽，有些體育團體甚至建立了一些體育場、體育館，還培訓了一批體育專門人才和運動選手。其中的個別團體對中國傳統體育項目在新時代的重新弘揚發揮了重要的作用，做出了極大的貢獻。例如 1910 年著名武術家霍元甲在上海成立的「精武體育會」，就屬於此類體育團體，它是清末民初時期維持時間最長、影響最為廣泛的體育組織。它將武術作為一個近代體育項目進行推廣，在推動其他近代體育項目的領域也做出了一定的貢獻。

民國第一屆全國運動會是在民國三年（1914 年）5 月 21 日至 22 日於北京天壇舉行的，主辦本屆全運會的是「北京體育競進會」。它的前身是早在 1910年北京基督教青年會組織的體育聯合會，那時還屬於清朝統治時期，北京基

督教青年會聯合清華學校、協和書院和燕京大學組織了這個體育團體。民國
元年（1912 年），這個組織在京津地區的一些學校於北京廠甸舉辦小規模的田
徑運動會之後即聯絡了北京高等師範學院和匯文書院，與前面三所學校共同
組成了「北京體育競進會」，這個體育組織由該會的名譽秘書、北京基督教青
年會的幹事美國人侯格蘭德（A.N.Hougland）主持。1913 年，北京體育競進
會籌辦組織了首屆華北運動會，之後每年都舉辦一次華北運動會，對中國北
方地區的近代體育發展起到了積極的推動作用。1914 年 5 月 18 日至 19 日，
也就是民國第一屆全運會開始的前幾天，北京體育競進會還在北京天壇組織
了第二屆華北運動會，5 月 20 日還舉辦了北京教育運動會，這兩次運動會的
舉辦可以看成是爲民國第一屆全運會作賽前的組織準備和鋪墊。當時比較著
名的報刊《申報》還對此次華北運動會作了報導：「京函云昨日（十八日）天
壇舉行北部第二次運動會，會場之秩序，天壇門首高駕牌樓，綴以松枝鮮花，
大書全國運動會場，第二門則有售券處。運動會場分東西南部優待坐夾設中
間，陳設極妥，各種獎品羅列，其中有軍警蒞會彈壓，自上午九時開會。北
部蒞會者（北京之部）北京大學預科，中國公學，民國大學青年會，協和醫
學高等師範附屬中學，萃文中學，崇實學校，稅務學校，匯文大學，通州協
和醫學青年會（天津之部），天津南開中學青年會，工業專門學校，醫學專門
陸軍軍醫學校，新學書院，其餘北部之順德大名廣平各學亦蒞會，有海軍軍
樂隊奏樂，是日因天有陰雲，參觀到者不多，男賓不過千餘，女賓不過百數
人。」〔註8〕由此可見當時的袁世凱北洋政府對此次在北京天壇舉行的運動會
還是比較重視的，京津地區的主要學校全部到齊了，會場上不但有海軍軍樂
隊奏樂，還派遣了軍警到場維持秩序。北洋政府爲了渲染大會氣氛、爲本屆
大會營造聲勢，還特別請來南苑航空學校屆時將飛艇飛至天壇上空：「南苑航
空學校以全國運動大會於今（二十一）明（二十二）兩日在天壇舉行，實爲
吾國體育界空前之偉業，特駕飛艇於此兩日午後風靜時（約在四五點鐘）前
往參觀，屆時會場益必增盛況矣。」〔註9〕

　　另一個值得注意的現象是，本屆全運會雖然名義上由北京體育競進會籌
辦，但由於該會實際上是基督教青年會的幹事美國人侯格蘭德（A.N.Hougland）
主持，因此籌辦本屆全運會的工作實際上仍以外國人爲主開展，舉辦大權與

〔註 8〕　《北京天壇運動會紀略》，《申報》1914 年 5 月 23 日。
〔註 9〕　《申報》，1914 年 5 月 25 日。

晚清時期的全運會一樣，仍操於外國人之手。而且無論是之前做鋪墊的華北運動會、北京教育運動會，還是緊隨其後舉行的民國第一屆全運會，其裁判、計分等工作依然由外國人充任，測量方法依然是碼制。這也說明了民國初年近代中國體育的主權仍然被西方列強所操控著。此屆全運會比晚清時期的全運會進步之處在於，晚清時期的全運會，僅僅是體育團體自籌自辦的一場全國範圍內較大規模的運動會，政府對此並不關心，而此屆全運會雖然也由相關體育組織籌辦，但袁世凱的北洋政府對此屆全運會的舉辦給予了很大的關注，說是高度重視亦不爲過。這正體現出政府對近代體育發展的關注度開始上升，一定程度上也反映出民國初年近代體育的發展。

二、舉辦情況

　　民國三年（1914 年）5 月 21 日至 22 日，民國第一屆全國運動會在北京天壇體育場舉行。籌辦此屆運動會的北京體育競進會根據參賽運動選手的具體情況，最終決定將參賽選手按全國劃分爲 4 個區域，即東部、西部、南部和北部，4 個區的參賽選手總共僅 96 人。從人數規模上來說，這一屆全運會的參賽選手還沒有上一屆晚清時期的全運會來得多，尤其是華南區的參賽運動員，由於距離北京路途較遠，僅有 2 人參加本屆全運會，均是從香港趕到北京的網球運動員，究其原因，主要是因爲「會址距離太遠」〔註 10〕，許多運動員由於旅費問題不能及時趕到北京，足見民國初年中國普通民眾生活條件之艱辛。「運動團體共分東西南北四部，東部運動員配黃色標帶，西部運動員配紅色標帶，北部運動員配白色標帶，南部運動員配綠色標帶，四部運動員合計九十六人，皆各部所精選之好身手」〔註11〕。具體每個區派遣了多少運動員參加比賽，史料記載比較含糊。根據《舊中國體育見聞》的說法：「本屆大會參加的單位，計有東、南、西、北四部（華中、武漢區未參加），長江西部（華西）選手有三十餘人，東部（華東）選手有五十餘人，北部（華北）選手亦五十餘人，南部僅有來自香港參加網球者二人」〔註12〕，這裡的人數顯然是指各區代表隊連同隨行人員的數目，至於各部運動員具體人數，其他有關本屆全運會的資料均未見記載各區參加比賽的具體人數，因而此項已然不可考。

〔註10〕 董啓俊：《全國運動大會小史》，1937 年，第 5 頁。
〔註11〕 《全國聯合運動會之連日大運動》，《申報》1914 年 5 月 26 日。
〔註12〕 王振亞：《舊中國體育見聞》，人民體育出版社，1987 年，第 137 頁。

　　本屆全運會比賽項目有田徑、足球、籃球、隊球（即排球）、棒球、網球 6 個大項，「田徑項目有百碼、二二〇碼、四四〇碼、八八〇碼、一英里、五英里、一二〇碼高欄、二二〇碼低欄、跳高、跳遠、撐杆跳、鐵球、鐵餅、半英里接力跑、一英里接力跑、五項及十項運動項目」〔註13〕。5 項全能運動項目指的是 220 碼賽跑、1760 碼賽跑、跳高、擲鐵餅和 16 磅鉛球，10 項全能運動指的是 100 碼賽跑、440 碼賽跑、220 碼低欄賽跑、1760 碼賽跑、跳高、跳遠、撐杆跳高、擲鐵餅、16 磅鉛球和單足躍步跳遠〔註14〕。與晚清時期第一屆全運會相比，本屆全運會球類項目新增加了籃球、排球和棒球，田徑項目新增加了 1 英里和 5 英里長跑、220 碼低欄賽跑、鐵餅、5 項和 10 項全能運動項目，取消了 50 碼短跑和鏈球項目。這一方面說明了籃球、排球等近代球類運動在民國初年的中國已然流傳開來，尤其是在各學校體育課的課外活動中應有一定的普及率，另一方面從田徑項目設置的取捨來看，民國初年的中國田徑訓練總體上還是跟上了近代體育發展的步伐，尤其是 5 項全能及 10 項全能項目的設置，反映出中國近代體育的進步，沒有因爲國內的戰爭動亂等因素而遠落於世界潮流之後。這必須要歸功於清末民初時期一批重視體育、熱愛體育的國內教育界人士和某些外國友人，如果沒有他們的努力就不會有近代體育項目在中國的普及和訓練發展。本屆大會比賽日程安排如下：

　　5 月 21 日的「上午，百碼賽跑預賽（兼作十項運動中預賽之一），八百八十碼賽跑（決賽），跳遠中（預賽），擲鐵球預賽（兼作十項運動中預賽之一），跳高預賽（同上），四百四十碼賽跑預賽（同上），團體運動第一次籃球抵球擊毬蹴球網球；下午，賽跑及五項運動，一、二百二十碼賽跑決賽（兼作五項運動中之一），二、跳遠預賽（同上），三、擲鐵餅預賽（同上），四、跳高決賽，五擲鐵球決賽（兼作五項運動中之一），六、一英里接力賽跑決賽，七、一英里賽跑決賽（兼作五項運動決賽），各團體運動第二次抵球擊毬蹴球」；5 月 22 日「團員等於上午演試各種運動 及至下午二時內開始決賽之運動，第一幕爲撐杆跳高……第二幕運動爲二百二十碼低跳欄」〔註15〕，之後爲接力賽跑決賽等項目。

〔註13〕　董啓俊：《全國運動大會小史》，1937 年，第 5 頁。
〔註14〕　王振亞：《舊中國體育見聞》，人民體育出版社，1987 年，第 138 頁。
〔註15〕　《全國聯合運動會之連日大運動》，《申報》1914 年 5 月 26 日。

　　本屆全運會同晚清時期全運會一樣，仍然採取計分制。田徑賽每項的第一名、第二名和第三名分別得到 3 分、2 分和 1 分，後面的名次均不得分；五項和十項全能運動的第一名、第二名和第三名分別得到 5 分、3 分和 1 分，後面的名次均不得分；網球運動無論單打雙打，第一名均得 3 分，第二名得 2 分；其他球類運動第一名得 5 分，之後名次均不得分〔註 16〕。現將本屆全運會田徑項目成績、名次列錄如下〔註 17〕：

項　目	第一名	第二名	第三名	最好成績
100 碼	李如松（北部）	梁啓崇（西部）	黃元道（北部）	10 秒 4
220 碼	李如松（北部）	梁啓崇（西部）	張惠迪（東部）	25 秒
440 碼	李如松（北部）	林祖光（東部）	郭希棠（北部）	56 秒 2
880 碼	吳輝明（西部）	李文昌（北部）	林國賢（北部）	2 分 16 秒 2
1 英里	周展（北部）	李文昌（北部）	邱康宇（東部）	5 分 13 秒
5 英里	白葆琨（北部）	李寶興（北部）	邱康宇（東部）	30 分 39 秒 8〔註 18〕
120 碼高欄	黃元道（北部）	郭兆祺（東部）	張信孚（東部）	18 秒 2
220 碼低欄	黃元道（北部）	馮建統（北部）	凌達揚（北部）	28 秒 4
跳高	袁慶祥（北部）	郭兆祺（東部）	黃惠林（北部）	5 英尺 5 英寸 1／8
跳遠	楊景鐸（北部）	姚福仁（東部）	黃元道（北部）	18 英尺 11 英寸 3／4
擲鐵球	俞時熔（北部）	陳鑑（西部）	陳昌祐（北部）	28 英尺 9 英寸
擲鐵餅	吉子英（北部）	談瑞銘（東部）	陳昌祐（北部）	85 英尺 8 英寸 3／4
撐杆跳高	楊錦魁（東部）	杜連科（北部）	姜汝震（北部）	9 英尺 10 英寸 7／8
5 項運動	吉子英（北部）	黃元道（北部）	黃 灝（東部）	258 分
10 項運動	黃元道（北部）	陳昌祐（北部）	李如松（北部）	639 分
半英里接力	華東隊	華北隊	華西隊	1 分 41 秒 6
1 英里接力	華東隊	華西隊	4 分 2 秒 2	

　　球類項目方面，華北隊獲得籃球、棒球、排球以及網球雙打的第一名和網球單打的第二名；華東隊獲得足球第一名，摘得足球錦標；華南隊獲得網球雙打第一名和網球單打第二名。全國各部總分名次為：第一名，華北隊（91

〔註 16〕董啓俊：《全國運動大會小史》，1937 年，第 5 頁。

〔註 17〕董啓俊：《全國運動大會小史》，1937 年，第 5～6 頁；王振亞：《舊中國體育見聞》，人民體育出版社，1987 年，第 138 頁。

〔註 18〕另外根據《舊中國體育見聞》的記載，此處成績為 30 分 39 秒 6。

分）；第二名，華東隊（29 分）；第三名，華西隊（12 分）；第四名，華南隊
（5 分）〔註 19〕。

　　由於本屆全運會得到袁世凱北洋政府的高度重視和大力支持，大會在宣
傳方面的工作十分到位，吸引了眾多中外人士前來參觀。而且本屆運動大會
在觀眾參觀方面特別設置有三種級別的座位，分爲頭等座、優待座和普通座，
然而大會進行的第一天即 5 月 21 日這一天，觀眾席上即已人滿爲患，「中外
士女蒞會參觀者約計有一萬五千餘人之多，會場所設頭等座、優待座、普通
座均異常擁擠至不能容，是日由總統府軍樂隊到場奏樂」，雖參賽選手規模不
如晚清時期的全運會，然而據此場景看來，可見本屆全運會陣仗之大非前一
屆全運會可比。運動會期間，南苑航空學校的飛艇也如期而至，前來爲本屆
全運會助陣，在空中散發大會宣言和一些彩色的花紙，頓時會場上空紛紛揚
揚，天花亂墜，在當時的中國亦可算是奇觀了。《申報》對飛艇蒞臨會場也
做了報導，「午後比賽運動停止，後於六鐘餘風靜時，南苑航空學校之飛艇
蒞至，在空中繞行數匝，據聞明日該飛艇將往兩次，除午後之一次外，並於
上午十鐘至十一鐘特往一次，且擬使該艇較近地面停止，俾來賓觀之較爲清
晰云」〔註 20〕。本屆大會還邀請了來自美國的排球隊進行表演比賽以助大會
聲勢。不僅如此，本屆全運會經袁世凱北洋政府的授意，還向當時的各報館
致以《大會宣言》。這份宣言相當於袁世凱北洋政府對體育事業方面的公告，
非常能夠反映其對體育運動的觀點和理念，現將此宣言全文列錄如下〔註 21〕：

　　「中華民國者，亞東之新中國也，其將來榮茂滋長發跡飛騰之潛力，將
何以爲標準乎，曰惟視其新國民強弱爲如何耳！然新國民之強弱又將以何爲
標準乎，曰惟視其德智體之發育較歐美各國之國民爲如何耳！夫歐美各國注
重德智方面之趨向，固夙爲吾人所稱羨，然其上下一心如熱如狂之毅力提倡
體育者，則尤爲吾人所再三注意者也，然則被等提倡體育之意旨果在民乎！
曰體力之發達非僅兆國家前途之盛衰，又個人德智之發達所關切也，何以言
之？曰欲於運動舞臺優勝者，必其人有下列之品德：（一）誠實：運動競賽時，
千萬人目視之，千萬人手指之，其不能以欺詐成功也明矣。（二）貞德：運動
員者貞德之代表也，一肌一絲無不由千錘百練而後得其功用，苟無自治操守

〔註 19〕　王振亞：《舊中國體育見聞》，人民體育出版社，1987 年，第 139 頁。另外根
　　　　　據《全國運動大會小史》的記載，華北隊總分爲 94 分，華西隊總分爲 15 分。
〔註 20〕　《全國聯合運動會之連日大運動》，《申報》1914 年 5 月 26 日。
〔註 21〕　王振亞：《舊中國體育見聞》，人民體育出版社，1987 年，第 139～140 頁。

之強立，其能出類拔萃高出群眾者未之有也。（三）強毅：運動時曾未見半途而廢而獲獎者，其人必堅忍恆毅始終如一，以臨機為秘訣，以目的為究竟，方克成功。（四）團力：運動種類甚繁，雖有賁育之勇，恐亦不能獨立而操勝算，必也結團體，均勞逸以長攻短，以巧勝拙，而後能占優勝以享名譽。由上觀之，則運動場者，國民之鑄造場也，蓋國民有誠實有貞德有強毅有團力，而國之不興者，亦無理由之論斷耳！舊中國之學者，呫嗶案頭，囹圄學舍，終身蟄伏，不知運動為何事，雖數十年來不無傑出之人物，然亦少數而已，至於開我國文弱之風，致衰微凌弱，一至如今日者，其咎又安在哉！況二十世紀者，鬥智鬥力之世界也，苟欲再求以文弱孱懦而望圖於無演者，是愚而不可及者也，此體育之不可不講求，而運動大會不可不注意也。本月十八、十九兩日開華北運動大會於天壇，後三日內又隨開全國運動大會，凡熱心諸君子，曷不往觀以察我國體育進步之何如，借表我國民均歡迎崇拜尚武之精神乎！」

　　大會宣言表現出對國民進行體育運動的高度關注，認為國民體質的強弱直接關係到國家前途的興衰，必須提升到國家戰略的高度。宣言在國民之中提倡誠實、貞德、強毅、團力的精神風貌，認為體育運動可以鑄造國民的上述種種精神，這樣國家的興盛即可指日可待。宣言還對前清時期重文輕武的社會風氣進行了批判，認為正是這種「文弱之風」使得國家「衰微凌弱」，而如今的二十世紀必須提倡體育，德智體全面發展方能「鬥智鬥力」。這份大會宣言對提高社會各界人士對近代體育的重視、振奮國民的體育精神、破除前清時期重文輕武的社會風氣具有一定的積極示範作用，反映出袁世凱北洋政府對體育的高度重視。不過宣言中仍流露出袁世凱北洋政府對軍國民教育的重視和對尚武精神的提倡。

　　此屆全運會所有比賽結束後，頒獎典禮被安排在 5 月 23 日晚上 8 點鐘進行，地點在當時北洋政府外交部的迎賓館。除了必須出席頒獎典禮的優勝運動員、北京體育競進會的各會員以外，北洋政府還邀請了中外社會各界名流出席頒獎典禮，「中外男女來賓到者數百人，濟濟蹌蹌頗極一時之盛」。先是由北京體育競進會章會長報告本屆全運會大略情況，之後由總統代表王廷璋發表演講：「當此列強競爭之秋，應注重於軍國民教育，必便少年有尚武之精神，斯國家乃有強固之希望，然體育亦非捨德育智育而言，傳曰率義之謂勇記曰臨事而□斷之謂勇，倘徒尚體育而無德與智以鎔鑄之，此近年騰屬

血氣者之所為，非君子尚勇之道也，大總統治軍數十年，平日注重軍人教育，今聞全國青年群趨向於體育一途，忻忻異常，因倡捐鉅款並特贈銀盃，具以表歡忱，此後尤盼貴會一致進行，一洗我國文弱孱懦之習」。接著副總統代表覃世範、國務卿代表顧允中相繼發表演說，大致內容為副總統黎元洪、國務卿徐世昌兩人對於運動會之盛大以及前途的希望等等的致辭。接著教育總長湯化龍發表演說，就體育和政治的關係「發揮盡致，繁微博引，清辯滔滔，聞者莫不動容」。演說完之後，「由外交孫總長之夫人頒贈北部運動會及北京教育運動會優勝員獎品，副總統之夫人頒贈全國運動會優勝員獎品。東部運動員已經出京，言旋西人斯瑪君（東吳大學教習送運動員來京者對於體育極為熱心）留京代表領獎。此次全國運動會，各運動員之總分數比較以北部李君如松為首選。副總統夫人發獎時之先以副總統秘書郭君宣讀副總統演說詞：略謂當教育萌芽時代承中外熱誠資助，得獲此成績，深慶幸，惟念改革以來秩序未復，庠序未盛，故遠在各省之國立學校列入此會者尚少，然有此以為之倡精神一新，全國之大聞風興起必什百於今日也，世必有堅固之精神，然後有高遠之智力，必有健全之體魄，然後有偉大之事功，由肢體之運動，進而為精神之運動，由會社之運動，進而為國家之運動，合大群以從事於世界之優勝，元洪所厚望也云云。頒獎事後，外交孫總長演說，大致推衍湯君之說，遂由章君宣告散會，請眾賓至他室用茶點。眾散會時已十一點半鐘矣，是日係總統府軍樂隊蒞會，奏樂鏗鏘可聽，每值運動員領受獎品時，暨演說之起始，暨終止眾賓拍掌之聲，有若雷鳴，開會之際並拍照數次云」〔註22〕。

　　由是觀之，與晚清時代相比，民國年間第一屆全國運動會至少在形式上真正有了全國運動會的味道。雖然參賽的人數規模比不了上屆全運會，但與上屆全運會頗具各學校之間互相娛樂競賽的民間意味相比，本屆大會政府不但派人全程參與，協助做好了大會籌辦的種種工作，賽後還邀請中外各界人士在外交部出席頒獎典禮，從某種程度上來說，由外交部的會所進行頒獎典禮，這規格可是相當之高了！這在近代中國體育發展的歷史上都可謂是空前的。辛亥革命之後中華民國的建立為中國近代體育事業的發展卸去了一道沉重的枷鎖，反映出民國初年新生的民主共和政權散發出的新氣象。

〔註22〕　《全國運動會贈獎紀》，《申報》1914 年 5 月 28 日。

三、意義和局限

　　本屆全運會的舉辦是近代中國第一次政府全程參與的全運會，它的舉辦表現出北洋政府在民國初年對體育事業的高度重視，為今後民國時期的歷屆全運會的組織和籌辦樹立了積極的榜樣。從此之後民國年間乃至新中國成立後，全國運動的舉辦無一不是政府全程參與籌劃，以政府牽頭主導，樹立榜樣，從此近代體育被普通的中國民眾逐漸接受和學習，有利於打破自中國古代以來重文輕武的社會風氣，對民國年間提高全民體育意識、增強民眾體質有一定的積極作用。這屆全運會的舉辦也在一定程度上推動了近代體育項目在中國的廣泛傳播。本屆大會新增了籃球、排球、棒球運動，大會的舉行也為這些新項目在學校體育中的推廣起到了較好的模範示範作用，自此之後近代各種球類運動諸如籃球、排球、乒乓球等球類項目逐漸在學校中流行起來。大約在 1918 年，廣州的某些小學在體育老師的指導下開展了乒乓球運動，上海則走得更遠，幾乎是在同一年，在全市成立了乒乓球聯合會，還舉行了全市的公開團體比賽。從本屆全運會的競賽成績來看，除了新增項目以外，大多數原有項目的成績都有了一定的提高，反映出民國初年中國近代體育競賽水平有了一定的上升，體育人才的培養也有了一定的成果。

　　但是另一方面我們應該看到，本屆全運會的所有測量、計分仍然沿用英制，裁判等工作依然由外國人出任，大會的實際組織籌劃仍然由外國人操控，這些事實都在告訴人們，民國初年的中國近代體育依然處於不能自主的階段，充分反映出當時近代中國半殖民地半封建社會的性質沒有得到任何改變。大會還著重宣揚軍國民的體育精神，反映出袁世凱北洋政府企圖以體育為媒介將國民都變為服從其指揮的軍事工具，再結合大會在北京天壇的舉行，似乎暗示著袁世凱渲染尊孔復古的氛圍企圖復辟帝制的野心。參加單位方面，全國代表隊僅有 4 支，草草的以東西南北作為劃分，並且代表整個華南地區的運動員僅僅是香港的 2 名網球運動員，足見當時中國近代體育發展仍然是處於非常落後的水平。而作為辛亥革命首義的武漢地區竟未派遣運動員出席參加本屆民國全運會，亦可見當時中國政治秩序之混亂、中國政治版圖之分裂。從全國範圍來講，本屆運動會的參與範圍非常小，雖名為全國運動會，實際上幾乎只是華北運動會的擴展版，全國其他地區的參與度極低，以京津地區運動員為主力的北部代表隊一枝獨秀，可見本屆全運會雖然得到袁世凱北洋政府的高度重視，卻並未在全國範圍內引起太多的關注。

　　總而言之，民國年間的第一屆全運會延續傳承了晚清時代首屆全運會的內容和體育精神，對近代體育項目在中國的進一步傳播與發展起到了積極作用，並且首次由政府出面全程參與，體現出民國政府與封建政權對近代體育態度的區別。而大會主辦權仍操於外國人之手亦反映出當時中國近代體育發展之根本局限，軍國民精神的提倡一定程度上也映像出袁世凱復辟帝制的野心，參賽規模的縮水體現出當時中國政治環境之無序。

　　民國年間第一屆全運會的舉辦，是晚清時代首屆全運會的延續，也標誌著民國全運會的正式啓動。它保住了近代中國體育發展的萌芽，並且在新生民主共和的時代招牌下，替這株嫩芽撒上了第一瓢清水，為民國全運會之後的成長壯大提供了可能。如果將民國全運會的發展歷程比作開汽車上路的過程，那麼本屆全運會的舉辦標誌著汽車點火成功，發動機已經開始工作了！

第三章　民國全運會的蹣跚行進

　　1919年爆發的「五四運動」，是中國近代史上發生的劃時代的大事件。1919年 1 月，作為第一次世界大戰戰勝國的中國，參加了在法國巴黎舉行的和平會議。中國代表在會上提出廢除帝國主義在中國的勢力範圍、撤出在中國的駐軍、廢除「二十一條」等正義的要求，遭到了帝國主義列強的拒絕。巴黎和會最終決定將戰敗國德國在青島的勢力範圍劃歸另一個戰勝國日本，這一踐踏中國主權的消息傳到中國，激起了中國國內廣大民眾的憤怒，之後教育界、工商業者以及其他愛國團體紛紛通電斥責日本的無禮行徑，北京的學生群情激憤，於 5 月 4 日齊集北京天安門舉行示威活動，並且打出了「廢除二十一條」、「外爭主權，內懲國賊」等口號，要求政府拒絕在此賣國和約上簽字。北京的學生運動受到了全國各地群眾的同情和支持，很快在中國各大城市的學生都掀起了罷課運動，之後 6 月初上海工人為表示對學生運動的支持首先開始罷工，之後各地均有罷工以示支持學生運動。「五四運動」成功阻止了中國代表在巴黎和約上簽字，是中國人民自發的徹底反對帝國主義和封建主義的愛國運動。目前學術界的主流觀點認為，「五四運動」是中國新民主主義革命的開端，在中國近現代歷史上有著劃時代的重大意義。

　　「五四運動」對中國近代體育的發展也有著重大而深遠的影響。首先，「五四運動」大大促進了近代體育項目在中國的傳播與推廣，尤其是在中國國內的各大學校。北洋政府通過頒布新的規程制度的方式使得近代體育項目成為學校體育內容的重要一環，大大加速了近代體育在學校內的普及速度，擴展了近代體育的普及率，兵式體操在學校體育中逐漸衰落，這是「五四運動」前從未有過的情形；「五四運動」也加速了婦女解放的進程，女子體育也在「五

四運動」後悄然興起，在民國年間第二屆全運會體育賽場上，首次出現了女
子運動員的美麗倩影，這是近代中國體育史上破天荒的大事件；在「五四運
動」掀起反帝愛國鬥爭的浪潮影響下，中國人也開始逐步從外國人手中收回
體育主權，體育運動競賽的主辦權利開始回到中國人自己手中，中國各種本
土體育組織的建立反映出這一趨勢。

第一節　「五四運動」後近代體育的緩慢普及

一、《壬戌學制》與學校體育的革新

　　「五四運動」極大的衝擊了當時中國存在的一些封建教育思想，也對當
時較爲流行的軍國民教育思想進行了批判。這一時期，舊學制的體育課程仍
然體現出軍國民教育的理念，各式體操依然是學校體育課程的主要內容，在
中國近代體育發展的新形勢下，其弊端日益顯現。第一次世界大戰德國的戰
敗，使得中國國內一批有識之士逐漸認識到軍國民教育把國民訓練成機械一
般，容易供國內軍閥及野心家的利用，成爲軍事統治的工具。「五四運動」前
後，隨著美國著名的教育家杜威先生來中國訪問講學，美國的實用主義教育
學說開始在中國國內流行，對軍國民教育理念也形成了強大的衝擊。

　　1919 年，美國著名的實用主義哲學家、教育家和心理學家杜威先生
（John.Dewey）接受中國學者和相關教育團體的邀請，來到中國開始了其在華
的講學歷程。杜威曾先後在中國北京、南京、杭州、上海、廣州等地講學，
由胡適先生等人擔任翻譯，杜威在瞭解到當時中國的教育情況後，在他的演
講中直接指出中國教育的弊端所在：「吾人試觀中國的教育，實來源日本，是
直接模倣日本的教育，間接模倣德國的教育，而不懂得要確定一國教育的宗
旨和制度，必須根據國家的情況，考察國民的需要，而精心定之。決不可不
根據國情，不考察需要，而胡亂地仿倣他國，這是沒有不失敗的。這一點是
中國一般教育應該注意的」〔註1〕。杜威對當時中國學校內盛行的兵式體操的
教育內容進行了批評，這種體育教育實際上是強制青少年在學校體育課程內
接受軍事訓練，對青少年的身心發展並無裨益。同年 10 月，杜威還出席了全
國教育會聯合會在山西太原召開的第五屆年會，並發表了《教育上的實驗態

〔註 1〕趙祥麟、王承緒：《杜威教育論著選》，華東師範大學出版社，1981 年，第 438 頁。

度》的演說，這次會議也根據杜威的演說作出了「請廢教育宗旨、宣佈教育本義」的決議。

　　1921年10月，全國教育會聯合會在廣州召開了第七屆年會，會上提出了有關學制改革的具體議案。1922年9月，北洋政府教育部召開全國學制會議，蔡元培先生出任主席並主持會議，對去年第七屆年會的學制草案進行了修改。之後該學案又歷經數次修改，1922年11月1日，教育部正式制定頒佈了《學校系統改革案》，史稱《壬戌學制》。這個學制是模做美國的，之後仿傚美國學制的情況一直延續到新中國成立之前。《壬戌學制》廢除了舊的教育宗旨，提出了這次學制改革所依據的標準，即7項新的教育指導思想：1、適應社會進化之需要；2、發揮平民教育精神；3、謀個性之發展；4、注意國民經濟力；5、注意生活教育；6、使教育易於普及；7、多留各地方伸縮餘地。《學校系統改革案》總共爲四章二十九條，包括初等教育、中等教育、高等教育及附則。與之前的舊學制相比，改革幅度最大的當屬中等教育，尤其是普通中學的改革最大。其主要內容爲：

　　1、中學校修業年限六年，分爲初、高兩級，初級三年、高級三年。但依設科性質得定爲初級四年、高級二年，或初級二年、高級四年。2、初級中學得單設之。3、高級中學應與初級中學並設，但有特別情形時得單設之。4、初級中學施行普通教育，但得視地方需要兼設各種職業科。5、高級中學分普通、農、工、商、師範、家事等科，但得酌量地方情形單設一科或兼設數科。附注：依舊制設立之甲種實業學校酌改爲職業學校，或高級中學農工商等科。6、中學教育得用選科制〔註2〕。

　　這樣同民國初年的《壬子癸丑學制》相比，中學教育由4年延長至6年，與舊制的單一普通中學相區別的，是新學制將初級中學改爲普通中學，而高級中學是分科中學，在高中採用的是選科制。這種學制和今天中國的學制設置已經非常的接近，它不但適應了當時資本主義工商業的發展對中等技術人才的大量需求，同時有利於學生在學習中積極性和主動性的發揮，體現出「五四運動」後新文化運動影響下的「民主」和「科學」的精神在學制中的存在。

　　在體育課程方面，《壬戌學制》還將學校的「體操科」正式改名爲「體育科」，並且擴展了「體育科」的內容。它規定初級中學、高級中學分別要增加衛生、生理學的教學內容。新學制的課程綱要規定，小學校的體育課程必須

────────────

〔註2〕《政府公報》第2393號，1922年11月2日。

占到總課時的 10%；初級中學體育課程的學分爲 16 分（每個學期每個星期 2 個學時爲 1 學分），其中包含了生理學的 4 學分，體育科的學分占總學分的比例不得低於 9%；高級中學體育課程有 10 個學分，其中包含了健身法、衛生法、其他運動等教學內容，體育科的學分占總學分的比例大約在 15%左右。除此之外，體育課程將兵式體操完全廢除，取而代之的是以田徑、球類運動、遊戲、其他體操作爲主要教學內容。這樣可以通過各種不同類型的體操很好的鍛鍊學生的身體，同時這些田徑、球類運動等遊戲內容適合中小學生的心理和生理特點，將學生對體育的興趣激發出來，發揮學生的主觀能動性，提高學生鍛鍊身體的積極性，而生理學、衛生學的教學內容又可以使學生把鍛鍊身體和科學知識相結合，使體育更加科學化和規範化。在教學手段方面，《壬戌學制》開始在體育課程中推行「三段教學法」，即將一堂體育科分爲 3 個部分。第一部分爲「準備運動」，通過上下肢的運動和隊形訓練起到熱身的作用；第二部分爲「主運動」，包括了這堂體育課的主要教學內容，諸如田徑賽跑、足球、籃球或是其他競技運動；第三部分爲「整理運動」，即劇烈運動後的踏走步、呼吸運動等身體恢復活動。「三段教學法」具有很強的科學性和實用性，直到今天中國的體育課程教授方法也大致如此，反映出其對中國體育教學的深遠影響。

　　《壬戌學制》對當時學校的體育課程作了重大的改革。新學制體育課程內容的革新，使得體育課的內容同學生課外活動的內容逐漸一致，消除了過去舊學制時代體操課內和課外活動的不同現象，大大促進了近代體育項目在學校的普及和推廣，爲近代中國體育的發展奠定了堅實的基礎。例如早在《壬戌學制》頒佈之前，中國廣東省梅縣所有的中小學體操課上都已經設置有足球運動的內容〔註 3〕，《壬戌學制》頒佈後，體現軍國民教育理念的兵式體操被徹底廢除，學校體育課程的內容逐漸開始多樣化，學生們能夠接觸到更多的近代體育項目，中國學校裏的運動競賽也逐漸開展起來。根據《體育史料》中宋君復先生的記載，當時球類運動在學校中頗受歡迎：「我們每天下午四點鐘放學以後踢學校的球，其他課餘時間踢自己的球……記得上二年級時學校修了一個籃球場，我們又高興的參加了籃球運動」〔註 4〕。另一方面，《壬戌

〔註 3〕《體育史料》第 6 輯，人民體育出版社，1982 年 4 月，第 27 頁。
〔註 4〕宋君復：《我的體育經歷》，《體育史料》第 3 輯，人民體育出版社，1981 年 2 月，第 23 頁。

學制》的頒佈實施使得學校裏受過專業訓練教授體育課程的師資力量奇缺，有些學校的體育課就是學生在課上打球，這一現象的出現也刺激了中國近代體育師資力量的培訓以及近代體育人才的培養。

　　總之，《壬戌學制》的頒佈實施是中國教育走向現代化的重要標誌，它也是中國近代體育邁向自主之路的綱領性規程。《壬戌學制》的實施反映出「五四運動」後中國人對收回教育土權的熱切希望，也是近代中國體育走向自主發展道路的起始開端。它的出臺標誌著近代中國體育真正開始起步向前邁進！

二、學校體育師資的培養

　　《壬戌學制》頒布施行後，中國學校體育的面貌煥然一新。「五四運動」前學校的體育課程有不少都是由軍隊裏的退役軍士教授的，在新學制頒佈後，近代意義的體育運動逐漸在學校內開展起來，軍國民教育及與之相應的兵式體操日漸衰微。尤其是當學校體育以球類、田徑、遊戲等為主要內容後，培養體育師資的教學內容必須進行相應的改革，而隨著體育課程在學校內分量的增加，體育作為學校教育內容的一個重要方面，對體育師資的質量要求也水漲船高。尤其是當體育課程內新增了衛生、生理學等內容時，學校體育對體育教育者的要求不僅是要掌握體育本身的知識技能，更要具備相應的自然科學的知識，是真正為人師表的教育者。因此學校對近代體育師資的需求大大增加。

　　本章第一節已經就「五四運動」前創辦的許多體育學校作了一般性的說明，這類學校很多在「五四運動」後繼續辦學。而在「五四運動」後中國國內又開始興辦了一批專門培養體育師資的學校，尤其是一批女子體育學校、系科的創建成為「五四運動」後中國師資力量培育的亮點。現將主要學校情況列錄如下：

　　蘭溪私立浙東體育專科學校，1920 年創辦於浙東蘭溪，原名浙江金華道體育專科學校，後改名蘭溪私立浙東體育專科學校，到 1929 年畢業學生 264 人，1931 年停辦。

　　成都高等師範體育專修科，1921 年創辦於四川成都，當時開設時名為音樂體育科，招收高中畢業生，學制 3 年。1929 年該校改名為成都師範大學，音體科改名為音體專修科。1930 年改為音體系，學制 4 年。到 1931 年總共畢業 25 個班，畢業學生 101 人。1931 年該系被併入四川大學體育系。

　　浙江體育師範學校（私立），1921 年創辦於浙江杭州，招收初中畢業生，學制爲 2 年，教學內容主要是軍事體育，學校提倡武術、馬術、劈刺等。該學校是軍人創辦，因此畢業生大多數到軍警界工作。該校共辦了 6 班，1927 年停辦。

　　上海私立兩江女子體育專科學校，1922 年創辦於上海，原名兩江女子體育師範學校，招收初中畢業生，學制 2 年，1928 年改名爲私立兩江女子體育專科學校。1930 年曾經開辦了童子軍教練訓練班。抗日戰爭期間停辦，抗戰結束後重新辦學，1950 年停辦。從 1922 年到 1950 年，該校共有畢業生 1000 餘人。該學校的籃球隊曾經於 1931 年到達日本東京、長崎、大阪、京都各個城市共比賽 10 場，成績爲 9 勝 1 負，在日本引起不小的轟動。1935 年該校籃球隊還出訪了東南亞地區，在菲律賓、印度尼西亞、馬來西亞、越南等地的多個城市共比賽 50 餘場，獲得全勝戰績，爲中國女子體育爭得了榮譽，展現出當時女子體育的發展成果。該校是我國近代培養女子師資比較多的學校，爲我國女子體育的發展做出了較大的貢獻。

　　北平大學女子文理學院體育系，1923 年創辦於北京，該系招收高中畢業生，學制爲 4 年。抗日戰爭時期該系併入西北聯大師範學院體育系。

　　蘇州私立中山體育專科學校，1924 年創辦於江蘇蘇州，原名蘇州中國體操學校。該校的創辦與中國最早的「中國體操學校」有一定的淵源，它將「中國體操學校」的一批尚未畢業的學生吸收接納下來繼續學習。1929 年該校改名爲蘇州私立中山體育專科學校，用來紀念中國民主革命的先行者孫中山先生。該校初創辦時招收 2 年學制的本科一班，招收對象爲中學以及後期師範畢業生。1926 年開始增設童子軍教練員訓練班，學制半年，後改爲 1 年，入學資格同本科一樣。1929 年春，增設高中體育師範科，學制 3 年，招收對象爲初中畢業生。1936 年停辦（1941 年至 1945 年期間重又開設過一段時間），共畢業學生 1000 餘人。

　　北京女子高等師範體育科，1924 年創辦於北京，學制爲 2 年，招收對象爲高中畢業生，開辦僅 2 期即停辦。

　　東吳大學體育系（教會立），1924 年創辦於江蘇蘇州，是由中華基督教青年會全國協會和蘇州東吳大學合辦的體育專修科，學制爲 2 年。1926 年，該科由東吳大學獨自辦學，同時還增設了體育系，學制爲 4 年。1952 年被併入江蘇師範學院。

金陵女子大學體育系、科（教會立），1925 年創辦於南京，學制 4 年。1929 年增設了 1 年制的體育簡易科，1930 年改為 2 年制的體育專修科，在此期間體育系和體育專修科並存。1937 年抗日戰爭開始後，該校遷至四川成都，但由於留在上海的學生很多，因此暫時設立了金陵女大上海分校，該校於 1942 年停辦。抗戰結束後，1945 年該校重新遷回南京，1946 年包括體育系在內的各系全面復課。該校每屆招收人數極少，第一屆畢業生僅有 3 人，以後每屆畢業生均不超過 10 人，另外設立的體育專修科人數則稍多一些。該校畢業生數量較少，但綜合質量很高，畢業生大多數成為培養女子體育師資的教育工作者，為中國學校女子體育的發展做出了貢獻。

國立成都大學體育系，1925 年創辦於四川成都，1931 年合併為四川大學。

此外還有 1921 年創辦於上海的私立上海體育師範學校，1924 年創辦於上海的私立上海滬江女子體育學校，1924 年創辦於遼寧瀋陽的奉天私立體育專科學校，1925 年創辦於重慶的西南體育專科學校（私立），1926 年創辦於遼寧瀋陽的遼寧省立師範學校體育科，1926 年創辦於北京的北京民國大學體育科（私立），1927 年創辦於上海的上海中國體育學校（私立）和華東體育專科學校（私立）〔註5〕。

由上觀之，「五四運動」後中國國內興辦體育學校或創辦體育系科的風潮不減，且多數仍為私立。綜合前一章節的內容，可見北洋政府統治時期，中國社會對學校體育師資力量的培訓已然十分重視。從分佈地域來看，這類體育學校大多分佈於江浙地區或諸如北京、成都等全國主要的大城市，內陸地區相對來說極度缺乏此類學校。從學校性質來看，大多數為私立學校，且辦學時間大都不是很長，公辦的體育學校數量極少。從學校的整體數量上來看，與中國的國土面積、人口數量相比，中國當時的學校體育師資力量仍然是十分薄弱的，遠遠不能滿足當時全國學校體育教育的需求。而且北洋政府統治時期中國政治混亂，內戰頻仍，經濟凋敝，許多私立學校常常由於經費不足而被迫停辦，因此當時很多此類學校辦學時間均不會很長。不過畢竟是有勝於無，有些學校在極端艱難困苦的環境下依然堅持辦學，這份精神值得嘉獎，在這些教育界的熱心人士幫助下，北洋政府時期體育師資力量的培育還是取得了一定的成果，尤其是女子體育師資力量的培訓，成為這一時期體育發展

〔註 5〕國家体委體育文史工作委員會、中國體育史學會：《中國近代體育史》，北京體育學院出版社，1989 年，第 124～125 頁。

最耀眼的閃光點之一。這一時期女子體育的發展和民國第二屆全運會之間存在著相互支持、相互影響的關係，並且對今後國民政府時期的全運會也產生了深遠的影響。這些體育學校的畢業生在之後的漫長歲月中大多數都爲中國近代體育的發展作出了不可磨滅的貢獻，爲這一時期以及之後的民國全運會的舉辦提供了人才基礎。

三、全國性體育組織的建立

從晚清時期、辛亥革命一直到「五四運動」之前，中國國內就已經有了一些體育組織的存在（詳見本章第二節），但這些組織多數仍屬於小型體育團體的性質，不能算作嚴格意義上的體育組織，尤其是在國內某地區甚至全國範圍內長期較有影響力、并能組織舉辦近代體育比賽的體育組織，在五四運動前是不存在的。近代中國較大的體育組織，尤其是全國性的體育組織的出現還是在「五四運動」以後，這一方面是中國近代體育自身發展的必然結果，另一方面也是「五四運動」對中國近代體育發展的一種促進作用的體現。

「五四運動」後最具代表性的全國性體育組織莫過於「中華全國體育協進會」了。該會簡稱「體育協進會」或者「全國體協」，是整個民國時期最大、最主要、也是最重要的全國性的社會體育組織。不過在「中華全國體育協進會」成立之前，不得不提到另一個重要的全國性體育組織——「中華業餘聯合會」。該會從籌備醞釀到正式成立歷經 7 年時間。

早在 1915 年，第二屆遠東運動會在中國上海舉行，當時中國的一批體育界的熱心人士就開始籌劃把全國劃分爲華中、華東、華西、華南、華北 5 個區域，創建 5 個地區的體育聯合會；1919 年，第四屆遠東運動會在菲律賓舉行，相關體育界人士再次商討有關成立全國性體育聯合會的事宜；1921 年，第五屆遠東運動會在上海舉辦，相關體育界人士抓住機會，在上海召開了「中華業餘運動聯合會」籌備會，在出席會議的 49 人中選出 9 名臨時職員負責籌備工作；1922 年，中華業餘運動聯合會在北京青年會會所正式成立，該會共有 9 名職員，其中會長張伯苓，副會長郭秉文，該會章程的宗旨是：1、在中國提倡有程序之運動及體育；2、爲全國業餘運動比賽制定統一之標準規則；3、推廣並改善業餘運動會之運動遊戲；4、設立並維持業餘運動之劃一標準，因以增進高潔之運動精神；5、在中華全國提倡並組織分區運動聯合會，並使其隸屬於本聯合會；6、設立記錄部，專司記錄

全國各分會業餘運動遊戲事宜；7、遇有國際競賽舉行時，由本聯合會負責選定代表中國之運動員〔註6〕。

　　雖然該會會長及副會長均由中國人充任，但其內部各個重要職務均被基督教青年會幹事或與基督教青年會有著密切聯繫的人及一些外國人所掌控，例如總會的秘書及幹事由美國人麥克樂（Charles.Harold.Mccloy）和葛雷（J.H.Gray）擔任，該會的一切往來文件均由美國人麥克樂收發，會內事務均由美國人葛雷執行，因此該體育組織的實質性的權力仍由外國人把持操控，這在中國體育界也曾引起不少人的反對。受到「五四運動」的影響，當時的中國體育界收回體育主辦權的期望迫切，在這種背景下，收回體育主權的國內輿論也日益高漲。該會在籌備參加1923年在日本舉辦的第六屆遠東運動會時，中國的運動員代表隊完全由外國人選拔，中國的運動員領隊由外國人擔任，甚至中國的代表登臺講話也完全由美國人葛雷使用英語包辦了，這一切都引起了中國運動員、旅日華人華僑以及國內輿論的強烈不滿。當時的旅日華僑群情激憤，紛紛向中國代表隊責問，國內輿論更是對此現象予以抨擊，呼籲成立由中國自己主持的全國性的體育組織。在「五四運動」後這樣的輿論環境下，「中華業餘聯合會」終於在 1924 年民國年間的第二屆全運會舉辦之前解散了。

　　雖然「中華業餘聯合會」在成立之後短短一兩年即告解散，但在「中華全國體育協進會」成立之前，這個組織畢竟在負責當時中國國內的體育賽事，在實際上起到了領導中國社會體育向前發展的作用。「中華業餘聯合會」雖然在外國人的實際操縱下，但憑心而論，它制定了當時中國國內各項業餘體育賽事的運動標準和規則章程，參與籌辦了 1923 年第六屆遠東運動會中國運動員的選拔事宜，甚至部分參與籌劃了民國年間第二屆全國運動會。在 1924 年民國第二屆全運會舉辦之前，這個體育組織在實際上起到了領導中國近代社會體育穩步發展前進的重要作用，其功勞是不可抹殺的。另一方面，隨著中國近代體育自身的不斷發展，「中華業餘聯合會」由外國人把持操縱的局面傷害了中國人的民族自尊心，刺激了中國國內民族主義情緒的高漲，中國人迫切的需要一個統一的、全國性的、由中國人自己主持的體育聯合組織，這在客觀上加速了「中華全國體育協進會」的誕生，並且為該會的創辦提供了組織基礎以及許多經驗。

〔註 6〕谷世權：《中國體育史》，北京體育大學出版社，2002 年，第 235 頁。

「五四運動」後許多近代運動項目已然在中國普遍展開了，尤其是在學校體育方面，各地區的運動會、國際上遠東運動會的舉辦以及兩屆全國運動會的舉辦，都在客觀上刺激了中國近代體育的發展，參加國際體育賽事亟需統籌規劃的組織需要，在加上「五四運動」後中國民族主義情緒高漲的時代背景下，1924 年 5 月 22 日，當民國第二屆全國運動會正在武昌舉行之時，華中、華東、華西、華南、華北 5 個地區的體育聯合會代表共同倡議成立由中國人自己主持的全國性體育組織，並且推選出 8 名委員進行籌備。同年 7 月 4 日，中華全國體育協進會成立大會在江蘇南京東南大學的化學教室召開，籌備員張伯苓和盧煒昌負責進行大會的主持召開工作，聶雲臺、郝伯陽、王壯飛、柳伯英、沈嗣良 5 人為大會章程起草委員，與會代表有來自江蘇、浙江、直隸、山東、河南、陝西、湖南、湖北、江西、安徽、四川、香港等 10 餘個省市的代表共 66 人，張伯苓任臨時主席，沈嗣良任臨時書記。這次大會按投票結果推選出張伯苓（33 票）、郭秉文（31 票）、陳時（29 票）、盧煒昌（23 票）、聶雲臺（22 票）、郝伯陽（22 票）、沈嗣良（18 票）、方克剛（14 票）、穆藕初（12 票）9 人出任臨時董事，成立了臨時董事會〔註7〕。同年 8 月，體育界人士雲集上海並通過章程，「中華體育協進會」正式成立，大會推選出張伯苓為名譽會長，王正廷為名譽主席董事，沈嗣良為名譽主席幹事，蔣湘青為幹事，董事會共 15 人，全部由中國人擔任。該會的宗旨大體上包括：聯合全國體育團體，促進體育之進步發展；主持全國業餘運動，暨制定運動統一規則及運動標準，並增進運動員仁俠之精神；聯合各區負責組織國際體育活動，選拔代表參加國際性競賽；籌備經費事宜，並且派員赴外國考察體育事業以及邀請國外體育先進團體來我國競賽、表演等等〔註8〕。

「中華全國體育協進會」的成立，使得中國從此有了自己的全國性體育組織。該組織從 1924 年成立開始直至 1949 年中華人民共和國成立為止，前後歷經 25 年時間，在此期間的民國歷屆全運會均由該組織籌劃舉辦，該會還負責主辦和籌劃其他國內以及中國參加的國際運動會，及時修訂並公佈各項體育規則，舉辦各种競賽活動，審查運動員的資格，解決當時比賽中出現的體育爭端，出版大會的體育刊物《體育季刊》，探討、交流體育技術理論和相關的學術理論，成為當時代表中國體育的最權威的體育組織。「中華全國體育

〔註 7〕中國第二歷史檔案館：《中華民國史檔案資料彙編》第三輯教育，鳳凰出版社，1991 年，第 872～874 頁。
〔註 8〕王振亞：《舊中國體育見聞》，人民體育出版社，1987 年，第 6 頁。

協進會」的成立，打破了西方列強自 19 世紀以來對中國體育主權幾十年的壟斷操控，成功實現了自「五四運動」以來國內輿論強烈要求收回中國體育主權的歷史使命。該會的成立使得中國近代體育甩掉了套在自己身上的帝國主義枷鎖，在政治上為中國近代體育的發展掃清了障礙，鋪平了道路，中國近代體育史從此翻開了新的篇章。「中華全國體育協進會」的成立，使得當時的中國在全國範圍內組織開展大型運動會成為可能。從民國年間的第三屆全運會到最後的第六屆全運會，全部由該會組織策劃籌辦，並逐漸使得全運會的舉辦成為一種定制，之後民國全運會的制度化與該會的努力提倡有著莫大的關係，如若不是抗日戰爭的爆發使得民國體育的發展腳步停頓下來，民國年間的全運會極有可能創造出 20 世紀上半葉中國近代體育最輝煌的時代。「中華全國體育協進會」的成立，加速了民國時期中國近代體育發展的國際化。1924 年以後的民國時期遠東運動會的參與和舉辦，也全部是由該會負責籌劃的，在遠東運動會上同其他國家運動員的激烈交鋒，又反過來刺激了中國國內的大型體育運動會的舉辦，加速了中國近代體育的發展步伐，這在之後民國歷屆全運會舉辦的盛況中可以略窺一二。「中華全國體育協進會」的成立，客觀上也促進了全國各地的體育運動發展，為全國各地的體育事業發展提供了支持和便利。該會成立後不僅組織了各項大型體育賽事，在體育規則的制定和更新以及體育理論的研究方面也是頗有建樹的，這不僅使得當時全國各地的體育運動有了及時、統一、有效的規則標準，還促進了體育理論的研究和生理、衛生等相關自然學科的進步發展。

　　當然，我們也應該看到，「中華全國體育協進會」並不是十全十美的，該會成立後也存在著一些問題，雖然這些問題並非全是組織自身的問題。首先是該體育組織的性質，雖然在成立時，其名義上屬於社會民間團體，在實際操作層面也不需要政府的直接行政命令，但在實際上該會仍屬於政府間接控制的一種變相的官方機構，無論是該會成立之時的北洋政府統治時期，還是1927 年之後的南京國民政府統治時期，政府總是利用捐助的名義，派遣一些捐助者或相關人士逐漸滲入該體育機構，這些人往往被推舉為該體育協進會的名譽董事、名譽會長等，在實際上使得政府對該會有了控制權，從而使得該會逐漸淪為變相的政府機構。這種現象的出現說明了兩個問題。首先，民國年間，無論是在經濟領域、文化領域還是教育領域，無論是北洋政府還是南京國民政府，政府都力圖掌控國家的各個領域，體育界自然不會放過，更

不用提政治軍事領域了。以該體育協進會為例，董事會中有著不少的政府官員，以王正廷為例，北洋政府時期曾任國務總理兼外長，還擔任過財政總長，南京國民政府時期擔任外交部長、國民黨中央執行委員等職，此人歷任該體育協進會的第一屆名譽主席董事、第二屆常務董事、第三屆董事會主席職位，在實際上對該組織起到監督和控制的作用。還有其他與當時的政府有著密切關係的相關人士諸如褚民誼等人，也是該會歷屆常務董事。第二，民國年間的民間社會團體的生存是非常艱辛的，一方面是來自政府欲加控制的壓力，為爭取保持獨立的民間性質，另一方面是財政經費的緊張，為爭取自身團體的生存，這兩個方面實際上是一對矛盾體。民國年間政府為了控制全國各個領域，對不少民間組織，尤其是一些較有影響力的民間團體，都會採取種種手段使其變成政府的變相機構，其中最有效的辦法便是採取捐助資金的方式間接控制該團體的運行，而該團體若為保持民間性質則在財力方面容易捉襟見肘，不久即有解散危險，若投靠政府則失去了其組織的民間獨立性質。在面對生存與尊嚴的選擇時，多數民間團體都會選擇前者。民間團體財政經費的緊張也反映出當時中國經濟發展的水平還是比較落後的，因此對民國年間較大的民間團體組織來說，投靠政府幾乎是唯一的出路。

由民國政府變相操控的「中華全國體育協進會」，在今後籌辦歷屆全國運動會時，不可避免的會滲入政府的意志。這種政府意志也通過全運會的舉辦不斷的體現出來，在體育領域逐漸體現出舉國體制和錦標主義的弊端，而且隨著時間的推移，這種弊端通過之後歷屆民國全運會的舉辦體現的愈益明顯，對之後民國體育的發展產生了一定的消極影響。不過值得注意的是，雖然民國政府主觀上有掌控的意願，並且利用種種手段控制了許多民間社會團體，但在當時的社會環境下，由政府控制和影響的社會團體組織，在自己的領域還是取得了不少成績的。「中華全國體育協進會」正是有了民國政府的支持，才會在今後順利的籌辦起規模和影響都越來越大的全國運動會，並且在客觀上帶動了民國體育事業和其他相關行業的發展，促進了中國近代體育的成長。若失去政府的財政投入，該協會是無法在短時間內取得如此巨大的成績的。另一個值得注意的問題是，該體育協會成立前後，無論是北洋政府還是南京國民政府，在收回體育主權方面都是支持體育協進會的民族獨立性的。因此民國歷屆政府客觀上對體育主權的回收所起到的促進作用，以及今後在體育發展領域取得的巨大成績是不容我們忽視的。

第二節 民國第二屆全運會的舉辦

一、舉辦背景

　　自 1914 年第一屆民國全運會舉辦後，一直到 1924 年民國第二屆全運會的舉辦，這個時期內的中國政治局勢波瀾起伏，變幻不定。先是袁世凱復辟帝制，宣佈 1916 年爲洪憲元年，自己正式稱帝不到 3 個月，即在眾叛親離的情勢之下被迫宣告退位，不久即在人民群眾反對的呼聲中死去。1917 年北洋政府內部又發生「府院之爭」，其本質爲軍閥之間競相爭奪北京中央政府的權力，滿清遺老張勳借調解之名率領「辮子軍」企圖復辟滿清封建王朝，很快即告失敗。之後北洋軍閥繼續圍繞北京中央政府的權力你爭我奪，最終兵戎相見，互相爭戰不休。從 1914 年到 1924 年，中國國內政治失序，經濟凋敝，軍事上混戰不休，人民生活艱難困苦。在這種政治大環境下，中國近代體育表面上未受到任何干擾，甚至還選派代表隊依次參加了第一屆至第六屆遠東運動會，但實際上當時中國近代體育的發展已是步履蹣跚，近乎止步。當時中國國內除了 1914 年第二屆民國全運會可以直觀國內體育發展水平，其餘的國內運動會或是舉辦規模不夠，無法代表全國運動選手的體育水平，或是參賽運動員水平本就不高，都無法全面瞭解當時中國近代體育的發展情況。唯一可以窺視當時中國體育水平發展情況的當屬民國初年中國代表隊在歷屆遠東運動會上的表現。

　　遠東運動會是由 20 世紀初年在菲律賓的美國人發起的，主要參加國有中國、日本和菲律賓，它是 20 世紀早期較有影響力的洲際綜合性運動會。自菲律賓成爲美國的殖民地後，美國人便開始全面經營菲律賓，到菲律賓從事教育工作的人也日漸增多。早在 1911 年，美國人勃郎（Flwood.S.Brown）提倡並經營成立了「菲律賓體育協會」（P.A.A.F），這個協會在成立之時便邀請了中國和日本派遣代表來菲律賓首都馬尼拉參加嘉年華會，在會上菲律賓方面建議由中日菲三國共同發起組織遠東體育協會。該協會規定每兩年在三國中的任一城市舉行一次綜合性運動會，把「促進三國的國交和國民的體育」作爲本旨〔註9〕。從 1913 年至 1934 年，遠東運動會總共舉辦了 10 屆。在 1924 年民國第二屆全運會舉辦前，總共舉辦了 6 屆，我們試從這 6 屆遠東運動會中一窺當時中國代表隊的成績與表現〔註10〕：

〔註 9〕 阮蔚村：《遠東運動會歷史與成績》，上海勤奮書局，1933 年，第 1～2 頁。
〔註 10〕 阮蔚村：《遠東運動會歷史與成績》，上海勤奮書局，1933 年，第 13～20 頁。

田徑賽

	第一名	第二名	第三名
第一屆	菲律賓（65分）	中華民國（40分）	日本（11分）
第二屆	中華民國（41分）	菲律賓（39分）	日本（11分）
第三屆	日本（49分）	菲律賓（48分）	中華民國（21分）
第四屆	菲律賓（71分）	中華民國（33分）	日本（21分）
第五屆	菲律賓（59分）	日本（41分）	中華民國（12分）
第六屆	日本（138.1分）	菲律賓（95.7分）	中華民國（7.2分）

游 泳

	第一名	第二名	第三名
第一屆	菲律賓（49分）	中華民國（2分）	——
第二屆	中華民國（28分）	日本（12分）	菲律賓（11分）
第三屆	日本（47分）	中華民國（3分） 菲律賓（3分）	——
第四屆	菲律賓（25分）	中華民國（10分）	日本（9分）
第五屆	菲律賓（21分）	日本（20分）	中華民國（0分）
第六屆	日本（74分）	菲律賓（8分）	中華民國（0分）

足 球

	第一名	第二名	第三名
第一屆	菲律賓	中華民國	——
第二屆	中華民國	菲律賓	——
第三屆	中華民國	菲律賓	——
第四屆	中華民國	菲律賓	日本
第五屆	中華民國	菲律賓	——
第六屆	中華民國	菲律賓	日本

棒　球

	第一名	第二名	第三名
第一屆	日本	菲律賓	——
第二屆	菲律賓	中華民國	——
第三屆	日本	菲律賓	——
第四屆	菲律賓	中華民國	——
第五屆	菲律賓	日本	中華民國
第六屆	菲律賓	日本	中華民國

籃　球

	第一名	第二名	第三名
第一屆	菲律賓	中華民國	——
第二屆	菲律賓	中華民國	——
第三屆	菲律賓	中華民國	日本
第四屆	菲律賓	中華民國	——
第五屆	中華民國	菲律賓	日本
第六屆	菲律賓	中華民國	日本

排　球

	第一名	第二名	第三名
第一屆	菲律賓	中華民國	——
第二屆	中華民國	菲律賓	日本
第三屆	中華民國	菲律賓	日本
第四屆	菲律賓	中華民國	——
第五屆	中華民國	菲律賓	日本
第六屆	菲律賓	中華民國	日本

網　球

	第一名	第二名	第三名
第一屆	菲律賓	——	——
第二屆	日本	菲律賓	中華民國
第三屆	日本	菲律賓	中華民國
第四屆	日本	菲律賓	中華民國
第五屆	菲律賓	日本	中華民國
第六屆	日本	菲律賓	中華民國

　　由上表我們看到，從 1913 年第一屆遠東運動會到 1923 年第六屆遠東運動會，除了足球一項中國代表隊一直保持強勁勢頭，中國在其他各個項目上的成績都呈現出了明顯下降或力不從心的趨勢，尤其在田徑和游泳兩個比較常規的項目上，中國代表隊也曾經在第二屆遠東運動會上取得輝煌的成績，但之後中國代表隊的成績便直線下滑。在「五四運動」後的兩屆運動會上，中國隊在游泳項目上更是接連創造了 0 分的尷尬紀錄！球類運動中除了排球和籃球兩項對身高要求較為嚴格的運動，中國代表隊因為身高的優勢，表現尚且算是比較穩健，但也並未因此取得傲人的戰績。網球則一直處於弱勢，力不從心，棒球的成績也是明顯下降。反觀日本代表隊，雖然在球類運動方面因為當時國內普及率不高的原因，整體表現不佳，但在常規的田徑賽和游泳方面進步極為明顯，從一開始的積分墊底到後來的幾乎包攬各項的名次，體現出強勁的整體實力，顯示出近代日本日益上升的體育發展水平。這與中國代表隊江河日下的表現形成了鮮明對比。一個國家體育事業的發展必須有一個安定的大環境，中國代表隊在遠東運動會上成績的直線下降突出的反映出民初十餘年政治局勢的混亂對中國體育事業的消極影響，軍閥混戰、政治失序明顯阻礙了中國近代體育前進的步伐。在辛亥革命為中國近代體育的發展開闢了一個極為有利的時代後，本來可以利用這一極為有利的時期大力發展近代事業的北洋政府卻忙於爾虞我詐的勾心鬥角，互相爭戰，浪費了民國初期十餘年的大好時光。正所謂學如逆水行舟，不進則退。中國近代體育在民初十餘年內整體體育水平停滯不前的惡果，在遠東運動會上體現的淋漓盡致。

在這樣一個兩年一度國際性的運動會上，鄰國菲律賓的表現向來穩健，而在以前被稱爲「蕞爾小邦」的日本在運動會上的表現更是後來居上，從一開始的排名墊底、戰績不佳到之後可以在成績上力壓兩國，其效果不亞於爲當時的日本人民打了一針強心劑，具有極大的勵志作用。而中國代表隊則是在民國建立伊始的兩屆運動會上取得比較優異的戰績，之後便一落千丈，遠遠的被日本和菲律賓甩在身後，這種鮮明的反差對比在「五四運動」後中國人民族意識普遍覺醒的時代更是大大刺激了中國人的民族自尊心，促使國人開始反思國內體育的發展，國內的輿論對此也頗有議論。再加上當時收回體育主權的輿論呼聲日益高漲，民國第二屆全運會便在這樣的氛圍中呼之欲出了。

二、籌備情況

中國代表隊在遠東運動會上的糟糕表現，尤其是第六屆遠東運動會上中國代表隊的重大失敗，使得國人深深體會到國家體育事業的落後與停滯，這在國內各界均引起很大的議論。在當時中國體育界輿論的強烈呼聲中，「中華業餘聯合會」首先同意開辦第二屆全國運動會，並發出通函：「中華體育協會籌備處，爲召集全國各體育團體赴鄂舉行成立大會，特發出通告云，逕啓者，前上一函，諒已鑒及，同人等因鑒於中國在第六屆遠東運動會之失敗，故組織中華體育協會，以爲積極提倡體育，及將來加入第七屆遠東運動會之準備，發起以來，頗蒙各界同情贊助，今距第七屆在菲律賓舉行之大會，只有一年，急宜將本會組織成立，以爲將來華人主持全國運動會及遠東運動會之機關，敝處迭接各方來函，均主張乘全國運動會在武昌開會之便，舉行成立，現訂於五月二十四日赴武昌開成立大會，敬請尊處推派代表屆時出席爲幸，再尊處對於本會進行事宜，亦乞繕就意見書，屆時提出，俾便叢成議案，列入討論云云」〔註11〕。各地也紛紛表示支持，北洋政府出於籠絡民心的考慮，也決定應該滿足輿論的要求，開辦第二屆全國運動會。

本屆全運會在參加的單位方面仍與前兩屆相似，將全國劃分爲華北、華南、華西、華東、華中 5 個區，但與清末民初的兩屆大會不同的是，本屆大會的參加單位以 5 大區爲基礎，在此前提下各省市亦可單獨直接報名參加，

〔註11〕　《中華體育協會之通函》，《申報》1924 年 5 月 2 日。

由籌備委員會按照報名單位所在地，將其歸入 5 大區中的某區，這樣便可以大單位和小單位相結合的方式靈活處理。難能可貴的是，在當時的艱苦條件下，偏遠地區的省份亦有報名參加者，諸如廣西、陝西等省份：「桂陝選手電告起程：廣西由省教育會派定選手一人，陝西由運動會選出選手八人，均已電告五月一日，起程赴鄂」〔註 12〕。採取這樣的劃分方式也實屬無奈，當時全國 5 大區運動員的體育選拔，僅有華北區可以做到統一選拔運動員，其他大區的運動員選拔並沒有專人負責，這也反映出當時中國近代體育事業在組織上的落後。各單位報名時，各大區轄屬的省份如下：華北區為直隸、山西、山東、河南；華東區為江蘇、浙江、安徽；華西區為四川、陝西；華中區為湖北、湖南、江西；華南區為廣東、廣西、福建、雲南、貴州以及香港和菲律賓等地的南洋華僑〔註 13〕。

本屆運動會得到北洋直系軍閥、時任兩湖巡閱使的蕭耀南的大力支持，他還委任楊謀等十餘人為籌備委員，在湖北成立全國運動大會委員會，進行民國第二屆全運會的籌備工作。根據《申報》的記載，蕭耀南在身染疾病的情況下，對此次全運會的統籌布置工作仍然十分關心：「全國運動會，將於本月二十一日起，在武昌開會三日，籌備情形，已迭誌本報，昨得該會要訊如下：

辦事處成立：會中前在武昌邀集教育界中人，組織臨事籌備處，現因會期伊爾，各省代表及選手均將到鄂，特組織辦事處，聘王君韻石為正主任，劉君覺民為副主任，各校代表分任各職，俟各省代表到齊後，另由各省推舉一人，組織一諮詢機關。

蕭耀南談話：蕭使自三月間病後未見客，未看公文，前日因病體稍好，電約陳叔澄校長入署，談全國運動會事，約一小時，注重於招待及會場秩序，各省代表及選手，擬各贈古黃鶴樓式銀質金包紀念章一枚，並囑轉告學界，病體將次復元，即當出席大會。

童子軍會議招待：此次各省來人車站碼頭，均由童子軍專司招待，昨由童子軍總會，招待會議，舉定嚴家麟、林壽愷、饒志安、程抱真四君為武漢童子軍領袖，並任會場糾察事宜」〔註 14〕。

〔註 12〕 《全國運動會最近消息》，《申報》1924 年 5 月 16 日。
〔註 13〕 王振亞：《舊中國體育見聞》，人民體育出版社，1987 年，第 141 頁。
〔註 14〕 《全國運動會最近消息》，《申報》1924 年 5 月 16 日。

這次籌備委員會第一次由中國人主持，擺脫了之前籌辦全運會的實際事宜均由外國人操縱把持的局面，因此本屆全運會也成爲了第一屆由中國人實際操控主辦的全國運動會，體現出「五四運動」後中國開始逐漸收回體育主權，擺脫帝國主義壟斷操控近代中國體育發展的情況。在籌劃過程中，中華體育協會及中華業餘運動會等體育組織熱情高漲，積極發出通告籌辦，並鼓勵國內各界積極參與到運動大會中來：

「中華體育協會籌備處昨發通告云，啓者，此次全國運動會，將於五月二十一日起在武昌開會，敝處擬赴鄂舉行成立大會，茲定於星期三（五月七日）下午七時在時報館三樓開籌備會議，務請臺駕準時出席爲幸」〔註15〕。

「關於武昌全國運動會事，中華業餘運動會聯合會頃發通告二則，一謂本屆武昌全國運動會，張會長將親往蒞會，並允任評判員之職，日內即將發出通告，召集大會，討論關於全國運動上之各問題，一謂據廣州來函，華南於全國運動會，將不復派遣政府出資之代表隊，惟各學校方面，或將派遣單獨代表，此層尚能辦到，則南中健兒於隊球、籃球、游泳三項，當有奪得錦標之大好機會也」〔註16〕。

本屆全運會定於 1924 年 5 月 22 日至 24 日在武昌舉行，大會的籌備工作較之前兩屆相比更爲認眞細緻，籌備委員會將大會籌備工作分割成若干部分，每個部分均設立專門的機構負責開展相關工作，如設立了負責大會宣傳工作的編輯股，負責招待各地運動員選手住宿的招待股等等。各機構分工行事，總由籌備委員會統領，籌備會的工作在得到蕭耀南的支持下，必然也得到了湖北省地方政府的全力支持：

「集合省長署教育廳及各校所派出之委員，組織正式辦事處，並聘王韻石爲正主任，劉覺民爲副主任，其各股職員，亦就各校校長及教職員，分別指定，並擬就辦事組織大綱於下：

（子）本處直轄於中華全國運動會，商承正副會長，辦理本會事宜；

（丑）本處以本會聘員及湖北省公署委員組織之；

（寅）本處設正副主任各一人；

（卯）本處分下列各股 1 總務股 2 招待股 3 運動股 4 編輯股；

〔註15〕　《中華體育協會籌備今日開會》，《申報》1924 年 5 月 7 日。
〔註16〕　《關於全國運動會之通告》，《申報》1924 年 5 月 8 日。

（辰）總務股，分下列各組：（甲）會計組（乙）庶務組（丙）文牘組
（丁）註冊組

（己）招待股，分下列各組：（甲）交通組（乙）膳宿組（丙）交際組
（丁）娛樂場

（午）運動股，分下列各組：（甲）保管組（乙）布置組（丙）救護組
（丁）糾察組

（未）編輯股分下列各組：（甲）通信組（乙）日刊組（丙）訪查組
（丁）發行組；

（申）各股各組，各設若干人，視事務之繁簡定之；

（酉）各股各組各職員，自本處聘請到處之日起，至本會開會之日止，
每日均須常川到會辦事；

（戌）本處對外文件及日行事務，須由正副主任簽名蓋章負責；

（亥）本大綱經本會正副會長認可施行」〔註17〕。

在承辦本屆全運會的體育場所方面，本屆全運會在武昌公共體育場舉
行。該體育場是經湖北省教育界人士的呼吁，由武昌某普通校址改建而成的，
原本是當年用於舉辦華中運動會的運動場，其規模性質屬於開辦地區性運動
會的體育場所。若以原有的規模承辦全國運動會，其場地和基礎設施均顯得
狹小、落後，再加上民國年間戰亂頻仍，體育場的維護保養工作更是無從談
起。當時某些體育界人士也認為：「此會場為鄂省運動之用則有餘，若以供全
國運動員之用，似嫌太狹。」基督教青年會的體育幹事葛雷（J.H.Gray）就建
議蕭耀南重新修葺體育場，蕭耀南欣然接受，並且將撥款拓建武昌公共體育
場的工作落到了實處，還修築了游泳池。在修建、翻新運動場的過程中以及
招待全國運動選手的接待費用方面，因經費短缺造成的困難，蕭耀南並沒有
為難籌備委員會的工作，而是在財力方面給予了全力支持：「此地原為武普通
校址，去年經鄂教育界要求 改建公共體育場，會由省署先行撥給一萬五千
元，為翻造費用。此次建設各種工作，費去萬餘元。現又由財廳撥給現洋八
千六百七十八元，並官票一萬一千六百串。至招待費用，前已撥出三千元，
嗣又經陳叔澄面謁蕭督，陳述不夠敷出情形，蕭已允飭財廳酌量增發矣。」
在費用不夠的情況下，蕭耀南仍允許財政廳繼續撥款，其對本屆全運會之大
力支持由此可窺見一斑。

〔註17〕 《全國運動會重要消息》，《申報》1924 年 5 月 18 日。

在體育場及其附屬建築的修葺翻新方面，建築工作有條不紊的進行著，並預定於 5 月 20 日全部完工。從體育場各建築的布置亦可看出本屆大會籌備的用心之處：「至大會會場（即公共體育場）刻正加工布置，預料二十日可以竣工。門前修有寬大馬路，入門爲會場改建之紀念碑，正中爲田賽與競賽場；東爲足球場，籃球、棒球、網球、團體操、童子軍比賽場，皆在焉；西爲游泳池，又場中有新式房屋，爲運動員休息室；正面大樓三棟，正中爲特別來賓參觀處，下首爲辦事處，東西兩樓爲女賓參觀處，下爲運動員宿舍；三樓後爲會食廳，前爲坐臺，場沿均建有參觀站臺，頗覺井然。」〔註 18〕不過由於在施工的建築布置方面，籌備會有關方面並沒有實踐經驗，也是第一次進行體育場所的建築，因而「游泳池雖已築成，但其面積稍嫌狹小，田徑賽所圈地位，僅容六人，更覺不稱」。當時相關體育界人士在觀察了現場之後，對這種建築布置不夠專業的情況也很不滿意，於是籌備會便邀請相關人士共同策劃運動場的建築布置：「昨日中華體育協會代表熊長卿君到場視察，頗不謂然。現該會幹事陳叔澄等，邀請熊長卿到會居住，幫同規畫運動場內各項建築，聞已得熊君同意。」此外本屆大會還學習了湖南舉辦華中運動會的會場布置方法：「至會場布置，則照湘省布置華中運動會辦法，以華中運動雖於雨中舉行，而秩序井然者，則以湘省布置之得法也。運動場內各項工程，刻正紛紛建築。」〔註 19〕

至於本屆全運會運動員伙食、徽章、參觀、秩序等，籌備委員會亦是精心考慮，仔細籌備。根據《申報》1924 年 5 月 4 日報紙中《全國運動會之最近消息》的記載如下：

「武昌通信，第三次全國運動會，近得消息種種錄下：（一）運動員伙食，已由湖北省署撥款三千元，至於舟車兩項，交通部及招商局，只允七折收價，現由蕭巡閱使去電力爭，要求交通部免費，並請招商局五折收費，一俟辦妥，即發通告。（二）運動員徽章，係蕭巡閱使贈送，銀質琺藍，正面即黃鶴樓模型。（三）女子運動項目，從前未另外規定，現擬附帶定爲隊球網球及他項運動。（四）童子軍及體操比賽，另定規程，國技表演，已請精武體育會主持。（五）外來參觀人，概不招待膳宿，惟各處專派之新聞記者，屆時籌相當之招待，但每館不得過一人。（六）參觀人入場券，定價極廉，對於學校團體，

〔註18〕　《全國運動會要訊》，《申報》1924 年 5 月 22 日。
〔註19〕　《全國運動會要訊》，《申報》1924 年 5 月 20 日。

每人只收二百文，惟坐看臺者，須另出資。（七）近日南華體育會及中華體育協會，對於此次運動會，頗多誤解之處，前日盧煒昌周錫三兩君到漢時，經武昌籌備處陳叔澄君等之解釋，已完全瞭解，彼時葛雷博士，正在湖北，亦表示此次組織，實係各方發動，並非由其主辦，如中華體育協會，能在此時成立，將來一切事件，當然移歸協會辦理，遠東運動會相隔只有一年，正宜全國合作，不分彼此，中國事自應歸中國人辦，外人不過備顧問而已。（八）凡交通便利省區，均通函商派選手赴會，貴州在鄂同學會，已組織貴州出席全國運動會籌備會，主辦人係武昌師大胡國泰君，現接踵而起者如川滇陝甘，皆有準備。（九）運動會秩序，五月二十二日上午十時開會，選手遊行，會長演講，來賓祝詞，童子軍表演，下午二時，田徑賽預賽，網球預賽，籃球預賽，隊球預賽，足球預賽，童子軍個人比賽，二十三日上午九時半開始，五項運動，游泳預賽，網球、籃球、棍球預賽，下午田徑賽預賽，童子軍游泳，童子軍分隊比賽，足球決賽，隊球決賽，十項運動（前五項），二十四日上午，游泳決賽，籃球決賽，棍球決賽，十項運動（後五項），體操比賽，下午，田徑賽決賽，足球決賽，網球決賽，國技，發給獎品」〔註20〕。

據此觀之，籌備委員會在當時的環境下對全運會的籌備工作已算是考慮周詳全面，反映出當時國人對此次全運會組織籌備的重視。畢竟這是第一次由中國人籌備自己國家的全國性質的大型運動會，此現象在本質上反映出國人對本屆全運會的主辦權十分珍惜和重視。由於籌備大會的組織是由外國人實際操控把持的中華體育協會，在五四運動後的政治氛圍下，要求收回體育活動主辦權的輿論高漲，因此當時不少國人對此十分敏感，作為主辦方的中華體育協會也不得不作出解釋，強調參加組織本屆全運會的外國人僅僅是以顧問的身份出現，並以外國顧問的身份強調「中國事自應歸中國人辦」。

本屆全運會舉辦前，全運會籌備委員會召開了多次籌備會議，精心籌備大會各項事宜，筆者將較為重要的籌備會議討論事項列錄如下，從中可見國人為全國運動大會順利召開煞費苦心之處：

「第三屆全國運動會，定期於本月二十二至二十四日，在武昌公共體育場舉行，現鄂省教育界，因日期迫近，特於昨夜（十二）在公共體育場，開籌備會議，到會者，有教廳長程鴻書，科長姚嘉穀，省署教育科長熊世玉，及省立私立各校校長，公推程鴻書為主席，一中校長郭憲章為記錄，由中華

〔註20〕 《全國運動會之最近消息》，《申報》1924年5月4日。

大學校長陳時。報告經過籌備情形，略謂：現在辦事處已組織成立，聘圖書館長王式玉為主任，武漢中學校長劉樹仁為副主任，各校校長為顧問，各校代表（每校一人）為文牘庶務會計等職員，省教育會評議幹事為招待與糾察，俟各省代表到齊後，另由各省各推一人，組織一最高評議會。日前蕭督軍，特為此事，約談一小時，殷殷以招待等事為重，並擬對於各省代表及選手，各贈古式黃鶴樓銀質金色紀念章一座，至招待各省代表及選手，均出童子軍擔任，現已由武漢童子軍挑選二百人，專任招待及運送行李等事。所有京漢粵漢兩車站及招商局碼頭，均有人執旗擔任招待。童子軍總會，曾會議一次，推定嚴家麟、林壽愷、程抱真、饒志安四人，為武漢童子軍長。此皆籌備經過之大略情形也，惟入場券一事，照前兩次全國運動會之先例，均係賣券。然以湖北習慣，向無賣券辦法，故各校均反對賣券。昨省教育會，開評幹聯席會議，亦不以賣券為然，究竟賣券與否，應請大家討論，陳報告畢。當經女中校長張承嘉模小校長王毓蘭，政法所長葉□祖〔註21〕等，反覆討論，至一小時之久。結果，各校學生，一律制服整隊入場，不要券；無制服之法政等校，由各校自備徽章，整隊用旗，亦不要券；各校職教員由各校開車送券，此外仍賣券，但以一萬五千人為限，且賣券以期前三日為截止期。議畢，主席起立報告，謂今接省視學劉震新，及師大事務主任李步青，由湘來函，稱華中運動會，辦法完善，招待周到，郊迎六十里，中學學生合操者，達六千人，小學三千人，女子千四百人，精神形式，均為吾鄂所不及，全國運動會，既在吾鄂舉行，關係吾鄂教育人格名譽極大，應請特別注意云云，在座均為感動，主張大家振刷精神，決不敷衍，散會時，已至夜半十點鐘矣」〔註22〕。

「武昌通信，全國運動會，定期本月二十二三四日，在武昌舉行，該會曾於武昌公共體育場，組織臨事籌備處，現因會期伊爾，特集合省長署教育廳及各校所派出之委員，組織正式辦事處，並聘王韻石為正主任，劉覺民為副主任，其各股職員，亦就各校校長及教職員，分別指定，並擬就辦事組織大綱於下：

（子）本處直轄於中華全國運動會，商承正副會長，辦理本會事宜；

（丑）本處以本會聘員及湖北省公署委員組織之；

〔註21〕 此處姓名為三個字，因「葉」字和「祖」字之間的字跡模糊無法辨認故只能略去，特此注明。

〔註22〕 《全國運動會籌備會紀》，《申報》1924 年 5 月 17 日。

（寅）本處設正副主任各一人；

（卯）本處分下列各股：1 總務股 2 招待股 3 運動股 4 編輯股；

（辰）總務股，分下列各組：（甲）會計組（乙）庶務組（丙）文牘組（丁）註冊組；

（己）招待股，分下列各組：（甲）交通組（乙）膳宿組（丙）交際組（丁）娛樂場；

（午）運動股，分下列各組：（甲）保管組（乙）布置組（丙）救護組（丁）糾察組；

（未）編輯股分下列各組：（甲）通信組（乙）日刊組（丙）訪查組（丁）發行組；

（申）各股各組，各設若干人，視事務之繁簡定之；

（酉）各股各組各職員，自本處聘請到處之日起，至本會開會之日止，每日均須常川到會辦事；

（戌）本處對外文件及日行事務，須由正副主任簽名蓋章負責；

（亥）本大綱經本會正副會長認可施行。

全國運動會辦事處對於各項比賽，每隊赴會之額定人數，已經嚴密討論，規定如下：

一籃球，每隊額定運動員八人，教練一人，共九人；

二足球，每隊額定運動員十三人，教練一人，共十四人；

三棒球，每隊額定運動員十一人，教練一人，共十二人；

四隊球，每隊額定運動員十四人，教練一人，共十五人；

五童子軍，每隊額定隊員八人，教練一人，共九人；

六凡參與田徑賽與游泳之運動員，各與以出入證一張，以便招待，至教練或領袖，非先期致函委員會者，無出入證；

七團體操，每團額定與賽員二十人，教練一人，共二十一人；

八中國拳術與賽者，均各與以出入證一張，照委員會所規定者辦理。

至團體比賽，原議只限於軍人，現已將前議取消，凡具下列各點者，皆可參與：每隊須有隊員二十人，領袖一人。此項比賽，係團體賽，非個人賽，比賽內有走步、柔軟體操、舞蹈器械體操、遊戲與運動等。比賽應有一定秩序，與一定班次。每隊表演時間，不得逾四十五分鐘；每隊表演秩序，可以自由支配；成績計分，亦有一定標準。聞教育廳特為此事，今午（十五）召

集各校校長會議，決定仿照此屆華中運動會湘省辦法，將全省學生編為三部（中等以上學校為一部，小學為一部，女學為一部），分部表演，以期嚴整而歸一致。

招待各省選手及護送員，完全由武漢童子軍負責，所有行李等件，均由童子軍同車運送，並備有三聯票，以便按號取物。運動員到武昌公共體育場後，必須向總務股註冊，當由各股與以旅行指南一本，運動會秩序單徽章餐券比賽號碼，以及與賽時所需之雜件，關於是日會場秩序，如參觀者，僅有學生、童子軍當能維持而有餘，但恐人多混雜，急賴軍警之協助，因是武漢童子軍，湖北憲兵營，及警察保安隊，特於今日（十五）午後一時，在辦事處樓上，開聯席會議，討論維持辦法，聞已決定五項，至全場布置，昨晚總務股，亦討論良久，僉以此次華中運動會，布置極佳，特致函軍省署派往華中之代表傅華甫、劉鼎珊二君，請其具函報告，藉資借鏡，又該會編輯股，今日午後四時，亦在辦事處開會，決定自開會之前一日（即二十一日）起，至二十五日止，繼續發行日刊五天，其有各地報館來函特約通信者，亦當力為照辦，至武漢新聞記者來會訪問消息，則專由通信股擔任接洽，聞美國日本，均派有記者來鄂」〔註23〕。

因本屆全運會於武昌舉行，而武昌號稱「九省通衢」，在全國的地理位置相對優越，全國各地的運動選手齊聚武昌，屆時到場參觀的民眾不僅人數眾多，也很有可能會出現相互擁擠的情況，甚至會影響到運動會的正常舉辦。為了維持會場秩序，確保大會如常舉行，防止發生安全事故，籌備委員會對安全保障工作也是極為重視，特地於 1924 年 5 月 15 日下午 1 點鐘在武昌公共體育場的辦事處樓上召開了軍警和童子軍糾察組的聯席會議。「是日出席者，為武昌警衛司令部副官長李日恭，憲兵營營副李葆恆，警務處督察長湯連元，保安大隊長宋靜波，湖北童子軍總會代表嚴家麟等，討論一小時，議決辦法五項：

　　（甲）維持場內秩序方法。對於不守秩序者，第一步勸告，第二步制止，
　　　　　第三步扶出。
　　（乙）收入場券方法。入場收券及查驗整隊入場者，一律由軍警及童子
　　　　　軍辦理。

〔註23〕　《全國運動會重要消息》，《申報》1924 年 5 月 18 日。

（丙）表揚方法。會場各處，均標明各界名目，倘對於秩序特別維持者，即在日刊上表揚。

（丁）懲戒方法。場內須按指定地點參觀，倘在會場故意與糾察員童子軍及軍警衝突者，除依法辦理外，並將其姓名通告全國；倘有團體護其本團體一人之短，而擾亂會場秩序者，除取消其全體參觀權外，並通告全國。

（戊）運動員對裁判員無理之懲戒方法，照丁項辦理。」

從上述 5 項辦法可以看出，聯席會議對違反運動會秩序的行為懲罰十分嚴厲，不惜採取全國通報的方式，而維持秩序特別得力的人，大會在表揚方面也不遺餘力，可謂重賞重罰。會議還特別強調了運動員違反裁判判罰、對裁判無禮等行為視為違反會場秩序，將一視同仁的對待，處罰方式和前述辦法規定相同。這從一個側面反映出兩個問題，一為當時中國近代體育裁判水平的低下，導致裁判錯判、誤判等現象時常發生，因裁判因素導致的運動員情緒不穩的現象十分普遍；二為當時中國國民素質普遍偏低，運動員在賽場上稍有不滿即有違反公德的行為。這兩個問題在民國年間一直沒有得到有效的解決，貫穿於民國年間歷屆全運會的始終，體現出民國年間中國人受教育程度的普遍低下。

在聯繫會議制定出 5 項辦法之後，便迅速於第二天即 5 月 16 日，「將議決五要點，通告各學校各機關，以便共同遵守。」另一方面，當地各個學校的童子軍也在籌備委員會的組織下，擔當起維持秩序的急先鋒，「武漢各校童子軍昨日亦在會場操場中，開軍長會議，決定通力合作，振刷精神，擔負會場維持秩序之責任。」〔註24〕

除此以外，籌備會還設立運動股，其下屬糾察組也再次召開會議商討會場秩序的維護問題，制定出糾察組內部關於維持會場秩序的 10 條規程，同軍警及童子軍協助做好會場的秩序維持和安全保護工作。「昨日關於會場秩序問題，又開會議，表決下列各項：

一、按聯席會議時公決事項，糾察員遇必要時，得隨時商請軍警及童子軍維持會場秩序。

二、官紳所帶隨役，不得登樓及坐看樓。

三、除前後門外，其餘各門，一律封閉，並請軍警於圍牆外巡哨。

〔註24〕 《全國運動會要訊》，《申報》1924 年 5 月 20 日。

四、後門出入，以女運動員及女來賓暨本會職員爲限；但模範小學生，
　　須由該校另製徽章，加蓋金記，方准出入。

五、學校校長及管理員，應由布置股指定一處起坐，庶臨時發生事項，
　　便於接洽。

六、製作看臺入場券（無論何人，須另加錢一串），須按日分色，只剪
　　角，不收，以爲上下之證。

七、挑販食物，應請門首軍警及童子軍，禁其入場。

八、本會職員及運動員之親朋，如有違犯場內秩序者，糾察員一律干
　　涉，本會職員及運動員，不得袒護。

九、在會場四隅，特設販賣四處，令其坐賣。

十、本會職員及運動員，如有違犯場內規則者，照前日軍警聯席會議甲
　　丁兩項辦理。」〔註25〕

　　上述規定更進一步加強了會場內外的安全保護工作，從中亦可窺見 20 世
紀 20 年代的民國時期，依然存在爲官紳階層辛勤服務的奴僕役人，這也是對
北洋政府時期民主共和招牌的一種諷刺。

　　除了上述安保工作極爲縝密之外，籌備委員會的在其他方面的工作亦可
謂卓有成效，充分展現出北洋軍閥政府對本屆大會的重視程度之高。籌備會
下設編輯股、招待股、建築股、布置股、運動股等多個相關機構，分別負責
大會的各項籌備活動，各團隊分工協作，將籌備大會工作進行的井井有條。

　　編輯股主要負責大會的宣傳工作。5 月 16 日下午 4 點鐘，「編輯股召集通
信日刊訪查發行四組織員會議，決定發行日刊五天，材料由通信訪查兩組供
給，並推模範小學校長王毓之爲編輯主任」〔註26〕；5 月 18 日，編輯股「開
始由通信訪查兩組　徵集材料，預備發行日刊，刻正紛紛整理各省之祝詞，及
各地選手姓名表，暨運動詳細秩序表，於第一日之日刊登出。」〔註27〕

　　在接待運動員選手方面，籌備委員會爲盡地主之誼，使得由全國各地趕
至武昌的運動員及其他人員感受到當地政府的熱情，並解決他們的食宿問
題，其下設招待股召開會議，討論接洽事宜：「招待股運動股昨均分別會議，
決於會場附近賃屋數間，以爲各省選手之寄宿舍，另於漢口設招待所兩處……

〔註25〕　《全國運動會要訊》，《申報》1924 年 5 月 22 日。
〔註26〕　《全國運動會要訊》，《申報》1924 年 5 月 20 日。
〔註27〕　《全國運動會要訊》，《申報》1924 年 5 月 22 日。

此次運動會總裁判及田徑賽各裁判長，據昨日所聞，須至十九日始能發表。惟今日有謂該會已電請張伯苓為總裁判，麥格德為競賽裁判長，葛雷為田賽裁判長，不知確否。昨日該會招待股議決各省選手來鄂，無論為輪為車，均由童子軍負責招待，引導到省，由招待股派赴住宿房間，給以餐券，以便識別；另由交際員引導遊覽各處名勝，及其他之娛樂，藉破運動員之沈寂。」

同時為了表示對各地運動選手到來參加大會的歡迎，渲染熱情的氛圍，「省署省議會、全省商聯會、武漢兩商會、省農會學生聯合會，已定於二十一日，假武昌抱冰堂聯合開會，歡迎各地選手及各代表，以盡地主之誼。該會前已通函各省長官及各地在野名流，頒寄訓詞祝詞，現因會期瞬屆，特再通函各地，促速賜寄矣。」本屆大會還特別對優勝運動員的獎品進行了籌劃。「各省所寄獎品，為數甚多。鄂省則擬徵集獎費，由教廳叢製各省名勝或古蹟模型，以全省機關名義，分別贈與，藉昭鄭重。頃由教廳通函各機關，催將捐給獎品之費，早日賜下，以便趕辦。」〔註28〕

本屆全運會還籌劃將武術等國術搬上運動場舞臺進行表演，遠在上海的精武會積極參加到本屆全運會之中，這是本屆全運會的另一大特色所在：

「在武昌舉行之全國運動會，本埠精武會派本會特別班之女生六人與會，表演國技，曾見報端，茲悉該女生等已由教職員趙連和、鄭福良、陳啟英等偕同於日昨乘隆和輪赴漢，該會昨接該會派赴武昌之全國運動會籌備員陳鐵生來函，內有一段述及表演國技事，略謂，表演國技用之演武臺建在會場之中心，地點甚佳，國技大會操，現報名者已達四百人，內模範小學二百人，中華大學四十人，共進中學一百人，博文中學十人，外國語專門學校十人，漢口精武會四十人，總指揮已舉定趙連和云云，中央精武會主任盧煒昌，亦將於今明日動身赴會」〔註29〕。

就在全國運動會在武昌舉行的當口，藉此大好時機成立一個由中國人自己主持的全國性的體育組織成為國內教育界、體育界相關人士的共同心聲。於是各界的熱心人士趁著這次全運會的機會，齊聚一堂，商議成立中華全國體育協進會的有關事宜。

「中華體育協會將乘全國運動會在武昌開會之便，赴鄂舉行成立大會一節，已誌前報，茲聞國內各體育團體來函，推派代表屆時出席者頗為踴躍，

〔註28〕 《全國運動會要訊》，《申報》1924 年 5 月 20 日。
〔註29〕 《精武會派員赴鄂表演國技》，《申報》1924 年 5 月 17 日。

香港華人體育界業推出莫慶、凌匹參、袁燦輝、陳會文四人爲代表，江蘇省教育會附設體育研究會，推柳伯英、朱了洲二人爲代表，中華武術會推吳志青爲代表，北京師範大學推曾仲魯、王石卿二人爲代表，均已首途赴鄂云」〔註30〕。

「中華體育協會之進行，各方推定出席代表，提議發展體育計劃。中華體育協會將乘全國運動會在武昌開會之便，赴鄂舉行成立大會。現該會籌備處接到國內各體育團體來函，推派代表屆時出席者，已有數十起。昨日北京學界聯合運動會來函，推王榮春、羅一東，爲出席代表。又江蘇私立體育學校聯合會推柳伯英爲代表，上海女校聯合運動團推高梓女士爲代表，均已起程赴鄂云。又該會籌備處，對於協會成立後之進行計劃，特提出意見書一份，已專函寄送武昌。其內容大致如下：

一、物色中西兼優之體育專家，爲本會體育指導員，從事訓練及指導體育上一切事宜。

二、請各體育團體及中等以上學校之體育會，加入本會，協力進行。

三、舉行成立大會後，當積極作第七次遠東運動會之準備，及建築第八次遠東運動會在中國舉行之場地。

四、舉行成立大會後，當即向政府呈請備案。

五、本會當注重調查體育人材，設法紹介，並宜設短期補習學校，使各校體育教員時時得體育上之新智識。

六、在全國各部提倡舉行運動會，由本會體育指導員前往考察及調查體育人才，加以鼓勵或培養，使成體育界之特出人才。

七、本會爲輔助各體育團體及學校體育會之機關，在體育方面應做而未做之事業，由本會進行之。

八、本會對於國民體育，當以國民學校爲起點，俾國民學校學生，升入中學或大學時，在體育上得相當之適應。

九、本會當設法使學校運動場能斟酌情形，隨時開放，俾社會人士均有受普遍體育之機會。

十、本會當聘請西國體育家，如麥克樂、葛雷、克拉克、施望君等爲顧問云。」〔註31〕

〔註30〕　《體育協會成立消息》，《申報》1924 年 5 月 17 日。
〔註31〕　《中華體育協會之進行》，《申報》1924 年 5 月 20 日。

三、舉辦情況

　　1924 年 5 月 22 日上午 9 點半，民國第二屆全國運動大會在武昌正式開幕。大會會場上觀眾多達三四萬人，大會在開幕日特地請航空署派來飛機，在大會會場上空盤旋並散發數萬張傳單，其中包括彩色印刷的蕭耀南祝詞，大會全場觀眾掌聲雷動，氣氛熱烈。停泊於武昌長江口附近的軍艦，亦鳴炮數十響以示慶祝。蕭耀南派其代表張國溶出席大會。熊希齡會長首先致詞：

　　「此次全國運動員在鄂舉行第三屆全國運動大會，鄙人添任正會長，極為榮幸，希望努力奮鬥，得到此屆優美的成績，並為將來出席世界運動會之預備……」

　　之後總裁判張伯苓致詞：「此次全國第三屆運動會，在鄂舉行，全國運動員不分畛域，薈萃一場，誠為吾國至可欣幸之事，希望本此精神，以促進全國之統一……」〔註 32〕

　　之後，熊希齡率領大會職員、各省代表及童子軍等約 2400 餘人繞會場一周遊行。上午 11 點半，各省選手代表整隊出場，繞場一周，步伐整齊，深得會場觀眾讚歎。

　　本屆全運會共有田徑、游泳、足球、籃球、排球、棒球和網球共 7 項運動，均為男子項目。此外本屆大會新增了女子表演項目，有籃球、排球（當時稱為隊球）和壘球，是為本屆全運會的一大亮點。男子表演項目有拳術、單槓及其他器械體操表演。根據當時《申報》之中《全國運動會消息》第三號通告的記載，本屆全運會比賽秩序、比賽項目、額定人數、評分標準等具體情況如下：

　　「全國運動會，將於本月二十二日至二十四日，在武昌舉行，籌備情形，迭誌本報，茲得該會由上海發出之第三號通告錄下：

　　運動會秩序述略：五月二十二號，星期四，上午十時，一運動會正式開幕；二運動員整隊遊行；三致歡迎詞；四童子軍遊行。下午二時三十分，一田徑賽預賽，二網球預賽，三籃球預賽，四隊球預賽，五足球預賽，六童子軍個人比賽。五月二十三號，星期五，上午九時三十分，一五項運動，二游泳預賽，三網球預賽，四籃球預賽，五棒球預賽。下午二時三十分，一田徑賽預賽結束，童子軍游泳，三中國拳術，四足球半決賽，五隊球決賽，六十

〔註 32〕　《全國運動會開會之第一日（上）》，《申報》1924 年 5 月 25 日。

項運動前五項。五月二十四號，星期六，上午九時三十分，一游泳決賽，二籃球決賽，三棒球決賽，四體操競賽，五十項運動後五項，下午二時三十分，一田徑賽決賽，二足球決賽，三網球決賽，四童子軍團體比賽，五給獎。

運動制服：凡此次與賽各運動員，應備易於區別之運動衣，蓋素色衣服，甚難辨別，即來賓方面，亦樂知各項比賽之勝利者，究衣何色之運動衣也。

到會時間：武昌委員會，對於赴會運動員於下舟車之後，渡江照料以及伴送等辦法，正在詳細籌劃進行，該會深願赴會者無論個人或團體，如能於臨行時，將其所乘之何次車、何班船，約於何時抵埠等情，先期電示該會，則招待方面，可更形便利也。運動員抵埠時，當由該會各與以大信封一件，內有旅行指南一本，運動會秩序單、徽章、餐券、比賽號碼，以及與會時需要之雜件等等。

每隊額定人數：關於各項比賽，每隊赴會之額定人數，已經詳細討論，現已分別規定如後：一籃球，每隊額定運動員八人，教練一人，共九人；二足球，每隊額定運動員十三人，教練一人，共十四人；三棒球，每隊額定運動員十一人，教練一人，共十二人；四隊球，每隊額定運動員十四人，教練一人，共十五人；五童子軍，每隊額定隊員八人，教練一人，共九人；六凡參與田徑賽與游泳之運動員，各與以出入證一張，教練或領袖之已經先期致函委員會，聲明其為正式教練或領袖者，各另與以出入證一張；七體操團體，每團額定與賽員二十人，教練一人，共二十一人；八中國拳術與賽者，各與以出入證一張，或照武昌委員會所規定者辦理。武昌委員會深覺此次盛會，本不應有若何之限制，惟於籌備之時，不得不稍加限制，以利進行，預計與賽之運動員，其數約逾五百，均須由該會代籌居食，是以該會難為各處來賓作同樣之籌備，深為抱歉，武昌之體育場內，另有房屋多所，足容赴會之運動員，以及比賽者之居住，故運動員與比賽者，可毋需另住場外或居漢口，至來賓之居食等事，盡可自行處理。

婦女比賽：上述之秩序內，關於婦女比賽各節，雖未另行提明，然委員會之意，非謂此項比賽，已經屏除，如有女子願意報名加入隊球網球，以及其他之比賽者，其比賽細則，自當另行特別規定之。

旅行辦法：一凡長江以北之與賽者，如擬乘火車赴會，請先向天津新學書院華北體育會杜連科先生，索取火車減價票，如遇有困難情形者，請徑函葛雷博士詢明一切，葛君通信處，若於五月十五號以前，可仍寄上海博物院

路二十號，如於五月十五號之後，請逕寄武昌為要。二如旅行費再得有額外之減價消息，當於日報上露布之，幸各注意。

報名：上海博物院路二十號中華業餘運動會所設之報名處，將於五月十五號正式截止，凡由郵電逕寄武昌報名者最遲至五月十九號截止，過此時期各項預賽，即將舉行，報名者恕不收錄。

童子軍比賽：此項比賽規則，業已寄出，如仍未收到，請向上海博物院路二十號中華業餘運動會聯合會索取可也。

中國拳術比賽：此項比賽，現由武昌委員會會長陳時先生完全負責，凡關此項有所詢問，請逕函陳君可也。

體操比賽：此項比賽，原議只限於軍人，現已將前議取消，凡具下列各點者，均可參與，每隊須有隊員二十人，領袖一人，此項比賽係團體賽，非個人賽，比賽內有走步、柔軟體操、舞蹈器械體操、遊戲與運動等，此賽應有一定之秩序，與一定之班次，每隊表演時間，不得逾四十五分鐘，每隊表演之秩序，可以自由定奪，惟成績計分，當以下列各點為標準：

（一）普通體操

（甲）走步與穿花跑 1 姿勢五十分，2 動作與反應準確五十分；

（乙）柔軟體操 1 格勢六十分，2 韻律與反應四十分；

（丙）舞蹈 1 格勢四十分，2 精神四十分 3 評判員普通感想二十分；

（丁）器械體操 1 格勢三十分，2 前進與退後十分，3 動作準確與分配三十分，4 式樣多少十分，5 動作之難易二十分；

（戊）遊戲與運動 1 格勢二十分，2 規則之守否二十分，3 有否運動上君子的精神三十分，4 技能 30 分。

以上五種，至少須表演三種，或完全表演，然後將各種積分相加，求其總數，次以表演之種數除總數，例如共表演甲乙丙戊四種，即以四除總數，最後用得數乘五，此即表演之成績。

（二）秩序

1. 表演秩序有否應用或教育價值四十分；

2. 是否與學生之程度相合四十分；

3. 秩序之各部分是否相稱（以積分相加，再以乘二，求其成績）。

（三）學生

1. 身體姿勢三十分；
2. 精神二十分；
3. 注意力十分；
4. 行動二十分；
5. 入場與出場十分；
6. 評判員普通感想十分（以積分相加再以乘二求其成績）。

（四）教員或領袖

1. 態度十分；
2. 姿勢與均衡三十分；
3. 口令三十分；
4. 評判員普通感想三十分。

以上總計一千分，凡於以上各項中得分最多者獲獎」〔註33〕。

另外本屆全運會裁判姓名表列錄如下：

「裁判員姓名表：

（一）總裁判張伯苓；

（二）徑賽裁判長沈嗣良；

（三）田賽裁判長蔡平壯；

（四）勝負書記范禮炎、范坤侯、李惠迪；

（五）會場書記，胡維明、袁榮生、胡慶生；

（六）徑賽裁判，章輯五、陳明恩、何大駒、邵樂平；

（七）田賽裁判員，陳震鵬、杜榮棠、盛國俊、楊鏡澄、殷實善；

（八）檢察長王瑞生；

（九）檢查員，袁文鳳、陸祺沛、廖超昭、陳竹賢、曹羽儀、戴成龍；

（十）書記長黃仲初；

（十一）書記員，申國權、林卓然、沈祖榮、金兆鈞、韋卓民；

（十二）報告員，程本安、李約拿、譚子衡、陳培元、陸瀾觀；

（十三）會場幹事，郝更生、黃止端；

（十四）終點裁判，陳奎生、張鐵珊、加而非、彭三美、白克米、師度爾；

〔註33〕 《全國運動會消息》，《申報》1924 年 5 月 13 日。

（十五）發令員，張信孚、法樂爾；

（十六）游泳，白愛大；

（十七）足球，杜連科；

（十八）籃球，徐振東；

（十九）隊球，彭紹初、張曜賓；

（二十）網球，萬大志、張長年；

（二十一）棒球，葛雷；

（二十二）團體，盧煒昌、楊士鑑、陳鐵笙、張文德、趙連和、賈立荃、
趙海屏、張明庭、沈煥文、鄭祁良；

（二十三）器械，劉少山、石誦青、蔡煥田、吳叔安；

（二十四）醫生，石可立、劉斯仁；

（二十五）通信組；

（二十六）童子軍」〔註34〕。

這批裁判員幾乎集合了民國時期熱心近代中國體育發展的所有人士，其中不乏張伯苓、沈嗣良這樣著名的中國近代教育家、體育家。大會舉辦各個程序的順序如下：

「開會之秩序：五月二十二日午前十時起，（一）運動員入場；（二）奏樂、升旗（全體致敬禮）；（三）唱國歌；（四）全體四童子軍歡呼；（五）海軍鳴炮及飛機散祝詞；（六）會長致詞；（七）總裁判致詞；（八）代表致詞；（九）代表、職員、運動員巡行；（十）職員、童子軍、運動員各歸原所；（十一）開始運動。

本會運動秩序總綱：第一日上午1運動會正式開幕；2全體運動員及職員整隊遊行；3歡迎詞；4童子軍表演。

下午，田徑賽1一百米預賽；2二百米低欄預賽；3鐵球決賽；4一千五百米決賽；5二百米預賽；6跳遠決賽；7一百一十米高欄預賽；8四百米預賽。

球術1網球預賽；2籃球預賽；3隊球預賽；4足球預賽，童子軍個人比賽，國操表演，器械表演」〔註35〕。

〔註34〕 《全國運動會要訊》，《申報》1924年5月24日。

〔註35〕 《全國運動會要訊》，《申報》1924年5月24日。

　　參賽單位方面，華北區為直隸、山西、山東、河南；華東區為江蘇、浙江、安徽；華西區為四川、陝西；華中區為湖北、湖南、江西；華南為廣東、廣西、福建、雲南、貴州以及香港和菲律賓等地的南洋華僑。參賽運動員除作表演賽的女運動員外，共計 336 人。現將各項比賽成績列錄如下〔註36〕：

田徑賽

項　目	第一名	第二名	第三名	最好成績
100 米	朱寶璋（直隸）	於文源（山東）	瞿炳坎（山西）	12 秒
200 米	朱寶璋（直隸）	黃文建（江蘇）	丁國瑞（直隸）	24 秒 2
400 米	朱寶璋（直隸）	張茂林（江蘇）	丁國瑞（直隸）	57 秒 6
800 米	張恆（江蘇）	張紀成（山東）	張曙明（直隸）	2 分 16 秒 6
1500 米	張煥龍（直隸）	李繼元（江蘇）	俞成效（浙江）	4 分 47 秒 2
5000 米	張紀成（山東）	俞成效（浙江）	韓元錫（浙江）	18 分 22 秒 4
110 米高欄	李駿耀（江蘇）	陳啓東（江蘇）	胡維岳（江蘇）	17 秒 6
200 米低欄	陳啓東（江蘇）	尤家駒（直隸）	王玉振（湖北）	28 秒 2
12 磅鉛球	張穎初（直隸）	馮燦周（直隸）	逯明（直隸）	12.62 米
鐵餅	張鳳瀛（直隸）	吳德懋（江蘇）	馮燦周（直隸）	31.52 米
標槍	尹商屏（直隸）	馬祥波（湖南）	鄭曾釗（福建）	43.78 米
跳遠	黃炳坤（江蘇）	徐彥儒（江蘇）	潘作新（山東）	6.255 米
跳高	馬祥波（湖南）	趙吉元（直隸）	魏廣壽（福建）	1.72 米
三級跳遠	逯明（直隸）	李駿耀（江蘇）	馬祥波（湖南）	12.43 米
撐杆跳高	夏翔（江蘇）	黃炳坤（江蘇）	徐維賢（江蘇）	3.255 米
五項運動	吳德懋（江蘇）	張穎初（直隸）	趙景綱（山東）	8 分
十項運動	吳德懋（江蘇）	逯明（直隸）	沈昆南（江蘇）	4053 分

〔註36〕 王振亞：《舊中國體育見聞》，人民體育出版社，1987 年，第 143～146 頁；《全國運動會總結束》，《申報》1924 年 5 月 29 日；《全國運動會總結束（二）》，申報 1924 年 5 月 30 日。

游泳賽

項　目	第一名	第二名	第三名	最優成績
50 米自由	傅啓述（湖南）	鄧懿（湖南）	袁燦輝（廣東）	41 秒 4
100 米自由	劉煥新（廣東）	龍翥（湖南）	傅啓述（湖南）	1 分 33 秒 8
100 米仰泳	趙士敏（江蘇）	賀體仁（湖南）	何嘉猷（湖北）	2 分 2 秒 4
200 米俯泳	劉煥新（廣東）	楊光暄（湖南）	陳詩道（福建）	4 分 13 秒
400 米自由	劉煥新（廣東）	龍翥（湖南）	林昭雲（廣東）	8 分 45 秒 8
1500 米自由	龍翥（湖南）	黃志勤（江蘇）	──	39 分 45 秒
200 米接力	華中隊	華南隊	──	2 分 25 秒

球　賽

　　足球冠軍華東隊（江蘇隊），亞軍華中隊（湖北文華）；籃球冠軍華北隊（直隸隊），亞軍華東隊（江蘇隊）；排球冠軍華南隊（廣東培正），亞軍華東隊（江蘇隊）；棒球冠軍華東隊，亞軍華北隊；網球單打冠軍時昌黎（華北直隸），亞軍顏容（華中湖北）；網球雙打冠軍黃保廉、陳乃新（華東江蘇），亞軍羅孝章、劉約瑟（華北直隸）。

團體及個人積分名次

　　第一華東吳德懋 25 分（江蘇）；第二華北朱寶璋 17.5 分（直隸）；第三華北逄明 13 分（直隸）；第四華北張穎初 10 分（直隸）。

　　第一江蘇隊 101 分；第二直隸隊 83.5 分；第三湖南隊 22 分；第四山東隊 21.5 分。

　　第一華北隊 113 分；第二華東隊 108 分；第三華中隊 28 分。

游泳名次

　　第一華南劉煥新 16.5 分（廣東）；第二華中龍翥 13.5 分（湖南）；第三華中傅啓述 9.5 分（湖南）。

　　第一湖南隊 39 分；第二廣東隊 21.5 分；第三江蘇隊 7 分。

　　團體總第一華北隊；第二華東隊；第三華中隊。

表演賽

男子國術優勝者：湖北清眞學校及吉隆坡精武體育會；男子器械體操優勝者：江蘇省立公共體育場附設體育學校。

女子排球冠軍華中湖南（省立第一女師周南女校），亞軍華中湖北（武昌女子師範）；女子籃球冠軍華東江蘇（滬江女子體專），亞軍華中湖南（女師與周南）；女子壘球冠軍華東江蘇（滬江女子體專），亞軍華中江西（九江諾力女校）。

大會持續三天，觀眾爆滿，由於大會籌備布置得當，會場秩序總體上處於良好有序運轉的狀態。大會結束後，上海女子體育師範學校聯合了精武體育會還發起了慰勞會，爲全運會的健兒們慶祝：

「此屆全國運動會在武昌舉行，各處運動選手奮勇前往，殊足樂觀。上海女子體育師範學校乃有慰勞會之發起，昨精武會已贊成加入，茲錄其致各團體公函如下：逕啓者，此次全國運動大會在鄂舉行。各方選手，辭跋涉，踴躍前往，參與運動，對於我國體育前途，不無勳績。敝校擬乘此機會，俟各地選手過巾時，聯合滬上各大團體學校，同聞全國運動選手慰勞大會藉以稍慰其勞瘁而勵其將來之進步也。素仰貴會（校）熱心體育事業，想對於此舉，定表同情，茲會場方面，已得中央大會堂（在北四川路橫濱橋福德里內）允爲借用。至於開會日期，擬在本月二十九號（星期四）上午（或二十八下午），倘蒙襄助，同爲發起，希即示覆，俾利進行而成盛舉，殷勝盼切，專此。並頌公綏：上海女子體育師範學校謹啓云云。並聞將於本星期日（二十五）假中央大會堂開籌備委員會，贊成加入之各團體，均須派代表出席云」﹝註37﹞。

四、意義和影響

民國第二屆全國運動會是一次繼往開來的全運會。在五四運動後的中國，民族主義的情緒在中國社會各界蔓延，收回體育主辦權成爲近代中國體育界人士共同努力的目標。在五四運動後這樣一種目標的指引下，在中國參加遠東運動會積分連年墊底的刺激下，民國第二屆全國運動會在中國各屆熱心人士的支持下，能在軍閥混戰、民不聊生的 20 世紀 20 年代開展起來，實屬不易！中斷了 10 年之久的全國運動會再次燃起希望的火焰！民國第二屆全

﹝註37﹞ 《全國運動選手慰勞會之發起》，《申報》1924 年 5 月 22 日。

運會的成功舉辦，使得民國時期全運會的香火得以延續下去，不至於半途中落，同時也給近代中國體育的發展打下了一針強心劑，使得近代體育在人民群眾之中的影響力得以保持，在一定程度上甚至有所擴大。

　　民國第二屆全國運動會的成功舉辦，標誌著民國時期中國全運會主辦權的正式回歸，也標誌著近代中國各項體育活動主辦權逐漸開始由中國人掌握。縱觀清末民初的兩屆全運會，無一不是由外國人把持操控。如果不是民國時期政府將晚清時期的那一屆全運會納入民國首屆全運會的概念範疇，相信即使是民國時代也未必有多少人聽說和瞭解那場相對全運會應有規模來說過於小眾化的賽事，而當時學生運動員在比賽場上連語言都是以使用英文為主。民國年間的首屆全運會舉辦權依然是在外國人手中，從組織策劃籌辦到比賽用各項規章制度、比賽用測量和計分、裁判員等悉數沿用西方模式以及任用外國人，甚至連規章制度都採用英文書寫。本屆全運會的舉辦，首先是得到了中國地方軍閥代表──兩湖巡閱使蕭耀南的大力提倡與支持，全運會各項經費、財政開支得到了蕭耀南的全力資助。再者是直接參與組織策劃本屆全運會的人員，如張伯苓、沈嗣良等不少人都是中華業餘聯合會的成員，這個體育組織雖然是由美國人麥克樂（Charles.Harold.McCloy）和葛雷（J.H.Gray）實際操控，但在本屆全運會的組織籌辦方面，中華業餘聯合會一方面得到了地方軍閥代表蕭耀南的全力支持，包括人力方面的支持，在組織和籌辦全運會的過程中，蕭耀南動員了全運會舉辦地湖北省教育界的力量，直接幫助和參與了本屆全運會的組織籌劃工作。另一方面，中華業餘聯合會的實際操控者葛雷（J.H.Gray）等人在本屆全運會的籌劃過程中，僅作為顧問的身份出現，非主導人，他們均表示「中國事自應歸中國人辦」，因此在籌劃組織的過程中，本屆全運會從頭至尾均為中國人主導，大會裁判員也均由中國人擔任。這裡有一個小插曲可以證實。在本屆全運會舉辦之前，不少民國地方體育界人士對中華業餘聯合會的性質都非常瞭解，聽聞此次大會仍由中華業餘聯合會籌劃舉辦，內心十分憤懣，均表示將不會參加由外國人籌劃主導的所謂全國運動會。中華業餘聯合會不得不多次發表聲明，強調該會的外國人均以顧問身份出現，並非實際操控者，並且多方邀請各地體育界人士參與籌劃和組織本屆運動會實際工作，這樣才打消了許多國人內心的疑問和不滿。第三是全運會運動選手成績的測量和計分等首次採用公尺（米）制等國內用法，廢除了之前兩屆全運會採用英尺、英里等英制測量單位，另外裁判

員隊伍也全部聘請中國人，這也是本屆全運會在實際舉辦過程中體現出其民族性和自主性的具體方面。從此以後的民國歷屆全運會，成績測量、計分均採用國內用法，裁判員隊伍全部由中國人擔任，體現晚清至民國初年殖民地性質的運動賽事從此一去不復返了，這是中國近代體育史上具有劃時代意義的一件大事。

　　民國第二屆全運會的成功舉辦，還標誌著女子體育正式登上了歷史的舞臺，給眾多國人以眼前一亮的感覺。我們仍以前兩屆全運會作為參照，晚清全運會，毋庸說女子體育，即使是運動會的觀眾，女子參觀者數量也未及百分之一，可謂寥若晨星，中國女子仍是大門不出二門不邁，就更不必提尚在閨閣中的女子體育了。民國第一屆全運會的情況與晚清大體相似，女子體育僅僅在當時少數學校裏以遊戲玩耍的形式偶有體現，尚在萌芽之中，大會上就更不可能看到國內的女子體育項目了。唯一值得一提的是大會結束後由主辦方邀請到北京天壇的美國女子隊球（排球）對抗比賽表演，這是民國時期的中國人首次借著全國運動會的機會看到西方女子體育項目的表演，給大會觀眾以耳目一新之感。本屆全運會，在項目上增加了表演性質的比賽，而尤以其中的女子表演項目最為引人關注，女子隊球（排球）、女子籃球和女子壘球比賽項目第一次出現在民國時期的全國運動會上，這是中國近代體育史上破天荒的一件大事。雖然這三項女子賽事僅僅是作為表演項目出現，並不計入正式成績，亦不算入總分，但國內女子體育項目首次出現在國人面前，仍然是具有十分重大的歷史意義的。女子體育項目在民國全運會上的出現，是民國時期，尤其是五四運動以後的中國，在近代體育發展過程中的一次巨大進步，標誌著民國體育逐步發展，體現出近代中國體育向著大眾化、平民化方向的努力，也表現出五四運動以後中國女子地位開始上升，女子開始衝破封建的道德枷鎖，逐漸參與到社會發展的各項活動中來。另一方面，女子體育項目在全國運動會上的出色表現，也給國人上了一堂生動的近代中國女子體育發展課程，為全國人民做了一次最好的示範，擴大了近代女子體育乃至整個近代體育在中國的影響力，為國人在精神上打了一針強心劑。從當時觀眾的反映來看，效果十分明顯，女子表演項目的觀眾，女性即占到了很大的比例。女子表演項目在民國第二屆全運會上的出現，為今後女子項目成為全運會上的正式比賽項目奠定了堅實的基礎，同時也為中國近代體育的進一步推廣和發展做出了貢獻。

從比賽項目和比賽成績方面來看，民國第二屆全運會在整體水平上有了明顯提高。排除計分尺碼和項目本身的差異，在相同的比賽項目上，本屆全運會的成績大多數要高於前兩屆的水準，在跳高、跳遠、110 米欄等項目上的進步尤爲明顯。與前兩屆全運會僅有陸上比賽不同的是，民國第二屆全運會上首次出現了游泳項目，而本屆全運會爲滿足比賽需求，也特別修建了游泳池，以供選手比賽使用，這體現出民國時期，尤其是五四運動後民國體育發展在廣度上的擴展。表演比賽項目的出現，是本屆全運會的另一大特色。男子國術表演、男子器械體操表演和女子籃球、排球、壘球表演項目是本屆全運會新設立的項目。當然，本屆全運會在項目上的最大創新，無疑是女子球類表演比賽的出現，中國女性運動員在球場上英姿颯爽的風采，讓當時的所有觀眾眼前一亮。男子國術、器械體操表演出現在民國全運會的賽場上，體現出國人民族意識的增強，在對民族體育的重視方面一覽無遺，更加爲本屆全運會抹上了一層濃厚的民族氣息。

本屆全運會在舉辦過程中，整體秩序運轉良好。在大會籌備處的精心布置下，在童子軍和軍警的嚴格控場下，在大會裁判員的恪盡職守下，在招待各地運動選手的熱情迎接下，本屆全運會的氣氛熱烈活潑而又不失莊重嚴肅的秩序，大會舉辦十分成功。即使從以後的歷屆民國全運會秩序來看，本屆全運會的整體秩序依然算得是各屆全運會中較好的一屆。

從本屆大會參賽方式方面來看，本屆全運會雖然還是沿用之前將全國籠統劃分爲華北、華東、華中、華南、華西五個大區的方法，但是各省市依然可以自主報名，只不過將根據報名省市所在的區域被劃分到五大區相應的某個區中。本屆全運會共有 17 省、336 人（不包括表演比賽項目的女選手）報名參加，較之前兩屆民國全運會參加大會的僅一百多人的規模，可謂擴張迅速。參加大會的單位基本上涵蓋了關內的十八省，包括來自香港以及南洋地區的一些華僑，代表華南區參加了本屆全運會，是爲一大亮點。從這個規模上講，本屆全國運動會較之前兩屆而言，才勉強稱得上是一場全國性質的運動大會了。

然而民國第二屆全國運動會畢竟是在軍閥混戰、民不聊生的政治大環境下開展起來的，其舉辦水平深受國內體育發展水平的制約，同時也是當時中國近代體育發展總體水平的體現。

　　從參賽代表方面來看，參賽單位僅限於關內省份，整個大東北地區和大西部地區包括西藏、新疆等邊疆地區均無代表參賽，也無代表出席大會，反映出民國初期中國政治版圖在實際上的分裂狀態。即以參賽的單位來說，多數都是各地的學校以學校自身為單位報名參賽，參加大會競賽的運動選手絕大多數都是學校的學生，如代表偌大個廣東省參賽的單位即為廣東培正學校一家，其他省份情況也大多類似，這種現象乍一看似乎十分可笑，但細細想來又至為可悲。在那個民不聊生的年代裏，絕大多數中國人都在為生存而操勞，不知道哪天就會失去性命；「達官貴人」們有的爭權奪利，有的花天酒地，又有多少中國人會投入體育運動中去，或者關注近代體育的發展呢？

　　從組織籌劃方面來說，如此全國性質的一場運動大會，理應受到中央政府的高度重視，但民國第二屆全運會竟然是由一個地方軍閥全力支持舉辦的，能代表當時中國中央政府出席大會的僅有熊希齡一人，何況當時熊氏已經不能算是中央政府的大員了。整個大會從籌備到結束，全程由中華業餘聯合會以及湖北、湖南等地方熱心體育的人士主持操辦，當然其中也包括葛雷等友好的外籍人士的幫助。這一方面充分反映出繼袁世凱死後，中國政治秩序的極度混亂，地方軍閥爾虞我詐、勾心鬥角直至兵戎相見的爭奪中央權力，導致近代中國體育發展幾乎停滯不前。另一方面也反映出民國初年地方政府對教育相當重視，這樣就使得近代體育在國內相關學校內能夠有所發展。

　　但總的來說，民國第二屆全運會在五四運動後政治秩序紊亂的中國能夠開展起來，必須歸功於民國時期一批熱心近代中國體育發展的愛國人士諸如張伯苓、沈嗣良等人的多方努力，沒有這批人的奔走操勞，就沒有這屆大會的舉辦。民國第二屆全運會的舉辦召集了來自全國各個地方的運動健兒們，他們匯聚一堂進行比賽，在當時吸引了全國人民的目光，尤其是湖北及其周邊地區的人們，使得全運會在民眾心中留下了深刻印象，擴大了近代體育在中國的影響力，為近代體育在中國的發展作了一次最好的宣傳。

　　民國第二屆全運會的舉辦，一定程度挽救了蹣跚前進中即將跌倒的近代中國體育。繼民國第二屆全運會之後，近代體育在中國的發展跟跟蹌蹌、步履蹣跚，直至六屆遠東運動會中國代表隊的徹底失敗，才驚醒了中國部分體育界人士。時隔 10 年，民國全運會在多方努力促成下於武昌再度舉辦，這才重又使得國人以及政府將注意力轉移到近代體育的發展上來。民國第二屆全運會的及時舉辦，擴大了近代體育在中國政府以及民間的影響力，為之後

南京國民政府時期歷屆全運會的舉辦奠定了組織基礎，並樹立了良好的精神榜樣！

　　這一時期的民國全運會，好比汽車正式啓動後，進入起步檔位，從靜止不動到緩緩前進、正在緩慢上路的艱難過程。雖然民國第二屆全運會從籌劃到舉辦的整個過程有著不可避免的時代局限性，但是它傳遞出來的體育精神和積極向上的正面能量爲近代中國體育努力奮鬥、勇敢向前發展提供了強大的精神動力！

第四章　民國全運會的穩步發展

　　就在民國第二屆全運會舉辦後不到一年時間，中國偉大的民主革命先行者孫中山先生於 1925 年 3 月 12 日逝世於北京。孫中山先生是中華民國的創始人，「三民主義」的倡導者，他為改造中國耗費了畢生精力，可謂鞠躬盡瘁，死而後已。為了繼承孫中山先生的革命意志，完成他未盡的遺願，1925 年 7 月 1 日，由孫中山先生改組創立的中國國民黨在廣州成立國民政府，提出了「對內打倒一切帝國主義之工具，首為軍閥」的口號，並決定於 1926 年出師北伐，推翻北洋軍閥的統治，統一全國。1926 年 7 月，在國民黨和共產黨合作的基礎上，經過兩年精心準備，由國民黨領導的國民革命軍舉行了誓師大會，正式出兵北伐。

　　國民革命軍制定了正確的軍事行動方針，首先集中兵力進攻軍閥吳佩孚盤踞的湖南、湖北地區。經過浴血奮戰，國民革命軍於 1926 年 9 月擊潰了吳佩孚部隊，佔領了武昌地區，11 月在江西殲滅軍閥孫傳芳的主力部隊，同時福建浙江等地軍閥紛紛倒向國民政府。國民革命軍一路高歌猛進，在不到半年時間內消滅了兩大軍閥勢力，控制了南方大部分省區。就在革命形勢不斷高漲、北伐軍順利挺進之時，蔣介石和汪精衛分別於 1927 年 4 月和 7 月發動了反革命政變，蔣介石建立了南京國民政府，大肆逮捕、屠殺共產黨人，國共合作破裂。1928 年初，蔣介石復出後率軍繼續北伐，年底張學良在東北通電，宣佈服從南京國民政府，至此，南京國民政府在形式上統一了全國。

　　南京國民政府是建立在屠殺、鎮壓共產黨人的基礎上的，但在當時的社會環境下，南京國民政府在形式上完成了對全國的統一，結束了北洋政府統治下軍閥混戰不休的政治失序的情形，為當時中國經濟和文化的發展提供了

一個相對穩定的政治環境，在一定程度上有利於中國經濟文化的發展。實際上，從南京國民政府建立到抗日戰爭爆發之前的這段時期（1927 年～1937年），中國在政治、經濟、文化、教育、外交、軍事方面皆取得了一系列成就，整體上是中國自 1840 年鴉片戰爭以來的最高水平，史稱「黃金十年」。這段時期也是中國近代體育發展最爲迅速、成績最爲輝煌的時期。這段時期內誕生了中國第一部體育法，其他體育方面的法規也相繼出臺。當時中國的中央政府（南京國民政府）第一次設立了專門管理體育的組織，在短短五六年內，中國就舉辦了三屆全國運動會，並且都取得了在當時環境下足夠令人矚目的成績，體育發展水平呈現出節節上升的良好勢頭。不僅如此，南京國民政府還破天荒的派出代表參加了國際奧林匹克運動會，實現了當時中國人參加奧運會的夢想。學校體育在這個時期也已經形成了制度，並且已經在全國範圍內形成，社會體育在此時期也打下了一定的基礎。不同的體育思想在這一時期內也得到了充分自由的討論，對中國近代體育發展以及當時全國運動會的舉辦提出了許多獨到的見解。

這一時期舉辦的三屆全國運動會，是南京國民政府分別在 1930 年、1933年和 1935 年舉辦的，其舉辦頻率之高、規模之大、成績之佳都達到了中國近代歷史上的最高水平。這一時期中國的全國運動會，已經做到完全由中國人組織、操辦，無論是大會的組織籌劃，還是運動會本身的競賽水平，都達到了一個相對較高的水準，和北洋政府時期但凡舉辦大型運動會多要依賴外國人的情形相比，顯得更加獨立和成熟。中國近代體育在這個「黃金十年」也得到了迅速的發展，體育競技水平上昇明顯。這一時期中國近代體育呈現出的蓬勃發展情況，實際上是自清末 30 年以來，中國近代體育緩慢發展，實現了一個從量變到質變積累過程的體現，它是晚清以來、尤其是北洋政府時期中國近代體育發展的一個重要成果的體現。這一時期是中國近代體育發展最爲輝煌的時期，也是民國時期全國運動會舉辦的最好時期，民國全運會的舉辦在這一階段達到了一個最高峰，爲中國近代體育水平的展現提供了當時最好的舞臺！

然而南京國民政府畢竟是以屠殺、逮捕共產黨人作爲其成立的背景之一的，這就決定了南京國民政府必然是以蔣介石爲首的國民黨集團的意志爲指導精神的政府，它代表的是中國大地主及買辦資產階級的利益，其制定的一系列法規法令、執行的一系列政策措施必然是爲大地主和買辦資產階級服務

的，因此在體育領域也不可避免的會出現一些違背人民意志、危害人民利益的現象。這是我們在認識和理解本章所述內容時值得注意的一個問題。

　　另外，由於抗日戰爭時期中國近代體育的發展遭到戰爭的極大破壞，體育發展和全國運動會舉辦情況與抗戰前不可同日而語，爲了更好的區分南京國民政府統治時期近代體育發展的這兩個截然不同的歷史階段，本章專門就南京國民政府時期之中的「黃金十年」（1927 年～1937 年）期間的體育發展內容和全國運動會舉辦情況進行討論，抗日戰爭爆發之後的情況見第五章詳述，因此爲了方便敘述，本章所有的「國民政府時期」實際上指的都是南京國民政府「黃金十年」（1927 年～1937 年）時期。

第一節　抗戰前的體育法規

　　1927 年南京國民政府建立以後，國民黨政府仿照西方歐美國家的制度和辦法，加強了對體育領域工作的管理，制定了一系列的體育法規。國民政府的教育部門逐步更新修訂教育宗旨和教育方針，並在這個基礎上開始考慮發展體育的方法和政策。當時教育界和體育界人士針對如何發展體育的問題進行了討論，最終國民政府決定從強化學校體育著手，在學校的範圍之內率先制定具體可行、操作性強的方案，在此基礎上進行必要的行政管理和監督，同時以學校體育的發展來帶動社會體育的發展和進步。

　　1927 年國民政府公佈的教育宗旨及其實施方針的內容裏面就有關於體育領域的工作方針：「各級學校及社會體育，應一體注重發展國民之體育。中等學校及大學專科，須受相當之軍事訓練。發展體育之目的，固在增進民族之體力，尤須以鍛鍊強健之精神，養成規律之習慣，爲主要任務」。這是國民政府建立伊始的體育工作方針。1927 年 12 月，南京國民政府教育部召集了一些體育界人士，在南京成立了全國體育指導委員會。在該會的指導下，針對當時相關社會體育的問題制定了《各省體育會組織條例》、《省會及通商大埠城市公共體育場辦法》等一系列法規法令。這些法令法規的制訂實際上是南京國民政府爲了對社會體育進行整頓和控制，按照「黨化教育」的精神對社會體育進行全面管制的開端。但凡不符合這些法規法令的社會體育組織，一律將面臨被南京國民政府取締的窘迫境況。這一點和北洋政府時期通過財政援助的方式滲透並逐漸控制民間體育組織的情況何其相似！只不過在形式上略

有不同，北洋政府屬於在暗中進行滲透和控制民間體育組織，這些社會組織至少在表面上或者形式上仍然擁有自己的獨立性，而南京國民政府則是取消了民間體育組織的自由獨立性質，對不符合「黨化教育」精神的社會體育組織一律予以取締，實際上就是要求所有社會體育組織必須服從政府的意志，以政府灌輸的精神作爲指導原則從事各項體育工作。這一方面反映出南京國民政府相較於北洋政府而言，對全國的統治已經確立；另一方面也反映出以蔣介石爲首的國民黨集團將各項權力牢牢掌控在政府手中，在體育工作領域也是如此。

不過，這一系列法令法規的制定，依然不能保證南京國民政府從宏觀角度對全國學校體育以及社會體育進行有效的管轄。因此，爲了全方位的統治、管轄體育領域的工作，南京國民政府的全國體育指導委員會在原來公佈的教育宗旨和體育工作指導方針的基礎上，制訂了《國民體育法》。這項法令於1929年4月16日正式公佈，它是中國近代歷史上第一個針對體育而特別單獨制定的法令，對當時的每個中國國民都具有法律層面的約束作用。現將該法令原文列錄如下〔註1〕：

第一條　中華民國青年男女有受體育之義務，父母或監護人應負責督促之。

第二條　體育之目的，務使循序發達，得有應具之健康與體力及抵抗力並其身體各官能之發育，使能耐各種職業上特別勞苦，爲必要效用。

第三條　實施體育之方法。無論男女，應視其年齡及個人之身體強弱，酌量辦理。其方法由訓練總監部會同教育部擬議制定之。

第四條　凡風俗習慣有妨礙青年男女體格之正當發育者，應由縣市鎮鄉村等行政機關負責嚴禁。其項目由教育部會同訓練總監部訂定之。

第五條　各自治之村鎮鄉市必須設備公共體育場。

第六條　高中或高中相當以上之學校，均須以體育爲必修科，與前經公佈之軍事教育方案同時切實舉行，如無該兩項功課之成績，不得舉行畢業。

〔註1〕國家体委體育文史工作委員會、中國體育史學會：《中國近代體育史》，北京體育學院出版社，1989年，第310～311頁。

第七條　凡民間體育會之設立，須經該管地方政府立案並轉呈內政部函商訓練總監部核准。但爲研究學理調查資料以供國民體育參考者不在此限。凡體育團體在其預算範圍內切實辦理、成績卓著者，該管地方政府得視其財政情形，呈請上級主管官廳酌量補助之。

第八條　各縣市鎮鄉村所組織之體育會，應受該管地方政府之監督，其有專屬管轄之學校或團體，各由直接主管機關監督之。

第九條　凡任各學校及民間體育會等處之體育教員須有合格證書。本條所用證書之式樣與發給章程，由訓練總監部分別制定頒發之。

第十條　凡體育教員服務三年以上確有成績者，訓練總監部須予以相當獎勵。其獎勵細則由訓練總監部另定之。

第十一條　爲研究各專門機關之成績，並調查外國情形以供國民體育之參考材料起見，得由訓練總監部設置體育高等委員會辦理之。

第十二條　凡體育團體，不得以團體資格加入政治運動。

第十五條　本法自公佈日施行。

這部法令集前述《各省體育會組織條例》、《省會及通商大埠城市公共體育場辦法》等一系列法規法令之大成，並根據實際情況，適當補充了一些內容，最終形成了這部《國民體育法》。其中第三條、第四條、第九條、第十條、第十一條規定了訓練總監部同教育部對國民體育活動實施情況的辦理權，顚覆了之前國民體育活動全部由教育部統一管制的局面，也改變了以前體育活動僅僅是隸屬於教育部下屬的一個分支的情況，大大提高了體育在國民生活中的地位，擴大了體育在國民生活中的影響。第六條和第九條爲體育在學校方面的重要地位奠定了法規制度基礎，尤其是第六條規定體育爲高中以上學校的必修科目，和軍事訓練方案並重，直接關係到學生能否順利畢業，表現出南京國民政府把體育提高到了國家戰略發展的高度。第七條、第八條以及第十二條對民間體育組織進行了嚴格的管理和限制，一方面加強對民間體育組織的管理有利於整合社會體育的力量發展國民體育，對社會體育的發展在制度方面提供保障，另一方面禁止民間體育組織參與任何形式的政治活動、嚴密控制民間社會組織的行爲反映出南京國民政府利用該法規約束、監督廣大人民群眾以維護其獨裁統治的政治意圖，體現出該法規反人民的一面。

《國民體育法》比較具有代表性的反映出南京國民政府把對體育的管理和統轄擴展到社會生活的方方面面，爲實現一體化的體育管理，利用法規法令的制訂進行籌劃，並逐步按照計劃實施的過程和意圖。除此之外，南京國民政府還針對其他領域行業進行體育的問題頒佈了一系列法規法令，諸如《教育部體育委員會規程》、《教育部國民體育委員會組織條例》、《民眾業餘運動會辦法大綱》、《各省市國民體育委員會組織通則》、《特種考試體育行政人員考試暫行條例》、《教育部中小學衛生教育設計委員會章程》等等。這些法規法令組成了南京國民政府在體育領域的國家法律體系，對增強國民體育意識、改善國民體質、豐富社會文化生活具有積極的作用。這些法規的制定也爲全國運動會在南京國民政府時期的舉行奠定了制度基礎。另外，這些法規法令的制定多數是參考、借鑒當時西方國家的法律法規，和當時中國國內實際情況的吻合度較低。因此在施行過程中，這些法規法令不可避免的會遭到體育界專業人士的不滿、抨擊和抵制，在法規法令施行的實際效果上必然大打折扣，在體育領域發揮的積極作用必然有限。

第二節　民國第三屆全運會的舉辦

一、大會籌備

1927 年，國民政府在南京成立。伴隨全國政治形勢的相對穩定，1928 年全國體育協進會董事會議決，決定在 1929 年 10 月間於廣州舉辦民國年間第三屆全國運動會。隨著南京國民政府逐漸在形式上完成全國統一，爲鞏固統治、樹立蔣介石代表中央政府的正統和威望，同時也爲了抬高其經濟後盾——江浙財閥的地位，國民政府在 1929 年國民黨中央政治局會議上通過了第 197 次議決，決定於民國十九年（1930 年）4 月 1 日，在浙江省杭州市舉行民國年間第三屆全國運動會。蔣介石親自出任名譽會長，戴季陶爲正會長，張人傑、何應欽爲副會長，朱家驊任籌備主任。1929 年 9 月 25 日，全運會籌備處成立，全權策劃籌辦本屆全運會。

這是首次由中國中央政府議決並籌辦的全國運動會。由於得到中央政府的重視和大力支持，比之前三屆全運會而言，本屆全運會的舉辦方可謂是精心籌劃。國民政府不惜斥鉅資營建運動場，於 1929 年 10 月 1 日投標決定，

由協順等七營承擔建築工程，原定 3 個月完成。由於入冬之後雨雪連綿不
絕，工程一直拖延至 1930 年 2 月。隨著大會日期臨近，工程隊不斷擴招工
人並晝夜施工，最終在大會開幕前完成全部工程。蔣介石表示，國民政府將
撥款 1 萬元，「嗣後大會閉幕，全會場均加以永久保護」，並擬定名爲國立運
動場。

通過洽談，全運會籌備處徵用了當地保安隊第三團團部西側的房舍及俱
樂部建築，開辟爲大會辦公之用，並對西部營房加以修理，臨時趕製了 2000
餘座床鋪以供運動員食宿。

大會籌備處爲擴大本屆全運會的宣傳，還「特設宣傳組，以司編輯一切
刊物，傳播新聞消息，設計廣告事項。」凡此種種足見國民政府對此次全運
會的高度重視。

當時的中國依然處於被帝國主義壓迫、奴役的狀態，「東亞病夫」的恥
辱稱號被列強冠於國人頭上，這在一定程度上刺激著中國體育事業的發
展；而伴隨著這種發展，國內民眾要求獨立自主、反對帝國主義壓迫的呼
聲也愈發彰顯。本屆全運會的舉辦正是這一時代特點的縮影，充分表達了
國人反對帝國主義壓迫的時代訴求，爲本屆全運會打上了鮮明而深刻的時
代烙印。

戴季陶在全運會開幕辭中談到，「有健全之體魄，始有健全之精神，合健
全之國民，始有健全之民族，亦唯有健全之民族，而後能創造健全之文化。
縱覽古今，橫絕大宇，未有國民疲弱萎靡，而其文化能發揚昌大，其國族能
獨立自存者也。革命未成，建國伊始，中央深維國民體育之不振，實爲文化
衰落之總因，亦爲召侮致亂之媒介，將欲丕變氣習，樹之新基，是用決議舉
行全國運動大會。卜時四月，相地杭州，經營籌備逾時半載……全國各省中
咸簡拔英特，踊躍來會，北自冀遼，南暨嶺表，遠迄海外華夏之裔，相將與
會者兩千餘人……念昔雅典各邦，厥有亞林庇亞之會，我族盛時，亦有鬼苗
狩獵之制……後代文化衰微，體力日以梏亡，形干日以贏削……近世體育，
觀念日新，方法日進，節文繁密，動必中程，則法律生活之所由養成也……
總理孫先生有言，近代戰爭，恆以弱國爲問題，故和平民族，自衛尤亟蓋使
祥麟文佳，具有爪牙，則鷹鸇虎豹，何由得逞……是尤宜以發展國民體育，
爲建國宏業之根本。所願自今以往，歲有斯會，易地舉行，風聲所樹，由都
邑以至於鄉郬，由癢校而普及於社會，務使戶戶家家，成以體育爲常課，鍛

鍊堅實之體質，養成強健之精神。疾厄不侵，乃爲眞自由，強梁無畏，乃爲
眞平等。強父必無弱男，優生所以淑種，則民族健強，而國家之基礎鞏固矣……
是知國家之治亂，繫乎社會之隆替，社會之隆替，繫於人心之振靡，而體育
之發展，實爲振作人心高尙民志之要道。本會受命中央，萃茲多士，各展特
長，共垂良範，深信我國體育前途，必有一日千里之進展……」〔註2〕戴季陶
還以古往今來的歷史事實舉例，表達出對中國體育事業發展的期望，以及對
國家和民族強盛的期望。

蔣介石和朱家驊在開幕式上的演講則更爲旗幟鮮明的表達出發展體育事
業、反對帝國主義壓迫的時代訴求。蔣介石的演講尤具代表性：「這一次全國
運動大會，就是我們中華民族對於帝國主義示威的表示，是一種獨立精神的
表示……是對於帝國主義軍閥反動勢力表示示威……來洗刷從前一切的國
恥。」朱家驊也談到，目前的革命對象是帝國主義，因此「要打倒帝國主義，
還應當鍛鍊國民的體格」，必須努力發展體育事業，擺脫「東亞病夫」的帽子，
以更好的建設國家，「爲建設而努力體育」〔註3〕。

邵元沖也在代表國民黨黨部的訓辭中表達出通過舉辦全運會、發展體育
事業以「恢復固有的能力、民族的精神，將中華民族體格強健起來」〔註4〕，
實現民族復興的願望。

二、舉辦情況

1930 年 4 月 1 日上午，春光明媚。民國第三屆全國運動會經過南京國民
政府將近半年的精心籌備，終於在浙江杭州拉開序幕。來自全國各地的 23 支
代表隊，兩千多名運動員齊集杭州梅東高橋大營體育會場。其中的四百多名
女運動員，乃此屆大會之亮點。來自全國各地的參觀團體、遊客雲集杭州，
會場附近早已人山人海，街道上也張燈結綵，熱鬧非常，觀眾席上座無虛席。
現將本屆全運會參賽隊伍及參賽項目列錄如下〔註5〕：

〔註2〕《鍛鍊堅實之體質，養成強健之精神》，《申報》1930 年 4 月 2 日。
〔註3〕《國府蔣主席訓詞》，《申報》1930 年 4 月 2 日；《大會之意義》，《申報》1930
年 4 月 1 日。
〔註4〕《中央黨部邵元沖訓辭》，《申報》1930 年 4 月 2 日。
〔註5〕資料來源於 1930 年 4 月的《申報》和《中央日報》，作者自行整理而成。

參賽隊伍總覽

參賽團體：

湖北、廣東、香港、青島、安徽、江西、山西、遼寧、福建、湖南、東特（東北特區）、北平、天津、南京、河南、江蘇、上海、山東、四川、浙江、神戶（海外團體）、綏遠、河北。

男子部：

湖北：田徑及全能、籃球、排球、網球、足球、棒球

廣東：田徑及全能、籃球、排球、網球、足球、游泳

香港：田徑及全能、籃球、排球、網球、棒球、游泳

青島：田徑及全能

安徽：田徑及全能、籃球、網球、足球

江西：田徑及全能、籃球、排球、網球、足球、棒球、游泳

山西：田徑及全能、籃球

遼寧：田徑及全能、籃球、排球、網球、足球、游泳

福建：田徑及全能、籃球、排球

湖南：田徑及全能、籃球、排球、網球、足球、游泳

東特：田徑及全能

北平：田徑及全能、籃球、排球、網球、棒球

天津：田徑及全能、籃球、排球、網球、足球、棒球

南京：田徑及全能、籃球、排球、網球、足球

河南：田徑及全能、籃球、排球、網球、足球

江蘇：田徑及全能、籃球、排球、網球

上海：田徑及全能、籃球、排球、網球、足球、棒球、游泳

山東：田徑及全能、籃球

四川：田徑及全能

浙江：田徑及全能、籃球、排球、網球、足球、游泳

神戶：籃球

綏遠：籃球

河北：籃球

男子 92 隊：田徑及全能 20 隊，籃球 20 隊，排球 14 隊，網球 14 隊，游泳 7 隊，足球 11 隊，棒球 6 隊。

女子部：

湖北：田徑、籃球、網球、排球

廣東：田徑、籃球、網球、排球

青島：田徑

安徽：田徑、籃球、排球

江西：田徑、籃球、網球、排球

遼寧：田徑、網球、排球

湖南：田徑、籃球、網球、排球

東特：田徑

北平：田徑、籃球、網球、排球兩隊

天津：田徑、籃球、網球、排球

南京：田徑、籃球、網球

河南：田徑、籃球

江蘇：田徑、籃球、網球、排球

上海：田徑、籃球、網球、排球兩隊

山東：田徑

浙江：田徑、籃球、網球、排球

四川：田徑

福建：田徑、籃球、排球

女子 57 隊：田徑 18 隊，籃球 14 隊，網球 11 隊，排球 14 隊。

上午 9 點整，隨著炮聲和奏樂響起，民國第四屆全國運動大會正式開幕。大會全體工作人員和全體運動員按秩序繞場遊行，之後各自就席，並脫帽肅立。蔣介石以國民政府主席身份升旗，全體唱國民黨黨歌，之後分別向國旗、黨旗、孫中山先生遺像行三鞠躬禮。蔣介石讀孫中山先生遺囑，全體靜默三分鐘。

會長戴季陶致開幕辭，史維煥代表浙江省政府主席張靜江致歡迎辭，杭州市小學生齊唱歡迎歌。之後，蔣介石、邵元沖、吳稚暉、王正廷、褚民誼等要人分別致辭演說，言語中均表達了對國家體育事業的關心和期望，並勉勵國人努力鍛鍊，「使得體育普及，人民的體格由弱而強。」

在蔣介石訓話後，全體運動員還進行了宣誓儀式：「各單位執本單位旗幟，率領各隊隊長，向前進至跑道上，正對司令臺前，朗聲讀誓詞，全體運

動員循聲朗讀，斯時總隊長將隊旗半斜舉行敬禮，其誓詞云：謹以業餘資格，遵照總理提倡體育之遺訓，及本會一切規程，參加競賽，以達強國強民之宗旨，此誓。」〔註6〕

要人演說完畢，全體人員呼大會口號並攝影留念，開幕式最後由杭州市的 1600 多名小學生表演盛大的歡迎操。

本屆全運會採用了全新的參賽制，首次「以省、特別市及海外華僑團體為單位」，改變了之前將全國劃分為華北、華南、華東等幾個大區的籠統劃分方法。參賽團體包括 16 個省、6 個特別市、1 個海外華僑團體的代表隊，共計 23 支代表隊。參賽選手除了學生外，還有來自農工商各界的社會人士以及東南亞的華人華僑，這就打破了之前由學生運動員壟斷全運會的局面，讓更多的運動選手能夠參加到大會中來，使得本屆全運會規模空前宏大。同時，本屆全運會首次正式設立女子競賽項目，將女子錦標也納入代表隊的錦標成績，體現了當時中國體育水平已有一定程度的發展，「體育已普及於女子」。

此次全運會的比賽項目較之前三屆更為繁多。球類項目設有足球、籃球、排球、網球、棒球 5 項（女子項目設有籃球、網球、排球 3 項）；另設有田徑及全能比賽，游泳比賽。男子田徑及全能比賽共設有 19 個比賽項目（女子田徑設有 7 個項目），游泳賽設有 8 個項目。大會還設有男子國術、女子舞蹈等表演項目，為大會助興。

比賽從 1930 年 4 月 1 日下午 1 點正式開始，由於 4 月 8 日杭州陰雨連綿，故大會延遲一天，將原定 10 日閉幕的全運會改為 11 日閉幕。此屆全運會戰績斐然，共有 8 項新全國紀錄，1 項平全國紀錄，湧現出許多優秀的運動選手。

號稱「東北怪傑」的遼寧短跑選手劉長春，在帶傷的情況下竟然打破了男子 400 米全國紀錄。在 1600 米接力賽中，劉長春更是憑藉一己之力，在最後一圈落後上海隊選手 5 米的情形下奮起直追，「持棒猛進，疾如奔馬」，挽狂瀾於即倒，領先上海隊 7～8 米撞線，完成了華麗的逆轉，並打破了 1600 米接力賽的全國紀錄，觀眾席上「一片鼓掌聲震動耳鼓」。之後劉長春在 1932 年參加了於美國舉辦的洛杉磯奧運會，成為中國參加奧運會的第一人。

哈爾濱短跑女選手孫桂雲，年僅 17 歲，在女子 50 米、100 米田徑項目中接連打破全國紀錄，成為當時新聞關注的焦點人物。之後以孫桂雲領銜的女子田徑隊代表中國參加了在日本舉行的第九屆遠東運動會。

〔註 6〕《宣誓儀式》，《申報》1930 年 4 月 1 日。

　　遼寧選手蕭鼎華在 110 米欄預賽中跑出了 17 秒的成績，是本屆全運會 110米欄項目的最好成績。在決賽中，福建選手林紹洲以 17 秒 6 奪得冠軍。值得一提的是，蕭鼎華在十項全能的 110 米欄項目中以 17 秒 3 的成績奪得此項第一。與今天劉翔 12 秒 88 的前世界紀錄相比，這些成績雖然相差甚遠，卻代表著民國時期中國人在體育方面的不懈努力，也從側面反映出新中國體育事業的迅猛發展。

　　上海選手潘南順以強勁實力奪得 12 磅鉛球和擲標槍的兩項投擲錦標；遼寧選手史興隆則以驚人的耐力將 440 碼自由泳、1 英里自由泳的錦標收入囊中；湖北女選手馮發蘭以 1.22 米的成績打破了女子跳高全國紀錄，也成為本屆全運會上唯一一個以非體育強省的身份打破全國紀錄的選手。香港、北平、天津、廣東、東特等隊選手也是毫不示弱，在其他各個項目上均有優異表現。

　　擁有眾多優秀田徑選手的遼寧隊，在田徑項目上自然表現出極為強勁的實力。在劉長春的帶領下，遼寧隊輕鬆獲得男子 100 米、200 米、400 米等項目的錦標。男子田徑及全能項目共有 19 項，遼寧隊一家就獲得其中 7 項冠軍，展現出在男子田徑領域傲視群雄的霸主地位。

　　游泳賽則成了香港代表隊的表演領域，總共 8 項游泳項目，香港隊就奪得 4 項錦標，剩下的由體育強省遼寧和廣東瓜分。

　　廣東代表隊在本屆全運會的團體項目上表現尤為出色。球類項目共設有 8個錦標，廣東沒有棒球隊，在參加的 7 個球類項目中，廣東隊在男排、女排、女網項目上即奪得 3 項錦標；而除了男籃之外，廣東隊在其他球類項目上也都打進了半決賽，表現出強勁的團隊實力。

　　上海代表隊則成為本屆全運會表現最為全面的代表隊：曹裕、郝春德以總分第一分別奪得十項全能、五項全能的錦標，表現出上海代表隊確實是一支「全能」的隊伍；在足球項目中，實力強勁的上海隊一路高歌闖進決賽，並且以驚人的 10：1 的大比分戰勝了南京隊奪得足球錦標；而在男籃、女籃、女排、女網項目中，上海隊均獲得了亞軍，表現出雄厚的整體實力。

　　最終，男子錦標上海、廣東、香港三隊並列第一，遼寧和天津兩隊並列第四；女子錦標廣東隊第一，北平、天津、東特並列第二。

　　大會於 4 月 11 日閉幕，適逢大雨，閉幕式改在飯廳舉行。會長戴季陶致閉幕詞，對此屆全運會圓滿完成表示慶祝，希望「從今以後，每年都有一次全國運動大會」，以促進全國體育事業的發展，並藉此達到「民族精神提高，

使各種事業、整個民族得到幫助」〔註7〕的目的。之後由大會籌備處相關負責人報告各隊獲獎情況、獎品支配情形，運動員男女代表各作演說，進行頒獎儀式，最後全體人員高呼大會口號並攝影留念，大會正式閉幕。現將本屆全運會各項比賽成績列錄如下〔註8〕：

田徑各項目最好成績總覽

田徑賽（男子）：

100 米：劉長春〔註9〕（遼寧）　　最好成績：11 秒 4（復賽）〔註10〕

200 米：劉長春（遼寧）　　最好成績：22 秒 8（預賽、決賽）

400 米：劉長春（遼寧）　　最好成績：52 秒 6（決賽）　　新全國紀錄

800 米：鄧志明（上海）　　最好成績：2 分 9 秒（決賽）　　平全國紀錄

1500 米：姜雲龍（遼寧）　　最好成績：4 分 26 秒 8（決賽）

10000 米：趙德新（遼寧）　　最好成績：35 分 36 秒 2〔註11〕　　新全國紀錄

110 米高欄：蕭鼎華（遼寧）　　最好成績：17 秒〔註12〕（預賽）

200 米低欄：梁景平（廣東）　　最好成績：26 秒 8（決賽）

跳高：李仲三（天津）　　最好成績：1.73 米

撐杆跳高：曹裕（上海）　　最好成績：3.38 米（十項全能運動項目）〔註13〕

跳遠：郝春德（上海）　　最好成績：6.13 米（五項全能運動項目）〔註14〕

三級跳遠：司徒光（廣東）　　最好成績：13.39 米　　新全國紀錄

12 磅鉛球：潘南順（上海）　　最好成績：13.34 米〔註15〕

擲標槍：潘南順（上海）　　最好成績：44.52 米

擲鐵餅：趙文藻（北平）　　最好成績：31.87 米

〔註7〕　《戴會長致詞》，《申報》1930 年 4 月 12 日。

〔註8〕　資料來源於 1930 年 4 月的《申報》；王振亞：《舊中國體育見聞》1987 年 10 月，第 149～152 頁。

〔註9〕　最好成績創造者一般為此項目冠軍，特例會另行標識，下同。

〔註10〕　括號中表示創造此項成績的比賽類型，下同。

〔註11〕　沒有標識比賽類型的表示此成績在決賽中創造，而此項目僅有決賽，下同。

〔註12〕　110 米高欄（田徑項目）冠軍為林紹洲（福建），成績為 17 秒 6；蕭鼎華在十項全能 110 米高欄項目中以 17.3 秒的成績獲得此項第一。

〔註13〕　撐杆跳高（田徑項目）冠軍為符保盧（東特），成績為 3.28 米。

〔註14〕　跳遠（田徑項目）冠軍仍為郝春德獲得，成績為 6.01 米。

〔註15〕　十項全能項目為 16 磅鉛球，逯明（上海）獲得此項第一，成績為 10.4 米。

全能運動：

800 米接力：天津隊（周恩德、范士奎、王玉祥、周兆元）　最好成績：1 分 48 秒 4

1600 米接力：遼寧隊（蔡芳團、龐世榮、郎大奎、劉長春）　最好成績：3 分 42 秒 8　新全國紀錄

十項全能運動項目：100 米、400 米、1500 米、110 米高欄、跳遠、跳高、撐杆跳高、16 磅鉛球、擲鐵餅、擲標槍

曹裕（上海）以總分第一獲得十項全能冠軍；

五項全能運動項目：200 米、1500 米、跳遠、擲鐵餅、擲標槍

郝春德（上海）以總分第一獲得五項全能冠軍。

田徑賽（女子）：

50 米：孫桂雲（東特）　最好成績：7 秒 2（預賽、復賽）〔註 16〕　新全國紀錄

100 米：孫桂雲（東特）　最好成績：13 秒 8（預賽、決賽）　新全國紀錄

200 米接力：廣東隊（司徒薇、黃淑瑋、鄭麗華、劉有慶）　最好成績：30 秒 6（預賽）　新全國紀錄〔註 17〕

8 磅鉛球：何振坤（遼寧）　最好成績：7.845 米

擲棒球：陳佩桃（廣東）　最好成績：38.46 米

跳高：馮發蘭（湖北）　最好成績：1.22 米　新全國紀錄

跳遠：吳梅仙（東特）　最好成績：4 米

游泳賽：

50 碼自由泳：陳振興（香港）　最好成績：26 秒 8（決賽）

100 碼自由泳：陳振興（香港）　最好成績：1 分 4 秒 6（決賽）

440 碼自由泳：史興隆（遼寧）　最好成績：6 分 37 秒（決賽）

1 英里自由泳：史興隆（遼寧）　最好成績：30 分 47 秒 8

100 碼仰泳：楊元華（廣東）　最好成績：1 分 20 秒 2（決賽）

220 碼蛙泳：楊亨華（香港）　最好成績：3 分 31 秒 2（預賽）〔註 18〕

〔註 16〕　決賽中孫桂雲以 7 秒 4 的成績獲得冠軍，依然打破了之前的全國紀錄。

〔註 17〕　決賽中裁判無法判斷廣東隊與東特隊誰為第一，討論重賽時兩隊發生糾紛，大會遂裁定兩隊並列第一。

〔註 18〕　決賽冠軍為龍樂軾（廣東），成績為 3 分 33 秒 4。

160 碼接力游：香港隊（郭鳳宸、黃烈光、陳其松、陳振興）　最好成績：1 分 34 秒 4

入水比賽：郭鳳宸（香港）　最好成績：76 分半

球類對戰序列及戰績總覽

足球：

初賽：上海 9：1 湖北　廣東勝河南（河南棄權）　江西勝北平（北平棄權）　遼寧 2：1 浙江　安徽 0：9 天津　南京 9：2 湖南

復賽：廣東 12：0 江西　遼寧 3：1 天津

半決賽：上海 5：0 廣東　遼寧 2：3 南京

決賽：上海 10：1 南京

棒球：

初賽：天津勝湖北（湖北棄權）　上海 11：0 湖南　北平江西均缺席 香港直接晉級決賽

復賽：天津 4：1 上海

決賽：香港 4：2 天津

男籃：

初賽：香港 43：20 南京　湖北 46：：91 神戶　遼寧 89：16 福建　上海 56：16 河北　山東勝河南（河南棄權）　安徽勝山西（山西棄權） 綏遠 26：62 浙江　北平 2：0 湖南（湖南遲到判負）　廣東 27：40 江蘇　天津 154：4 江西

復賽：上海 2：0 山東（山東棄權）　安徽 15：36 浙江

四分之一決賽：香港 57：43 神戶　遼寧 44：53 上海　浙江 24：75 北平 江蘇 13：34 天津

半決賽：香港 43：47 上海　北平 33：46 天津

決賽：上海 23：38 天津

女籃：

初賽：北平 2：0 河南（河南未到判負）　江西 8：47 南京　湖北 10：42 廣東　湖南勝遼寧（遼寧棄權）　江蘇 37：7 安徽　上海勝福建（福建未到）　北平乙 10：19 天津

復賽：浙江 4：56 北平　南京 18：38 廣東　湖南 14：26 江蘇　上海 21：6 天津

半決賽：北平 19：18 廣東　江蘇 12：46 上海

決賽：北平 24：24 上海（北平奪冠）〔註 19〕

男排：

初賽：北平勝河南（河南未到）　湖南 0：2 上海　遼寧 0：2 香港
　　　湖北 0：2 江蘇　廣東勝江西（江西棄權）　浙江 2：0 天津

復賽：南京 2：0 北平　上海 0：2 香港　江蘇 0：2 廣東　浙江 0：2 福建

半決賽：南京 0：2 香港　廣東 2：0 福建

決賽：香港 1：2 廣東

女排：

初賽：上海甲 2：0 北平乙　湖南 0：2 天津　江西 0：2 浙江　北平甲 2：
　　　0 安徽　遼寧勝福建（福建未到）　上海乙 2：0 江蘇

復賽：湖北 0：2 上海甲　天津 2：0 浙江　北平甲 2：0 遼寧　上海乙 0：
　　　2 廣東

半決賽：上海甲 2：0 天津　北平甲 0：2 廣東

決賽：上海甲 0：2 廣東

男網：

初賽：香港 5：0 河南　湖北 0：5 天津　湖南 0：5 南京　安徽 0：5 上海
　　　浙江 5：0 遼寧　廣東 5：0 江西

復賽：江蘇 0：5 香港　天津 0：5 南京　上海 4：1 浙江　廣東 5：0 北平

半決賽：香港 5：0 南京　上海 1：4 廣東

決賽：香港 0：3 廣東

女網：

初賽：上海 3：0 江西　湖南 0：5 北平　南京 2：3 浙江　湖北 0：5 廣東
　　　江蘇 0：5 天津

復賽：遼寧 0：3 北平　浙江 0：5 廣東

半決賽：上海 3：0 北平　廣東 0：3 天津

決賽：上海 2：3 天津

〔註 19〕　決賽中北平隊擲中 10 球罰進 4 球得 24 分，上海隊擲中 9 球罰進 6 球得 24 分，
　　　　　大會最終裁定北平隊以自由得分多而獲勝。

　　本屆全運會首次得到中央政府的大力資助，參會人員眾多，規模空前，影響巨大。因此當時的新聞媒體對此次大會也是極為重視，會場內外各種情況也都逃不過當時報刊記者們的眼睛。

　　首先大會的伙食在當時來看就可謂排場巨大：「大會每日所需伙食，茲調查如下：米十三擔，饅首二萬六千餘個，柴五十擔，醬油二百斤，豆油一擔，鹽五十斤，筍四百斤，肉二百餘斤。如此一篇大帳，至堪驚訝。大廚房中每天需備五六百桌，其烹調之火頭軍等，現悉共計有一百四十四人，製饅頭師計凡十二人。」〔註20〕

　　即便如此，由於人員眾多，大會食堂「每餐須開三百餘桌」，飯菜數量多，質量急劇下降，某天甚至出現有 3 名天津運動員「腹瀉終日」的情況。因此會場附近的飯店、商店生意都極為興隆，甚至一些住戶也臨時幹起了投機生意，「包飯做菜」、「比比皆是」。會場周圍的旅館生意爆棚：「大會方面雖闢有宿舍，以供健兒住宿，顧以屋少人多，飲食不佳，大都遷地為良，移住旅館。故日來西子湖頭之大小旅館，莫不生涯鼎盛，利市十倍。」旅館老闆們紛紛「向一般外鄉人，大敲其竹槓」。會場外竹槓滿地，會場內更是坐地起價：「會場及宿舍中，有消費合作社九處，專售香煙、點心、水果等物，但其價甚昂……水果點心均比平時漲起四成以上。」〔註21〕

　　為保證大會期間市民遊客來往會場的方便，杜絕交通方面的敲竹槓行為，杭州市公務局「乃訂定價目，以資畫一」，杭州市公路局更是「特放專車，以載乘客」，而費用都十分經濟實惠，因而「每次往返，乘客滿座」。大會觀眾熱情洋溢，尤其是各項目的決賽日，「場內擠的水泄不通，歡聲鼎沸」，而大會籌備人員對「大會秩序連日加以整頓」，「各場秩序得以井然」。

　　會場內，運動員你追我趕；會場外，國貨與外貨也是你爭我奪、競爭激烈。大會期間，人流眾多，正是宣傳推銷的好時機：「桂格麥片公司送各選手及指導員裁判員等以優待券，可到杭州青年會西餐部嘗試桂格麥片一客，不取分文。其券上說明，據謂有養生保健之功效云」；而國貨宣傳更是不遺餘力，上海和杭州的國貨工廠聯合會，「在杭州青年會舉行臨時商場，大吹大擂」。鑑於洋貨的優惠推銷手段，聯合會亦針鋒相對：「對於各省選手，亦

〔註20〕　《好大排場》，《申報》1930 年 4 月 7 日。
〔註21〕　《利市十倍》，《申報》1930 年 4 月 10 日；《高抬物價》，《申報》1930 年 4 月 5 日。

訂有優待辦法：凡於今明兩日佩有選手符號者，至該均簽名後，可抽籤一枝，每枝均有國貨贈品。最多者有國貨呢絨及布匹，最少者亦有國貨之糖果及牙粉」〔註22〕。

第三節　民國第四屆全運會的舉辦

民國第四屆全國運動會原定計劃於 1931 年 10 月 10 日在當時的國民政府首都南京舉行。不料當年日本關東軍陰謀發動「九一八」事變，打亂了國民政府的原計劃。於是南京國民政府不得不將大會日期推延至 1932 年 5 月舉行。誰曾想到日本帝國主義野心勃勃，不斷挑起事端，1932 年春季國民政府全力應對淞滬戰役，自然無暇顧及全運會的舉辦，於是全國運動會只得再行延期一年，直至 1933 年 10 月 10 日方才決定在南京舉行。

民國第四屆全運會的舉辦，可謂一波三折，好事多磨。然而恰逢多事之秋，日本帝國主義的野心昭然若揭，侵略動作一步步的加大，不斷向中國人民進行挑釁。「九一八」事變，「一二八」事變接踵而來，正所謂「長此以往，國將不國」！國人普遍嗅到了空氣中彌漫的緊張而又濃烈的火藥味，而民國第四屆全國運動會，正是在這樣一種被日本帝國主義步步緊逼的狀態下舉行的。

一、大會籌備

本屆全運會的籌備早在 1930 年民國第三屆全運會結束後已有計劃，按照當時每年均有一次全國運動大會的設計初衷，民國第四屆全國運動會應於 1931 年 10 月 10 日開幕舉行，為此南京國民政府還特別撥鉅款修築大型體育運動場：「在民國十九年杭州全國運動會之後，政府委派林森等為民國二十年全國運動會籌備委員，當即成立籌備處，著手進行，並撥鉅款建築規模宏大之運動場於首都靈谷寺，原定在同年十月十日舉行，詎料受十七省水災及瀋陽事變之雙方摧殘，至順年改期至翌年五月，旋又因滬戰，復不克舉行，屆至本年雙十節，大會乃得圓滿開幕，參加者達三十三單位，各省市遴派運動員逾二千餘人，開空前之盛況，並為中國體育史中劃一新紀元」〔註23〕。孰料此多事之秋，內有水災，百姓民不聊生，外有日寇，帝國主義步步緊逼。

〔註22〕　《推廣外貨》、《提倡國貨》，《申報》1930 年 4 月 11 日。
〔註23〕　《本屆大會》，《申報》1933 年 10 月 11 日。

內憂外患之下，民國第四屆全運會的舉辦日程便一再延後，至 1933 年 10 月
10 日方才舉辦。南京國民政府能在如此艱難困苦的環境下仍然堅持舉辦全國
運動會，實在是一件很不容易的事情。

　　本屆大會的前期籌備工作中，最引人注目的便要屬南京大型中央體育場
的建設工程了。該工程頗受南京國民政府的重視，耗資巨大。當時以蔣介石
為首的一批所謂國府要人還親自參加了該中央體育場的奠基典禮，場面盛大
隆重，足見南京國民政府對此工程的重視以及舉辦全運會的決心之大。根據
相關資料的記載，現將有關該體育場建築情形列錄如下：

　　「會場建築之經過：民十九年，自杭垣全運會開幕後，當時國府蔣主席，
深感體育有提倡之必要，興建一大規模之中央體育場，尤為不容或緩之圖，
同年四月國府特令組織全運會大會籌備委員會。委員有：宋子文，王正廷，
林森，何應欽，蔣夢麟，吳鐵城，魏道明，朱培德，劉瑞恆，馬超俊，幹事：
夏光宇，張信孚，陳小田。當經會議指定，首都離中山門外約二里處為會場
地基，南臨鍾湯路，東為野球場，西為陵園新村，北為靈谷寺，即最近改建
北伐陣亡將士公墓處。總共佔地一千餘畝。地點既定，由籌委會即派員測量，
招工整理土方，並延基泰工程司設計繪圖，因該工程司為名建築師關頌聲君
所創辦，且關君亦為體育專家，數年前復曾再度赴美考察，故於體育場之建
築，尤有心得。翌年春，始將全部工程招標，結果由利源公司承建，土方工
程，則由新記公司承辦，全部建築工程及設備等費用，共計約一百四十萬元。
土方工作五萬六千四百餘元。該場於民二十年一月十二日動工，五月十日舉
行奠基典禮，同年八月底完工。當由籌委會管理。至本年度一月三十日，因
該場在陵園區內，故移交陵園管理委員會管理，至八月起始由教育部接收之。

　　奠基典禮之盛況：中央體育場自動工興建後，於二十年五月十日上午十
時由國府蔣主席偕同中央各委員各院部會長，及國民會議代表約三四百人，
舉行奠基禮。籌委會主席王正廷氏。蔣主席訓詞，有「欲恢復民族地位與精
神，須先養成健全之體格，故體育一端，比較德智育尤為重要」等語。奠基
處在田徑賽場司令臺左方，距地約五六尺，基石一塊，約重八十磅，先由起
重機弔起，基面鑲金色字，「中華民國二十年五月十日中央體育場奠基紀念」。
有鐵匣一，內置大會籌備經過報告，業餘運動規則，男子籃球規則，女子籃
球規則，男子排球規則，國術規則，田賽徑賽全能運動規則，全場圖樣四十
張，基本工程師做法一本，上海本報及新聞報，時報，首都中央日報，新京

日報，民生報各一份。行禮時由蔣主席執銀製砌刀，刀之正面刻「首都中央體育場奠基紀念，民國二十年五月十日」，背面刻設計者基泰工程司，承造者利源建築公司，及籌委會全體名單等字樣。敷以泥灰，用手抽動鏈鎖，基石徐徐落下，其禮即成。

會場建築之大略：……田徑賽場位於全場之東南，南北長列，作橢圓形，東西兩邊築門樓各一座，西門樓上，外部為房屋，設置播音機及水箱等之用，內為司令臺，樓下為辦公室，東門樓下亦係公事房，樓上為特別看臺，與司令臺東西相望，臺畔設有男女談話室，及男女盥洗室，意於公共場中，略留私人休憩之處，四周看臺，可容觀眾三萬人，看臺北部，係依山坡築成，利用天然地勢，可以節費省時，看臺係鋼骨水泥架成，其下有宿舍七十五間，每間設有床位，可容宿三千六百餘人，臺座設計，合乎科學標準，每位皆能縱覽全場，無遮阻視線之弊，且於洋灰階上，鋪以木板，故雖盛夏，亦不其熱，各球場之下，均裝有去水管，故雖天雨，場上不致積水，此種設備，聞在美國尋常運動場，亦不多見，其於我國，更屬創見。場南北二端，有高可數丈之旗杆各一，為懸掛國旗之用，風中舒舒飄揚，極壯觀瞻。

國術場在田徑場之西，作八角形，正門在一邊，其餘七邊上為看臺，可容五千四百餘人。出入口凡八處，門前各置售票亭，場上滿鋪黃土。

籃球場正對國術場，建築與國術場類似，亦作八角形，看臺可容五千人，場址中央，用光滑地板鋪成。

游泳池在田徑賽場之西北，利用紫金山之自流井水，用鐵管引水入池，並備有暖氣設備，池之四周及底面，均用白瓷磚砌成，池長五十米，寬二十米，足供九人同時比賽之用，入口處之辦公處，其建築式樣，作宮殿式，運動員更衣室浴室亦在內，池四壁滿綴電炬，池波微動，浮光躍金，呈奇觀焉，游泳池之對面為棒球場，該場依山坡形勢築成，看臺可容三千人。

跑馬場在籃球場之西，寬可與田徑賽場相等，惟長度則倍之，中無建築物，四周僅跑道而已，長凡一又四分之一里，中部南部劃設雨……

足球場布置適合，形勢亦佳，會場大門作高聳式，極為雄壯，新聞記者席，次設於徑賽終點，與司令臺相近，司令臺新聞記者席及運動員休息室，均有播音機之設備，聽聞稱備，全場設計之周詳，建築師固煞費苦心者也！」

〔註24〕

〔註24〕　《首都中央體育場之建築概況》，《申報》1933年10月10日。

　　由上觀之，在當時那個戰事頻仍的年月，蔣介石爲首的南京國民政府依然堅持舉辦全運會，並不惜耗費鉅資修建在當時來說規模極其龐大的中央體育場，一方面是出於對內穩固其政治統治、樹立以蔣介石爲首的南京國民政府威信的需要，另一方面也是出於增強民族凝聚力、促進團結精神以抵禦日益嚴重的外患的需要。從對蔣介石個人分析的角度來看，雖然蔣介石對內鎮壓民主運動、捕殺共產黨人以鞏固其獨裁統治的種種行爲令人不齒，但在中華民族對外抵禦日本帝國主義的侵略方面，蔣介石還是能夠堅持原則的。「九一八」事變後東北全境淪陷、中華民族岌岌可危在當時已是不爭的事實。因此在這樣一種國際大背景下，以蔣介石爲首的南京國民政府堅持舉辦一場全國性質的大型運動會，客觀上對振奮全國抵禦日寇的士氣、增強中華民族凝聚力和向心力必然有一定的積極促進作用，這是我們對此必須予以肯定的一點。

　　從該體育場的建築方面來看，民國第四屆全運會的籌備委員會已然是煞費苦心，追求精益求精，許多設計設備，「聞在美國尋常運動場，亦不多見，其於我國，更屬創見」。即使如此，當時的輿論對體育場建築仍然有不少非議，從體育專業角度對會場建築提出了批評。我們從吳蘊瑞對體育場建築的批評中可見一斑：

　　「不料政府與閻馮之戰，國家元氣大傷，因之以九一八之變，政府辦建於中山陵之旁之計劃，無法實現，於是一偉大之體育場不得不孤立於中山陵之前，此係時局爲之，非政府當局所能負責，亦實非建築者所能負責，今木已成舟，離城太遠，來往不便之弊，亦不必多責矣……一、看臺所佔之地平面太大……二、跑到不論面段或曲段均太寬……三、全場中所有跳道與跑道均比兩旁之地爲低是建築上之大錯誤……四、場內田徑項目所布置之地位不合法……五、砂坑太深而太短三級跳遠之跳道太短砂坑內之砂面與跳板不平……」〔註25〕

　　除了建築大型中央體育場之外，南京國民政府對組織舉辦全運會的各項準備工作亦是極爲重視、精心籌劃。僅本屆全運會的各種名譽會長、正會長、副會長就多達二三十人，並且這些人幾乎全都是任職於國民政府的要人：

　　「全運會會長王世杰、名譽會長林森、名譽副會長汪兆銘、蔣中正業已經聘定外，三十日大會增聘大批副會長及名譽副會長如下：副會長褚民誼、石瑛、羅家倫、張道藩、郭春濤、曾仲鳴、甘乃光、徐謨、鄒林、鄭天錫、

〔註25〕《對於中央體育場建築方面之批評》，《申報》1933 年 10 月 12 日。

李世甲、段錫朋、錢昌照。名譽副會長戴傳賢、宋子文、鈕永建、孫科、邵
元沖、于右任、丁惟汾、居正、覃振〔註26〕。

　　為舉辦好本屆全運會，大會籌備委員會下設各組、部，前後召開常務籌
備會議多達數十次，有條不紊的進行各項大會籌備工作。大會招待組成為全
運會舉辦前夕工作最為忙碌的一個組，其下各部工作關乎運動選手來南京後
的衣食住行、起居遊覽，之前歷屆民國全運會，尤其是第三屆全運會在這方
面積累了一定經驗，總結出不少問題，這次大會自然倍加重視：

　　「招待部方面：（一）迎送大會裁判員及選手，與代運行李，業與中國旅
行社詳細商訂合作辦法（該項辦法已由常會正式通過）；（二）本組為使選手
及裁判員來京時，對於招待辦法，易於明瞭起見，特製印小卡片二千餘張，
將招待手續重要各點，一一詳予注明，託由路局或輪船公司，於先一站或碼
頭分發，使各瞭解，不致臨時紊亂；……（九）本組為便於答問起見，已將
大會裁判員及選手名單，依姓氏筆劃多少，分別先後編錄成冊，俾易檢查……

　　住宿部方面：（一）本部分裁判員宿舍及運動員宿舍二部；（二）裁判員
宿舍分配如下：A 田徑裁判員宿舍（全體住中央飯店）B 國術裁判員宿舍（分
住新村合作社及遺族學校）；（三）田徑裁判員宿舍已向中央飯店包定房間五
十間，每間加床位二張，連同原有床位計，每間床位三張，共計床位一五○
張，該項房間自七日海先交二十間，八日交二十間，七日交十間；（四）國術
言判員已借得新村合作社及遺族學校二處，新村合併社可住三十人，遺族學
校亦可住二十人，左右共計床位五十張；（五）運動員男女宿舍均嘍大會場內，
計有房間大小共七十二間，共計可寵一千八百九十四人，其分配如下：A 男子
部計五十四閱，除暫撥元字、二、三、五、兮五間床位一百二十張，為職員
及工友宿舍外，共計床位一千三百三十八張；B 女子部計十八間，共計床位四
百三十六張。

　　膳食部方面：（一）與承包人商訂扯包呷同（合同已經常會正式通過）；（二）
衎定同時寫開二千五百人以上之飯；（三）菜肴共分五種證平、蘇、川、粵、
清眞；（四）價目規定如下（每桌八人）總早餐二種一元、一元四角，夠晚餔
四種四盆六大件一湯，五元，二葷二素一湯飯在內，二元四角，四葷二素一
湯飯在內總三元，大葷庐素一湯飯在傅，四元；（五）選手飯食由各省市團體
自理，並請先至總問事處向本組膳食部辦事員接洽；（六）飯費一律兌付後吃。

〔註26〕《大會增聘會長》，《申報》1933 年 10 月 1 日～4 日。

遊藝部方面：茲訂定晚上游藝節盤及日程十日歡迎會……」〔註27〕

在全運會舉辦前夕，大會籌備委員會召開最後一次常務會議，峴大會舉辦各項準備事宜最後討論決定結果進行通報：

「全運會籌委會□庥二日晚七時至十時許，教部開第十八次常務會議，出席常委諸民誼、張之江（姜容樵代）、黃驚明、張炯（彭百川代）、雷震及列席者吳蘊瑞、許禹生、郭蓮峰、馬湘、黃仁霖、王仲猷、侯家源（何乃民代）、吳圖南、張信孚、徐炎之、劉瑞恆（朱章膚代）、彭百川等，由諸民誼主席。

報告事件：（一）東北體育協會選派遼吉黑熱哈五省，優秀組織成五隊，約一百人，參加全運大會，惟此五單位，省亡家破，此次往返約二十日，需款約一萬餘元，僅募得四分之一，尚差八千餘元，現正電請汪院長蔣委員長宋部長吳市長等資助，俾得成行，業經行政院批交教育部核辦；（二）陝西省府、山東省府、河南省府、威海衛管理公署、上海市教局，均函本會指派代表參加大會開幕典禮；（三）陳智侯函辭國術比賽裁判員；（四）……；（五）教部函據東北體育協進會董事長張學良等早報該會組織經過等情，業經本部核准備案，嗣後該會得代表東北各單位，辦理參加國內各种競賽等事項；（六）……（七）本會向廣東兄弟球鞋公司訂購黑色運鞋一千五百雙，每雙大洋五角，另五百雙由該公司贈送；（八）本會向 ABC 內衣公司訂購白布一百三十五疋，每疋照碼八折，該件已由上海旅行社代運到京；（九）本日召集京市小學體育茶會，討論參加表演太極操，計京市參加表演學生二千三百六十人；……（十八）招待報告，爲流通消息便利答覆起見，請各組股將所有條例、手續、日程、組織及職員表，或其他臨時通告各項消息等，附同印刷文件，僅先通知招待組總問訊處；（十九）總問訊處及浦口江邊京滬車站各問事處，一律於本月四日開始辦公；（二十）保定布雲工廠，贈送本會運動器具多件，請俟寄到後，由大會覆函致謝。

討論事宜：……（四）警衛組提議，請在臨時商場，及國術場西兩處，裝置水管，以利消防應用案，議決購用藥水滅火器；（五）張常委之江提議擬聘閩省領隊陳掌諤君爲大會田徑賽裁判員，請付公決案，議決函覆，領隊不能兼裁判員，已由會議決在案，陳君願任何職，希查後；……（十二）宣傳組提議，擬聘中央宣傳委員會陳西珍楊天化、中央民眾指導委員會孫佐濟、

〔註27〕《全運會招待組籌備概要》，《申報》1933 年 10 月 1 日～4 日。

中央廣播無線電臺管理處鍾震之、李秉新諸同志為本組名譽幹事，分別擔任藝術播音各事宜案，照聘；……（十四）宣傳組提議，請常會轉飭各組股，嗣後應盡量供給各組股新聞，凡係對外宣佈之消息，須一律經過宣傳組，以免參差而杜糾紛案，議決通過通知各組股主管人員，嚴屬執行；……（二十）招待組提議，本組遊藝秩序，中有電影四天，擬請本會函請教育內政兩部，合組之電影檢查委會，准予借用名貴電影四部，開映案，文書組報告本案已提前辦理，無須討論；……（四十）議決加聘諸民誼為國術總裁判……」〔註28〕

在服裝方面，本屆全運會首次要求參賽運動選手必須著統一服裝出席大會，這是本屆全運會的一大特色，標誌著民國全運會的舉辦越來越走向規範化：

「市教育局以參加全國運動大會代表團服裝，宜求整齊，以壯觀瞻，已託靜安寺路華東運動器具公司，定製各式服裝，現各項球隊隊員，大致寬經裁制，至總領隊及各指導管理男女田徑賽運動員，尚有多數未往剪裁，現赴京日期已迫，凡不量定身材各員，務於今日（星期日）下午二時，回靜安寺路該公司量製，惟運動員須持市運動員報名收據前往云」〔註29〕。

本屆大會還設立了臨時電報局，為方便運動員等聯繫家人或媒體傳遞消息等，價格相對市價更為便宜，這也是本屆全運會首創特色：

「會場內設臨時電局，由首都電報局派技術員山榮海及報務員十餘人，分班辦理，業已正式成立，預計各項運動消息，五分鐘內，即到達上海，各地親友，如用廉價交際電報，致賀優勝員，頃刻送到，每電二十字，在本省各電局發寄，僅銀四角，並可免費代譯，實為此次大會特色之一云」〔註30〕。

另外，本屆全運會的籌備工作較之前歷屆民國全運會更為細緻，除了上述服裝統一要求及臨時電報局的設立以外，大會還製作了本屆全運會的會旗和會徽，發行了本屆全運會手冊，並特別精心製作了本屆全運會運動員、裁判員及獲勝運動選手的徽章和獎章。南京國民政府委員、考試院院長戴季陶特製了兩面錦旗以鼓勵參加全運會的運動選手爭創佳績：

「會徽會旗式樣：會徽係以全運二字寫成圓形篆文，俟製成即公佈，會旗藍底白字，亦用全運二字篆字與會徽形式相同。

〔註28〕 《全運會籌委會十八次常會記》，《申報》1933 年 10 月 1 日～4 日。
〔註29〕 《市教育局定製本市全運代表團服裝》，《申報》1933 年 10 月 1 日～4 日。
〔註30〕 《全運會電線直通上海》，《申報》1933 年 10 月 6 日。

手冊視如珍寶：全運會手冊，由上海銀行無代價承印（該會可省一千餘元），現已印出一千冊，備先送各選手之用，尚有四千冊印刷中，各報社每家僅能贈送一份，由各記者負責簽名代領一冊」〔註31〕。

「全國運動大會運動員裁判員徽章、優勝員獎章，現已全部完成，由上海老西門標準運動器具公司承制，徽章式樣模倣大會表門，背景布於紫金山，雕刻精細，甚爲雄麗，獎章爲圓形，中刻力十一人，手執桂葉花圈，表示希臘奧林必克運動會優勝員之桂葉帽，用金質及銀質製造，價值甚貴云」〔註32〕。

「本屆全運會，戴院長爲鼓勵競技起見，特製世界新紀錄旗、及全國新紀錄旗各一面……」〔註33〕

因本屆全運會較以往歷屆規模宏大，門票印製數量更是多不勝數，大會預計了至少 5 萬人參觀：「入場券現方印成一角者十萬張，十天整票二元者，印成一萬張，尚有二十萬張在付印中（有三角一張者），會場面積，聞可容納五萬人云」〔註34〕。

民國第四屆全運會因規模空前宏大，又是在雙十節國慶日舉辦，因此吸引了眾多觀眾前來觀賽。人數眾多之處，必然是商家經營各種買賣的好地方。大會籌備處早已考慮到這一點，因此建立眾多的簡易商店棚屋出租以方便店鋪經營：

「全運會爲便利各商店起見，在國術場之西，會場大道之南隅，特建油紙頂之盧棚屋大小六十九間，分爲三行排列，中闢泥地路三道，現在會期已近，各商號紛紛要求租定房屋，大會庶務組乃又於原屋之西北兩旁添造三十間，現已租定一空，後來者只有向隅之感，於此足見各商號對於提倡體育之注意，就已租屋之商店而論，形形色色，各物俱備，其中尤以食品店爲最多，糖果店及報館次之，因會場離城過遠，參觀者往來不便，有食品商店之設，即所以便利顧客之就近飲食也，現在少數食品店，業已開始營業，就記者之觀察，約有二點，各商號應特別注意者，（一）屋係盧棚且彼此昆連，飲食店須設爐灶，偶不小心，祝融光臨者，則頃刻之間，全部毀盡，大會雖有消防隊之設，然各商店特加注意，以防萬一；（二）各店均無門窗之設，晚間歇業後，商品之保管，應特注意，茲將各商號之分類記載如下：報館……通訊……

〔註31〕　《全運會雜訊》，《申報》1933 年 10 月 5 日。
〔註32〕　《全運會徽章與獎章之特色》，《申報》1933 年 10 月 6 日。
〔註33〕　《戴院長鼓勵選手，製贈新紀錄旗》，《申報》1933 年 10 月 6 日。
〔註34〕　《全運會雜訊》《申報》1933 年 10 月 5 日。

書局……食店……茶店……水果……徽章……照相……國貨營業……汽車……牛奶……糖果……運動器具公司……雜貨商店……綢布店……汽水……洗衣……青年會……公事房……郵政局……球鞋……性質不明之商店……上海儲蓄銀行……」〔註35〕

　　另外運動會場難免出現人身以外，因此「大會衛生組為慎籌防護起見，特設救濟開會場欲布計開 1 衛生室；2 田徑賽場；3 游泳池；4 國術館；5 籃球場與足球場之間；6 同上。以便救護，並指定醫院，以防急需，至救護人員，日夜輪值，苟有疫病，得隨時電告衛生組，故該隊之對於防範事宜可稱周密完善」〔註36〕。

二、舉辦情形

　　1933 年 10 月 10 日，民國第四屆全國運動會在南京正式開幕。由於當天正是國慶日，全國放假，因此從早上 6 點開始，南京城內交通即開始出現擁堵情況，而運動場內更是熱鬧非凡：「……六時起各機關各學校及首都各界紛紛出城參加全運，人山人海，市內各通衢，大有萬人空巷之概，車馬行人擁擠不堪，會場中東西司令臺及四周看臺觀眾密佈萬頭攢動，不下三四十萬人」〔註37〕。「……自城中心區至大會會場，約二十里，一時汽車人力車及行人首尾相接，蜿蜒如帶，城中人頭濟濟，城外人山人海，狂熱空氣，得未曾見……」〔註38〕「是日清晨六時後，中山門外大道，汽車馬車人力車及步行民眾，即紛至沓來，至八時後，車輛完全擁塞……汽車租運一空，臨時即出五十元代價，亦不能雇到……」〔註39〕

　　出席大會開幕典禮的南京國民政府各代表亦於上午 10 點到達會場：「大會於上午十時開始到場，人物有國府主席林森，行政院長汪精衛，立法院長孫科，考試院長戴季陶，教育部長王世杰等」〔註40〕。南京國民政府為示鄭重，特別邀請了當時駐南京的各國駐華公使到會參觀：「全運會委託外交部交際科，柬請各國駐華公使，參加大會開幕典禮，計被邀者如下：美國 57 人，

〔註35〕　《全運會會場上之商店》，《申報》1933 年 10 月 1 日～5 日。
〔註36〕　《救護設備周密》，《申報》1933 年 10 月 11 日。
〔註37〕　《大會人山人海》，《申報》1933 年 10 月 11 日。
〔註38〕　《落英繽紛錄》，《申報》1933 年 10 月 12 日。
〔註39〕　《全運會開幕禮速寫》，《申報》1933 年 10 月 11 日。
〔註40〕　《國府要人參加》，《申報》1933 年 10 月 11 日。

日本 57 人，英國 53 人，法國 23 人，德國 22 人，蘇聯 13 人，意大利 13 人，比利時 12 人，西班牙 8 人，荷蘭 8 人，丹麥 8 人，葡萄牙 6 人，波蘭 5 人，瑞典 4 人，巴西 4 人，挪威 3 人，古巴 3 人，瑞士 2 人，捷克 2 人，智利 2 人，秘魯 2 人……」〔註41〕「外賓前往參加者，有俄大使范格莫洛夫，英公使藍溥森，法公使韋禮德，比公使紀祐穆，波蘭代辦魏登濤，德公使陶德曼，日本公使有吉明攜眷屬暨館員等三十餘人」〔註42〕。

開幕式開始後，全體大會職員與運動選手入場遊行，「乃鳴炮一響，各省市代表及選手，由正門而入，由海軍部軍樂隊在前引導，隨後者大會籌備委員及全體職員總幹事張信孚在前引導，各省市之教育廳長及總領隊等，相繼隨之，其後爲各省市之運動員」〔註43〕。各運動代表隊入場人數及次序如下：

新疆 3 人，山西 24 人，四川 60 人，安徽 68 人，廣東 28 人，甘肅 6 人，江蘇 24 人，江西 64 人，青島 46 人，上海 126 人，黑龍江 10 人，貴州 24 人，遼寧 25 人，山東 88 人，河北 132 人，河南 76 人（另有國術選手 40 人），南京 113 人，綏遠 40 人，河南 60 人，浙江 52 人，湖南 88 人，寧夏 4 人，北平 92 人，福建 80 人，香港 68 人，雲南 12 人，菲律賓 13 人，熱河 3 人，哈爾濱 13 人，陝西 27 人，青海 1 人〔註44〕。運動選手們繞場一周後按照次序排列於東司令臺之前。

「主席報告，繞場既畢，施行放鴿禮，並有航空測量機盤旋空中，投下國旗一幟，上書敬祝全運會尙武精神等字樣，繼後乃全體肅立，向總理遺像行三鞠躬，唱黨歌，並由主席王世杰恭讀總理遺囑」〔註45〕。

之後由大會主席王世杰致開幕詞，名譽副會長蔣介石、汪精衛、孫科以及戴季陶分別致大會訓詞及演說詞，現將諸色人等致詞摘錄如下：

「參加者，有三十三單位選手，達兩千餘人……全運會以前曾舉行過四次，三次係由私人所籌備，此次及上次乃由政府所主持……政府提倡體育，爲借體育而補助整個的教育，振興民族精神，促進文化進步，以達強國強種之目的……我國若能用科學方法，努力提倡，則未來之希望，不難與美國並駕齊驅，而吾國之復興，庶有厚望焉」〔註46〕。

〔註41〕　《二十一國駐華大使被邀參加開幕大典》，《申報》1933 年 10 月 6 日。
〔註42〕　《各國公使到場》，《申報》1933 年 10 月 11 日。
〔註43〕　《全體入場遊行》，《申報》1933 年 10 月 11 日。
〔註44〕　《選手遊行次序》，《申報》1933 年 10 月 11 日。
〔註45〕　《舉行開幕典禮》，《申報》1933 年 10 月 11 日。
〔註46〕　《王世杰開幕詞》，《申報》1933 年 10 月 11 日。

「中國病夫貽譏積弱極矣，個人體力之盛衰，實關民國之興廢，尤應勤加鍛鍊，以作國家轉弱爲強之前驅，今之主持教育者，咸謂德育智育體育並重，其實體育乃德智兩育之基本工作……」〔註47〕

「現在世界所藉以競爭生存的，不僅在人力，尤在利用物質，而中國目前所缺乏而急切需要的，亦在物質，這誠然是無疑的，但運用物質，仍在人的精神，有健全之精神，然後能用物質，而不爲物質所用，而健全之精神，必寓於健全之體魄，有健全之體魄，然後能奮鬥到底，不致半途而廢，有始無終……體育的重要意義，就在於此……但據教育報告，從高中畢業的學生，能具備軍國民的體格的，還在少數，其中原因雖不一端，而體育未能注意發達，必爲其中重要原因之一……選手諸君所競爭的，不只是全國民全民族永久的悠遠的勝負，強國健種，實繫於此，運動大會還有一要義，便是結一種強國健種的印象與一般民眾……喚起今日到會參觀的民眾，不下十萬餘人，我盼望個個都轉弱爲強，爲挽救國難之健全分子，今日各省旗幟裏頭，有東三省，有熱河，有哈爾濱，我們看見還是悲哀，還是歡喜呢？自然是悲哀，但悲哀中卻含有歡喜，這種悲哀與歡喜的情緒，激動了我們的熱血，一個個從病床裏跳了起來，加緊去做自強不息的工作，今年運動大會開於國難期內之國慶日，我盼望明年國慶日，我們已打破國難，國慶日永遠是國慶日，這仗全國同胞之共同努力，謹以此語，祝全國運動大會萬歲」〔註48〕。

「今天開全國運動大會，尤其是已經失去了的東北同胞，亦來參加，這是一個表現，明示中華民族未死，希望大家不懈鍛鍊，努力振作，走向復興之路」〔註49〕。

「我們中國的國民心，現在極需要振作，雖然近年來努力振作，然而至今尚未達到復興的地步，希望大家以新的精神，普及運動，鍛鍊國民體格，以幫助國家的建設」〔註50〕。

綜上觀之，國民政府要人的致詞演說，無一不透露出對體育的重視。在當時的國際大環境下，振興體育幾乎成爲民國時期從上至下，從政府到民間，從達官貴人到匹夫走卒的共識，當時的國人均把振興體育看做民族自強、提升國際地位的重要舉措，國民政府一干要人的演說恰恰反映出這種時代期

〔註47〕　《名譽副會長蔣委員長訓詞》，《申報》1933 年 10 月 11 日。
〔註48〕　《汪院長演說詞》，《申報》1933 年 10 月 11 日。
〔註49〕　《孫院長演說詞》，《申報》1933 年 10 月 11 日。
〔註50〕　《戴院長之希望》，《申報》1933 年 10 月 11 日。

望，因此當時民國全運會的舉辦從某種程度上來說是有著一定的民眾基礎、得到相當一部分民眾的支持的。

「全運會開幕時，航空署派飛機數十架，翱翔會場，高空散發慶祝大會開幕傳單，並擲鳥瞰照片，旋由機投下鮮花一束，下繫國旗，並硬紙牌一方，正面題尚武精神，反面書強國強種復興民族，上款書全國運動開幕典禮志慶，下款書航空署敬祝」〔註51〕。自民國第二屆全運會袁世凱北洋政府使用飛艇為大會開幕慶祝開始，之後的歷屆全運會在開幕時均有此項飛行表演以壯聲勢，這也成為民國全運會的一大特色。

大會開幕典禮最後一項乃是南京市中小學生2000餘人共同表演太極操，場面宏大，觀眾甚至有從看臺跳入運動場中的，一度致使大會秩序紊亂：「其時京市中小學生兩千人，在西司令臺前整隊，由警廳軍樂隊領導，入場表演太極操，全體學生衣白色制服，黑襪球鞋，式式整齊，入場再分三十行，每行四十人面向東司令臺，由諸民誼司口令……全場掌聲如雷……在太極操表演前，四周看臺觀眾跳入場內，勢如潮湧，童子軍無法阻止，致場內秩序大亂，後經童軍及警察軍，以繩圈阻於場之南北二方，太極操乃於夾縫中，勉強表演」〔註52〕。由此足見大會觀眾之熱情。就連當時遠在外地的何應欽也特別為大會開幕發來賀電：「……會全國之英才作體育之競賽，振我精神，揚我國光翹首……願孜孜不倦，洗東亞病夫之奇恥，更加努力，挽中華民族於危頹……」〔註53〕

「此次大會中，最引人注目者，為東北四省選手之參加，我人於國難聲中，觀熱河吉林等健將，繞場而過時，衷心之痛，無以復加，故觀眾於選手巡行時，對此四省之失地選手，尤致敬意，掌聲雷動，而熱血人士，猶不免淚隨掌聲而齊起也」〔註54〕。如此景象，再聯想近年來東北早已淪陷的事實，使得在場國人無不為之動容。

本屆大會延續了自上一屆全運會開始項目眾多的情形，連續舉辦10天之久，大會主要競賽項目有男子田徑賽、女子田徑賽、男子全能運動、男子足球、男子籃球、女子籃球、男子排球、女子排球、男子網球、女子網球、男

〔註51〕 《航空署派飛機表演》，《申報》1933年10月11日。
〔註52〕 《諸民誼主揮小學生大會操》，《申報》1933年10月11日。
〔註53〕 《何應欽電賀大會盛況》，《申報》1933年10月11日。
〔註54〕 《歡迎東北選手淚隨掌聲下》，《申報》1933年10月11日。

子棒球、女子壘球、男子游泳、女子游泳以及男子和女子國術項目。現將本屆全運會所有比賽項目成績名次列錄如下〔註55〕：

男子田徑及全能成績

項　目	第一名	第二名	第三名	最好成績
100米	**劉長春（遼）**	韓景林（冀）	程金冠（滬）	10秒7
200米	**劉長春（遼）**	韓景林（冀）	宿笑如（滬）	22秒〔註56〕
400米	曾榮忠（滬）	張世光（平）	羅慶隆（平）	53秒2
800米	**羅慶隆（平）**	**董叔昭（滬）**	鄭森（冀）	2分5秒2〔註57〕
1500米	**鄭森（冀）**	賈連仁（魯）	呂長庚（魯）	4分21秒2
10000米	谷得勝（晉）	王正林（滬）	王會賓（晉）	34分47秒4
110米高欄	林紹洲（閩）	柳英俊（京）	黃英偉（粵）	16秒2
中欄	**陶英傑（滬）**	王精喜（平）	靳懷智（浙）	59秒2
跳高	**顧彧（滬）**	王士林（平）	王玉增（平）	1.81米
撐杆跳高	**符保盧（滬）**	曹裕（滬）	陳陵（滬）	3.85米〔註58〕
跳遠	**郝春德（滬）**	張嘉夔（蘇）	王季維（滬）	6.912米
三級跳遠	司徒光（平）	張嘉夔（蘇）	梁錫英（冀）	14.192米
鉛球	逸明（平）	陳寶球（滬）	劉仁季（遼）	12.19米
鐵餅	張齡佳（平）	冷培根（京）	富萬育（滬）	34.84米
標槍	**彭永馨（平）**	趙啓明（冀）	郝春德（滬）	48.92米
五項全能	**郝春德（滬）**	王季淮（滬）	黃英建（粵）	3010.295分
十項全能	**張齡佳（平）**	陳陵（滬）	陳寶球（滬）	5889.587分
400米接力	**廣東隊**	上海隊	南京隊	44秒4
1600米接力	**上海隊**	北平隊	福建隊	3分31秒8

〔註55〕 資料來源於1933年10月的《申報》；王振亞：《舊中國體育見聞》，人民體育出版社，1987年，第154～158頁；董啓俊：《全國運動大會小史》，1937年5月，第18～23頁。字體加粗行爲全國新紀錄及創造者，下同。
〔註56〕 此爲劉長春（遼）的複賽成績，決賽中，劉長春以22秒1的成績奪冠，依然打破了全國紀錄。
〔註57〕 預賽中董叔昭（滬）亦創造過此成績。
〔註58〕 此項成績爲符保盧（滬）在十項全能運動中創造，決賽中符保盧成績爲3.75米。

男子游泳成績

項　　目	第一名	第二名	第三名	最好成績
50 米自由泳	陳振興（粵）	陳其松（粵）	梁偉生（港）	28 秒 8
100 米自由泳	陳振興（粵）	陳其松（粵）	王秀山（粵）	1 分 8 秒 4
100 米仰泳	劉寶希（粵）	陳振興（粵）	郭振恆（港）	1 分 23 秒 3
200 米俯泳	郭振恆（港）	董景純（冀）	王耀民（港）	3 分 5 秒 2
400 米自由泳	史興驓（遼）	王鴻彪（閩）	石錦培（粵）	5 分 48 秒 3〔註 59〕
1500 米自由泳	史興驓（遼）	郭振恆（港）	史興隆（遼）	23 分 12 秒 2〔註 60〕
入水比賽	曾清射（平）	黃開祿（平）	朱志成（滬）	79.24 分
200 米接力	廣東隊	香港隊	上海隊	2 分 1 秒 1

女子田徑成績

項　　目	第一名	第二名	第三名	最好成績
50 米	張潔瓊（粵）	李媛芬（粵）	趙雲珊（粵）	6 秒 9〔註 61〕
100 米	錢行素（滬）	張潔瓊（粵）	趙雲珊（粵）	13 秒 4〔註 62〕
200 米	錢行素（滬）	於秀蘭（魯）	藍滌青（平）	27 秒 6
80 米低欄	錢行素（滬）	於秀蘭（魯）	梁倩華（粵）	14 秒 3〔註 63〕
跳高	鄒善德（滬）	王化昌（滬）	陳翠鷥（粵）	1.28 米
跳遠	李媛芬（粵）	錢行素（滬）	陳淑卿（滬）	4.795 米
鉛球	馬驪（滬）	孟健麗（滬）	徐文英（滬）	10.35 米
鐵餅	馬驪（滬）	陳淑芳（湘）	孟健麗（滬）	28.66 米
標槍	陳榮明（滬）	劉鍾文（豫）	原恆珊（豫）	26.38 米
擲壘球	顏秀容（粵）	陳容明（滬）	丁桂梅（魯）	45.35 米
400 米接力	上海隊	廣東隊	山東隊	54 秒 6

〔註 59〕 此成績爲史興驓（遼）預賽中創造。
〔註 60〕 此成績爲史興驓（遼）預賽中創造。
〔註 61〕 在女子 50 米複賽中，藍滌清（北平）也創造了此成績。
〔註 62〕 此成績爲趙雲珊（粵）在女子 100 米預賽中創造。
〔註 63〕 此成績爲錢行素（滬）在 80 米低欄預賽中創造。

女子游泳成績

項　目	第一名	第二名	第三名	最好成績
50 米自由泳	楊秀瓊（港）	劉桂珍（港）	陳煥瓊（廣東）	38 秒 2
100 米自由泳	楊秀瓊（港）	陳煥瓊（廣東）	陳玉輝（廣東）	1 分 29 秒 6
100 米仰泳	楊秀瓊（港）	梁泳嫻（港）	劉桂珍（港）	1 分 45 秒 2
200 米俯泳	楊秀瓊（港）	楊秀珍（港）	林都儷（港）	3 分 41 秒 1
200 米接力	香港隊	廣東隊	青島隊	2 分 49 秒

男子足球

山東 3：0 江蘇　　上海 7：0 福建　　廣東 18：0 安徽　　南京 5：1 山西

湖北 3：2 四川　　河北 4：1 山東　　北平 8：0 綏遠　　上海 15：0 湖南

遼寧 3：1 河南　　香港 13：0 江西　　河北 3：1 湖北　　廣東 15：1 南京

香港 3：1 北平　　上海 6：1 遼寧　　上海 1：0 香港　　廣東 4：1 河北

上海 3：0 廣東（上海奪冠）

男子籃球

南京 59：22 安徽　　　黑龍江 36：22 貴州　　山丌 66：43 河南

湖北 60：1 江西　　　　江蘇 58：38 綏遠　　　四川勝香港（香港棄權）

上海 53：31 山東　　　福建 49：29 山西　　　廣東 35：33 吉林

河北 67：25 浙江　　　北平 76：23 湖南　　　菲律賓 47：23□蘇

湖北 50：29 四川　　　南京 45：31 黑龍江　　南京 37：19 菲律賓

河北 47：29 福建　　　上海 43：20 湖北　　　廣東 41：31 北平

上海勝廣東（廣東棄權）　　河北 57：28 南京　　　河北 49：30 上海（河北奪冠）

女子籃球

北熇 79：8 安徽　　　南京 24：23 湖北　　　山東 25：13 四川

廣東 89：5 綏遠　　　河南 29：24 江蘇　　　河北 24：15 山東

哈爾濱勝香港（香港棄權）　福建 80：6 江西

上海 60：3 湖南　　　上海 26：25 福建　　　河北 63：16 哈爾濱

廣東 46：24 河南　　　北平 60：11 湖北　　　上海 66：11 河北

廣東 31：26 北平　　　上海 35：29 廣東（上海奪冠）

男子排球

江蘇 3：0 四川	浙江 3：0 河北	南京 3：1 河南
廣東 3：0 江西	北平 3：0 湖南	香港 3：0 湖北
福建 3：0 山西	廣東 3：0 江蘇	浙江 3：1 南京
上海 3：0 北平	香港 3：0 福建	上海 3：1 香港
廣東 3：0 浙江	上海 3：0 廣東（上海奪冠）	

女子排球

廣東 3：0 湖北	河北勝安徽（安徽棄權）	上海 3：0 江西
北平勝四川（四川棄權）	香港 3：2 河南	湖南 3：1 南京
北平 3：0 江蘇	香港 3：1 湖南	廣東 3：1 河北
上海 3：0 福建	上海 3：0 廣東	北平 3：1 香港
上海 3：1 北平（上海奪冠）		

男子棒球

河北 31：0 湖南（共賽 7 場）	廣東勝湖北（湖北棄權）	北平 9：5 上海
廣東 5：2 北平	河北 4：3 香港	廣東 4：1 河北（廣東奪冠）

女子壘球

上海 27：2 河南	北平勝湖南（湖南棄權）	廣東 46：11 江蘇
南京 17：2 河北	上海勝香港（香港棄權）	上海 13：8 北平
廣東 14：6 南京	廣東 11：10 上海（廣東奪冠）	

男子網球

江蘇 3：0 安徽	熱河 1：1 江西	南京 3：0 河南
四川 3：0 綏遠	上海 3：0 湖南	廣東 3：0 江蘇
香港 2：1 熱河	河北 3：0 浙江	上海 3：1 廣東
四川 3：0 南京	河北 3：0 熱河	巴城 3：1 北平
上海 2：1 巴城	四川 2：1 河北	上海 3：0 四川（上海奪冠）

女子網球

上海 3：0 河南	安徽 2：1 福建	北平 2：0 湖南
南京 3：0 綏遠	山西 2：1 廣東	香港和貴州均棄權
上海 3：0 安徽	山西 2：1 南京	四川 2：1 河北
山西 2：1 北平	四川 2：1 上海	山西 3：0 四川（山西奪冠）

　　大會於 10 月 20 日全部結束。在大會閉幕式上，王世杰、林森等南京國民政府要員均表達了對運動選手們以及全體國民通過加強體育鍛鍊自強努力以振興國家的期望：

　　　「十日以來，諸位的努力，使全國的民眾，對於我們民族復興的前途，頓然增加了一種信心，增加一種自信力……因此在與諸位言別的時候，願闡三事作大家分頭努力的目標：一、全國教育行政機關努力的目標，一面增設體育學校，或學系，以改進全國體育師資，一面擴充學校內外的體育設備，以求體育大眾化；二、全國體育教師努力的目標，實有體育與訓育合作的主張，對於學生生理的健康，和道德的健康，同樣的負起責任；三、各運動員努力的目標，不浪漫，不頹唐，永遠保持樂觀的態度，苦幹的精神，並且把這種運動員的精神，傳播給全校同事朋友，如果都照著以上的目標努力做去，這回全國運動大會的成績，纔是永久的，纔能在全族復興的歷史上，占一個千古不磨的地位……」〔註 64〕

　　　「我們要把國家強盛起來，當然在個人體魄的強健，才可以把國家轉弱為強，要把個人練習，自強自衛，最要注意的，就是身體，不但要鍛鍊，而且希望不要糟蹋，關於體質有妨害的煙酒等等，應該絕對禁絕，這也是練習自強的基本……國府同人，預備一個金戈，這是有意義的，古人說枕戈待旦，敵愾同仇……物品雖小，希望諸位的意思是很大的……」〔註 65〕

　　　「中國在革命過程中，建設新中國、復興民族運動最緊張之時，遭遇空前之國難，致一切事業俱受打擊，全國同胞日陷痛苦……所謂多難興邦，即此之謂，中華民族將來之生命，全寄託在今日中國之青年身上，全國運動會即是訓練青年之一步工件……」〔註 66〕

〔註 64〕　《王世杰閉幕詞》，《申報》1933 年 10 月 21 日。
〔註 65〕　《林主席訓詞》，《申報》1933 年 10 月 21 日。
〔註 66〕　《吳市長辭》，《申報》1933 年 10 月 22 日。

　　大會在積極進行體育鍛鍊、自強不息、振興國家、挽救民族危亡的勵志氛圍中閉幕。本屆全運會除去建築中央體育場的巨額費用外，總共開支約在11萬元左右：「全運會庶務組主任雷震雲，本屆大會帳目，正在結算⋯⋯估計此次開支款項，應在十一萬元左右，行政院已允追認三萬九千元，與原定經費七萬九千餘元合併，共得十一萬八千餘元，可不致再有不足，此次大會用度以交通膳宿爲最多，約五萬餘元，幾占全經費之半，職員薪工及用具設備，又兩萬餘元，其餘爲臨時雜項開支」〔註67〕。

第四節　民國第五屆全運會的舉辦

一、大會籌備

　　民國第五屆全運會定於1935年10月10日舉行，而這一年正是華北事變爆發的年份。華北事變並不是單純的某一件事情，而是日本帝國主義者侵略、蠶食中國華北地區一系列事件的統稱。華北事變的來龍去脈幾乎貫穿了整個1935年。在此之後，中日民族矛盾正式上升爲主要矛盾。在這樣的一個國內國際大背景下，民國全運會的舉辦越來越顯現出其濃厚的民族主義色彩。在相對穩定繁榮的20世紀30年代的中國，近代體育的發展正在穩步前進，並隨著時間的推移也逐漸取得了一系列成果。

　　從民國第四屆全運會開始，南京國民政府正式確立了全國運動會的舉辦規則，即每兩年舉辦一次，地點選定則在首都南京和其他地方省市間輪流舉辦。由於1936年恰逢柏林奧運會舉辦，南京國民政府爲方便選拔運動員參加奧林匹克運動會，再加上第十一屆遠東運動會也將於1937年在上海舉行，便將民國第五屆全運會的舉辦地點放在了上海，因此本屆全運會的舉辦有著三方面的意義。一來爲舉辦民國第五屆全運會精心準備，二來爲第二年的德國柏林奧林匹克運動會選拔運動員，三來爲第十一屆遠東運動會的舉辦積累經驗，加強準備。在中華民族即將面臨日寇全面入侵的危機關頭，民國全運會的舉辦顯得更加具有其特殊的政治含義。因此從某種角度上來看，南京國民政府再怎麼抬高、重視本屆全運會的地位都不爲過：

〔註67〕　《全運會總開支》，《申報》1933年10月28日。

「民國二十二年第五屆全國運動會，既決定自第六屆起，在首都與各省市間隔二年舉行一次，又因民國二十五年（一九三六）第十一屆世界運動會將舉行於德京柏林，爲謀便利選拔及訓練起見，故決定第六屆大會，舉行於上海，本市吳市長鐵城遂開始積極籌備，蓋上海爲通商要地，中外觀瞻所繫，不可不有偉大之設備，又因照遠東運動大會原定之會期，第十一屆遠東運動大會應於民國二十六年（一九三七）在我國上海舉行，故建築一完備之市體育場，尤爲最當務之急，吳市長乃於本市財政艱難之中，仍努力計劃，市體育場亦於去秋典基開始建築，今已如期於會期前完成，富麗堂皇，當推遠東之冠，此實市長努力之結果也。

第六屆全運大會會期，既定本年雙十節起至十月二十二日止，在市中心區市體育場舉行，教育部乃聘請籌備委員凡四十三人，組織籌備委員會，計劃籌備，並聘請上海市市長吳鐵城爲籌備主任，市教育局局長潘公展及教育部體育督學郝更生副之，沈嗣良爲總幹事，馬崇淦、邵汝幹、蔣湘青、吳邦偉副之，四月八日，由教部召集全體籌委，於上海市政府舉行第一次籌備會議，籌備委員會亦即於此時，正式成立，設籌備處於上海市教育局數月以來，籌委努力進行，不遺餘力，第六屆全國運動大會亦於今日在市體育場開幕，不得不使吾人欽佩當局之熱心提倡與努力也」〔註68〕。

我們再來看本屆全運大會籌備委員會的成員：名譽會長林主席，名譽副會長蔣中正、汪兆銘、孫科、居正、戴傳賢、于右任、孔祥熙、邵元沖、覃振、鈕永建、丁惟汾。大會會長：王世杰，副會長吳鐵城……各組組長：文書組組長馬崇淦，庶務組組長沈嗣良，會計組組長夏培德，宣傳組組長陳克成，招待組組長陳湘濤，警衛組組長汪大燦，交通組組長張登議，衛生組組長王世偉。各股股長：場地設備股股長周家騏，註冊編配股股長吳邦偉，裁判股股長蔣湘青，紀錄股股長陳奎生，獎品股股長邵汝幹，國術股股長徐術一。此外大會還聘請張學良等 38 人爲本屆大會名譽顧問。本屆大會籌備委員會幾乎將民國時期所有國民黨元老盡收麾下，可謂一網打盡，由此可以想見南京國民政府對本屆全運會的重視程度。

南京國民政府對此次全運會的舉辦高度重視，不但體現在籌備委員會的人員構成方面，還體現在不惜耗費百萬鉅資在上海市中心區修築了規模宏大的江灣體育場。這一方面說明南京國民政府從實際操作方面支持和重視本屆

〔註68〕 《籌備經過略述》，《申報》1935 年 10 月 10 日。

全運會的舉辦，另一方面也說明 20 世紀 30 年代的中國正處於一個相對較快的發展階段，政府有能力將大筆資金投入教育、體育等文化領域。這一筆巨大的投資反過來也刺激了民國時期建築行業的發展，民族建築業在此亦可大顯身手：

「無論是公共集合的會場，或運動體育場，都同樣是訓練人民保守秩序、與鍛鍊體育的重要命脈，所以在歐美，如美國的洛杉磯，與法國的凡爾賽等地，都在郊外有這種偉大運動體育場的建設，但此類建築物的設計，俱以宏壯美麗而不失安全，又須經濟而切合實用為原則，於是他的地位在無形中，也就成立了一種特殊的建築術，而與普通建築方法迥異的地方也很多，好在轟動全國的全運會業已閉幕，這個全市罕見的偉大建築——體育場——正好給我們一個詳細的觀察，在這個不可磨滅的偉大建築間，很可以找出我們所需要的關於建築上的新法則，有許多確是普通所併不多見的，下面的幾個片段紀略，雖不逮十之一二，但是言小而見大，其餘的還待發見，因為這種新法則的設計，都是國人經手監造，絕未假手外人，將來如果推廣運用，誰說不是中國建築界的好現象！

關於水泥壁柱的熱脹冷縮的防止，儘量運用科學物理的方法……我們現在且看範圍如此廣袤的偉大建築，據該處工程管理處揭示工款及材料約計表報告的數值，亦甚低廉，因所用材料，儘量採用國貨故也，且看了下表，便知它的確數：

房屋建築	995300 元
衛生設備	69000 元
電燈設備	17300 元
游泳池給水設備	34500 元
溝渠	7800 元
跑道	6700 元
球場	1400 元
鉛絲網	8000 元
水泥路	7000 元
填土工程	15000 元
木看臺	6000 元
共計	1168100 元

此外即體育場一切工程設計監造事項，俱由本市各機關主持規劃，通力合作，絕未假手外人，對於一應建築材料，亦莫不儘量採用國貨，足證當局與努力建設之中，深寓提倡國貨之誠意，此堪爲建築界所當法式者也」〔註69〕。

相比於進口國外的建築材料而言，建築一個可容納 10 萬人的大型體育場，耗資實在無法想像，但援用國產建築材料，仍然要耗資百萬，足見該工程的規模。而從該體育場的具體建築情況來看，規模宏大，在當時名不虛傳：

「一、緣起。上海市政府鑒於市內人口，已達三百萬以上，而大規模之體育場，尚付缺如，殊不足以應市民鍛鍊體魄與業餘娛樂之需要，復以市中心區域成立伊始，必須有種種設施，以新市民之觀感，而促進該區之繁榮，爰籌於此建設市體育場，謀一舉而兩得。民國二十三年初，即由市中心區域建設委員會建築師辦事處著手設計。同年七月，市政府呈准中央發行公債三百五十萬元，並指定以一百萬元爲建築市體育場之用。此建設上海市體育場籌備經過情形之大略也。

二、置位。市體育場既須具相當規模，故所佔地面須在千公畝以上。爲免徵收民地及撙節經費起見，爰以市中心區域行政區西南第一公園之一部分，爲該場之建築地址。該處東面國和路，西通淞滬路，北接放同路，南界蝦江，其南有淞滬、翔殷、其美、黃興，四乾道之交叉點，北有將來淞滬鐵路通至三民路淞滬路口之車站，故往來交通稱便。

三、計劃概要。市體育場包括目前設置之運動場、體育館、游泳池三部，及將來加建之網球場、棒球場兩部，佔地約三百畝，茲述其設計要點如次：

（甲）運動場。運動場除供市民日常鍛鍊體魄外，並備主行學校聯合運動會、全國運動會、遠東運動會乃至世界運動會之用。其建築形式及各項尺寸大都視田徑賽及足球、籃球、網球等競賽之需要而定。場址不取 U 字形及圓形而作鏈環形者，以作如 U 字形，則正門勢須設於凸出之一端，而對向交通上次要之政同路，殊覺不妥，又如作圓形，則徑賽上需要二百公尺長之直線跑道，無法設置也。其他設計要點，亦經參考歐美著名運動場之布置，審愼擬定。

本場連看臺所佔之地位，總寬一百七十五公尺，總長三百三十公尺，場屋最高點距地面約二十公尺，看臺圍牆約十公尺。場地面積約三萬七千五百平方公尺。中央爲足球場、排球場及跳高、跳遠、擲鐵餅、國術等場

〔註69〕 《觀察本市體育場的幾個新法則》，《申報》1935 年 10 月 21 日。

地，圍以環跑道，長約五百公尺。環跑道又於東西兩邊分歧爲直跑道，各長二百公尺。跑道外南北兩端設網球場、籃球場各三處。看臺周圍長約七百六十公尺，寬約十七公尺，可坐四萬人，立二萬人。其容量較南京運動場大約一倍。

為使數萬觀眾出入迅捷有序起見，設交通路線兩種：（甲）環繞交通路線，計分兩條：一設於收票地點之外，即環繞看臺下之過道及場外四周之人行道與車馬道（寬九公尺），另一設於場內，即看臺上一·八公尺寬之環繞通路。（乙）上下交通路線，聯絡環繞交通路線與看臺座位之間，即看臺各段間之出入門道，下通看臺下之過道，上達各座位邊者。此項門道，共設三十四處，勻布全場，每處以通行一千二百人計，數萬觀眾，至多於五分鐘內，即可全數退出。每門道口設鐵質拉門，以便觀眾擁擠時，收票員易於維持秩序。

在本場之東西長邊中央，各設壯麗之大門，以便運動員整隊出入，車輛亦可由此通過直達場內。

為使觀眾視線得由看臺遍及場地各部起見，看臺支承座位之樓板，係按曲線布置，其坡度自下往上繼續加激。構造之法，係將每段樓級較下段各增高六公釐。前後座位之距離計七十一公分，故每一座位所佔面積為四十五公分寬，七十公分深。按照前述容量，應設座位二十排。

運動場備有充分宿所，足容納運動員二千五百人，以應舉行大運動會時之需要。又設壯麗之大門與大廳休息辦公室、陳列室、訪事處、無線電播音站、餐室等。其布置之完備，即全世界運動場中亦鮮有較勝者。

特別看臺凡兩處，東西遙遙相對，專備特別觀客及報館記者之座位。本場看臺以經濟關係，概不設置木椅，惟在西面平頂之下特別看臺爲例外。

另一特別之點，爲利用看臺下地位設置店房、公廁、售票房。其四周之過道，除輔助此項店房遮蔽風日外，又足資暴雨時觀眾引避之需。按照現定計劃，看臺下地位僅利用一半，其餘一半則留備他日加建店房等之用。

運動場用鋼筋混凝土作架，用紅磚砌牆，而以人造石爲外牆之勒腳及壓頂。東西大門採用中國形式，以人造石砌成。其餘構造頗屬簡單。

運動場備有多數旗杆，於舉行運動會時頗關重要。場地及場屋正面設泛射燈。

（乙）體育館。本館除應市民各項戶內運動之需要外，兼供集會之用，並可舉行展覽會及演劇。

容量為座位三千五百及立位一千五百。必要時可加設臨時座位於運動廳四周沿牆之處。運動廳設於館屋之中央，地面用戚木鋪蓋。寬約二十三公尺，長約四十公尺，可排設普通籃球場三處，為正式比賽計，可置較大之場位於中央，而於四邊多留餘地。館屋總寬約四十六公尺，長約八十二公尺。運動廳四周之看臺支于堅固之鋼筋混凝土樑及磚牆。寬約十一公尺，凡十三級，每級寬六十六公分，高三十六公分至四十一公分。設計時假定之活儀為每平方公尺六百一十公斤連同靜儀每平方公尺一百二十公斤，總儀重為每平方公尺七百三十公斤。

正門內大廳兩旁，各設階級一座，觀眾由此直達看臺。館屋後面兩邊，各設旁門及較狹階級，以便觀眾由此出館。

館屋之正面牆垣用人造石塊砌成，其形式含現代藝術色彩，而參以本國之圖案裝飾。於此開拱門三座，即館屋之正門。其餘外牆用紅磚砌築，而壓頂及勒腳鑲以人造石塊。

自正門入內，為門廳，兩旁設售票房，再進為大廳，兩旁設男女廁所及前述通看臺之階級。再進為穿堂，直通運動廳（籃球場）及後面之健身房，旁達辦公室及會客室，又由兩邊各另經一門，分別達男女運動員之更衣、淋浴等室，由此可通運動廳、健身房及運動器儲藏室。健身房兩旁設廚房及鍋爐間以及前述旁門之門廳與階級。

館屋之前後牆，高出平臺以上者，上邊成圓弧形，最高點高二十公尺，兩邊外牆高約十二公尺。屋頂架前後排列，相距各六公尺七公寸，為三樞紐式鋼鐵拱形構架，其跨度（即兩端樞紐點之距離）計四十二公尺七公寸，矢度（即中央樞紐點與兩端樞紐點之垂直距離）計十九公尺半，上弦之曲線半徑為三十公尺，邊部垂杆之高度，自兩端樞紐點起，計約十二公尺半。

運動廳及健身房之採光，取高射式，以免運動員感眩目之弊。故於穹頂設固定排窗十孔，兩邊外牆高出看臺處開八角小窗各十六孔，又於前後牆高出平臺處設長方形窗各五孔。後兩種窗扇可以開啟，以使空氣流通。至於電燈，則裝於鋼鐵房屋架之下。

館屋內之熱氣設備，採低壓式，熱氣冷凝之水，借自動唧筒還入汽鍋。運動廳與健身房借摩托通風機散佈暖氣，其他部分則直接利用熱之輻射作用以取暖。

（丙）游泳池。本游泳池之設，以供市民水上運動及舉行游泳競賽為目的，池為露天式，四周圍以看臺，可客座五千。看臺下設更衣室、淋浴室、休息室、店房、公廁、鍋爐間、濾水機間等。看臺之北邊設宏麗之正門，門內設辦公室、客廳、大廳、售票房等。看臺下沿東、西、南三面建走廊通道，以應觀眾避雨之需。關於游泳池之尺寸，按照美國大學游泳競賽規例，池面至少應為長十八公尺、寬六公尺，池之深度在較淺之一端至少應為九公寸，在較深一端至少應為一公尺半。本池之尺寸，經與本市體育界商酌，擬定計長五十公尺，寬二十公尺，池底於長邊方向作匙形，由一端深約一公尺一公寸起，向中央漸漸加深至一公尺七公寸，然後由中央至距他端五公尺之處，陡降至三公尺半之深度（此項深度，為遠東運動會所採用者）。

池身用鋼筋混凝土及防水材料構造，以足以抗禦池滿時之「水壓」及池空時之「土壓」為度。池底打樁七百二十五根為基。池底及池邊鋪白色馬賽克，四壁砌白瓷磚。

本池之容量約為二千二百立方公尺（六十萬加侖）。此項巨大水量，若時時更換，所費勢必不貲，且每次更換須閱十小時，亦殊不便。爰置濾水設備，使濁水出池復變為清，再返入池，循環不已。計每次循環，凡五階段，即：1 消毒 2 濾清 3 入池 4 流通 5 出池，此項濾清工作，可於游泳季節內繼續不停。每經過一次消毒與濾清，水質益形潔淨。

池內燈光設備，採最新式，即於水面下池壁內置強光燈泡，使燈光水色打成一片，而成整個「光源」，於夜間觀之，至為悅目賞心。反之，若以燈光下照池內，則因水面之反射作用，池外雖極明亮，徒眩游泳者之目，水內則顯幽暗，足滋發生意外時救護之困難。故燈光設於池內水面以下之辦法，有便利游泳與救護兩優點，當今夏夜游泳竟成風習之際，殊有採用之必要。本池及附屬建築物之設計，固以實用為旨歸，而對於美觀一點亦經加以注意，大門牆垣用人造石塊砌成，上加雕刻，顯示本國文化色彩。其餘牆垣用紅磚砌築，而以人造石為勒腳及壓頂，以資經濟。就本池全部建築觀之，所有建築形式與運動場及體育館互相適應。

查歐美各國之游泳池，往往附帶小池，深度在一公尺二公寸以下，專供兒童游泳之用。本池以限於經費預算之故，未能兼顧此項設備，殊屬缺憾。

（丁）網球場及棒球場。體育場之中部及西北角，擬建網球場（設球場三處及座位四千之看臺等）及棒球場（附座位四千之看臺）各一處，留待將來興工，不在此次舉辦工程之範圍內。

（四）施工。運動場、體育館及游泳池之建築圖案，經市中心區域建設委員會建築師董大酉君及助理建築師王華彬君主持設計完成，並呈奉市政府核准後，即於二十三年七月由工務局招標。投標人十一家中，由成泰以最廉標價得標承辦。旋於八月間開工，於十月一日舉行奠基典禮，預定於二十四年五月落成。

（五）餘音。本工程設計上不乏新穎之點，如關於鋼筋混凝土屋架，出入交通路線宿舍布置，看臺下店房等設備以及內外裝潢等，在在足供本國其他各處設計體育場者之參考。而以本場規模之大，容量之多，布置之完備，乃能以百萬元左右之經費完成之，尤見設計者之苦心孤詣焉！」〔註70〕

大會建築完成後，在全運會即將到來之際，其宏偉雄壯之規模在當時中國甚至是亞洲都堪稱罕見：「六屆全運會場之建築，上海市體育場，其設計規劃，猶在二十二年五屆全運之前，事經兩年，其時間不爲不久，但以建築工程之宏偉，故迄至最近，始全部工竣，但以大會開幕，集全國群眾視線於一地，其環境布置，自次於雄壯偉大中，表演其富麗莊嚴之象，因是大會於會場四隄，設置牌坊，並間由各工商企業家爲廣告之設置，電氣工匠，昨日因全日工作，垂暮竟功，於是晚來風雨雖依然絲絲惱人，而全運場畔，道上行人如線，虹燈綠炬，照耀如畫，市中心區之夜裏風光，在全運期間，自當遠勝於浮囂叫雜之洋場十里，而英雄氣魄之濃厚，猶在其次」〔註71〕。

較之前面數屆民國全運會在膳食、住宿等方面屢屢不盡如人意而言，本屆全運會在基礎設施、人員接洽、膳食住宿方面工作細緻，籌劃完善。會場建築全部完工後，在大會舉辦當天，籌備委員會將各地運動選手們的吃、穿、住、行等各個方面全部籌備安當，萬事俱備：

「全場建築巍峨整肅：大會競賽場，共分四處，運動場作長圓形，紅磚爲牆，如古城堡，東西兩司令臺前後對峙，西司令臺，面莅國北路，前爲廣場，圍以鐵欄，闢左右兩門，爲貴賓及特別座觀客入口之處，東司令臺入口處，在國和路臺上建搭黑牌，爲揭示紀錄之處，其四周看臺，各闢入口處多

〔註70〕 《上海市體育場工程概要》，《申報》1935 年 10 月 10 日。
〔註71〕 《霧裏看花記》，《申報》1935 年 10 月 10 日。

處,由政同路政通路入場,體育館及游泳池,在運動場之東,南北對立,網球及隊球壘球場在游泳池及運動場之間,南北看臺觀客,均由國和路總門入場,各門首均設售票處。

司令臺上威武莊嚴:大門正門上有「國家干城」左有「自強不息」右有「我武維揚」等黑色大字,入門即為西司令臺,設貴賓席次,左右傍為新聞記者席位,臺頂蓋以紅緞,臺前敷設鮮花,纏以紅綠彩綢,中懸總理遺像,立臺上遙望東司令臺,新式紀錄板一座,頗為清晰,臺下左右分設揚聲器,全場揚聲筒共有十六架,一人司令,萬人可聞。

三式旗幟飄揚滿場:所有田徑場游泳池看臺四圍高處旗杆上,遍插黨旗國旗及會旗三式旗幟不下數百,紅藍黑白四色交輝,隨風飄蕩,鮮豔奪目,並留有旗杆,明日由各省市插單位旗,黃色相間,當更美麗。

男女宿舍不相混雜:男選手宿舍在田徑場四周,右右合共八間,每間設雙人鐵床可容四百人,每一宿舍之間,則為廁所、浴室、盥洗室等,設備周全,女選手宿舍,則全部在體育館中,鴻溝劃分,不相混雜。

膳食特備五種口味:大會膳食堂在排網球場旁,共六大茅棚,菜肴口味,共分平蘇川粵清真五種,職員選手分別規定,是項菜肴,均由本市各大菜館承包,至觀眾之膳食,可自由向各臨時商販購食。

衛生消防設備周全:大會衛生設備,在衛生組辦公處旁,設有診療室,有醫師護士各二,常川駐場,場東南入口處,設有療養室,置病床二十張,專供輕病輕傷人員留醫,有護士十三人,並組織急救隊四隊,分駐籃球房,團體場,游泳池,田徑場等處,消防方面,在游泳池附近,特設消防處,設有最新式之消防器械。

郵電交通無不便利:郵政電報,均設分處於西司令臺門口,交通方面,各種車輛來往路線,以及停車處,均有規定,兩路局自寶山路至一民路之臨時客車,今日起開始通車,公共汽車,亦已加開班次,來往觀眾,至感便利。

沿途裝置六座牌樓:會場四周,均裝置牌樓,兩江附近一座,淞滬路三座,國和路二座,紅底藍邊,上嵌白字,大會正門左右,市政府,並撰聯以賀」〔註72〕。

「第六屆全國運動會開幕在即,會場及臨時商店需用自來水電燈頗多,閘北水電公司為便利用戶起見,與市政府及大會籌備處商妥,在會場東門廳

〔註72〕 《會場布置堂皇》,《申報》1935 年 10 月 10 日。

電錶室設立臨時辦事處，專派員工常駐在內，接洽用戶裝表接電事宜，並已於十月一日起開始辦公……」〔註 73〕

「第六屆全國運動大會，定於十月十日上午十時在上海市中心區運動場舉行開幕典禮，查全國運動大會係國家舉行，故林主席汪院長及中央各院部長官，並各國大使公使等，均蒞臨參加，儀式異常隆重，據全運會籌備會方面負責人言，除普通觀眾外，凡接到請柬之中外來賓，一律須著制度，佩帶勳章，或早禮服，或藍袍黑馬掛，以昭隆重雲」〔註 74〕。

而在警衛和衛生方面，維持大會秩序、保護運動員及觀眾安全是籌委會在警衛和衛生方面的首要任務，大會籌備委員會警衛及衛生工作嚴密周到、滴水不漏：「全國運動大會之會場秩序，籌備已接洽就緒，預備由保安處撥警士五百名，公安局警士訓練所撥五百名，共計一千名，會同本市童子軍，維持秩序……」〔註 75〕

「場內衛生救護事宜，由衛生組組長王世偉請由滬南衛生事務所所長尤濟華，江灣衛生事務所所長楊玉階，高橋衛生事務所所長賴斗岩，吳淞衛生事務所所長李宣果等四人組織總指揮部，場內設救護隊七隊，場外設七隊，每隊設醫士一人，護士二人，童子軍二人，病床一副，另設預備隊一隊，隨時補充出發，聽由總指揮部指揮交通隊一隊，由童子軍負責，以使發號司令及其他各種通報事宜，救護車三輛，在場內二輛，場外一輛，尚有臨時診療所六處，一則阻設於衛生組內，一則在中正小學，如遇較重病症隨時可送各醫院診療，改組爲鄭重起見，前數日已演習二次，成績甚佳，此次服務方面確定原則數項：一、態度鎮靜；二、動作敏捷；三、不妨礙觀眾視線；四、始終維持秩序。

會場警衛事宜，由市府派公安局警察及保安隊共一千名，在會場四周及各交通要道加崗駐防，市童子軍理事會調集全市各校童子軍約一千名，在各場門首及場內協助大會招待員維持秩序，並分收門券，至今日到會來賓凡乘自備車赴會之路，業經指定由西體育會路翔殷路拆淞滬路入場，回程則由翔殷路其美路而返，沿途均有交通警察指揮，而淞滬小火車及公共汽車，則均加車輛增加班次，以利交通」〔註 76〕。

〔註 73〕 《全運會水電供給便利》，《申報》1935 年 10 月 2 日。
〔註 74〕 《全運會開幕禮中外來賓須著禮服》，《申報》1935 年 10 月 9 日。
〔註 75〕 《大會維持秩序辦法》，《申報》1935 年 10 月 5 日。
〔註 76〕 《衛生警衛完密》，《申報》1935 年 10 月 10 日。

在全運會宣傳通訊及交通方面，本屆大會較過往民國全運會工作有過之而無不及：「中央社設無線電臺：本屆全國運動會，因鑒於過去大會宣傳事宜，缺乏統一性，特加強宣傳組實力……關於新聞方面，大會賦中央社以全責，利用該社無線電臺，隨時廣播各項新聞，傳達國內外各地，該社並在大會各場，裝有超短波無線電數座，隨時播送比賽情形……

會場內外電話裝竣：交通部上海電話局，以第六屆全國運動大會，定本年雙十節在市中心區開幕，爲便利場內外消息迅速起見，故於上月積極籌備進行裝置場內互通電話、場內外互通電話、公用電話、及直接電話，裝機工程，經該局日夜飭工趕裝以來，業已全部事畢，昨日起已開始通話，聲浪異常清晰云」〔註77〕。

而大會籌備委員會設立的臨時電報局以在當時來說超高的性價比獲得大會運動員及觀眾的青睞：「……據說該處每天要發出會場硬性新聞達二十一處，都有數十萬言之多，其他軟性新聞、各報社新聞、私務電報、交際電報，共在數百通以上，其繁忙情形，可想而知……該處每日收電時間自上午九時至下午九時……蓋有優待運動選手發電辦法，選手拍電以交際電論，每通僅收費四角，其價之廉，僅及原價百分之二十，在航空信資之下，且隨拍隨到，故各省市運動選手多就該處拍發報告行止、起居、運動消息，並答謝親友祝賀之電報。大會觀眾在該處拍發祝賀選手之電報者亦甚擁擠……」〔註78〕

針對前面歷屆民國全運會舉辦過程中均有出現的運動員辱罵、毆打裁判問題，本屆大會籌備委員會祭出重拳加以整治：「……決議大會開幕典禮前，應先舉行簡單莊嚴之國慶紀念典禮，並規定國慶紀念儀式，一、奏樂，二、全體肅立，三、唱黨歌，四、三呼中華民國萬歲。……各選手應絕對遵守規則，並絕對服從裁判員之決定，以維護大會全體之紀律與光榮，大會開會前應由各總領隊及總代表將此項決議嚴重通知各單位之選手，切實遵行」〔註79〕。

另外，本屆大會標語更是推陳出新，表現出民國第五屆全運會的主題：「全國運動大會，是提倡鍛鍊全民體格；全國運動大會，是重在發揚公平奮鬥的精神；全國運動大會的目的，在喚起國民注意體育；提倡體育運動，兼

〔註77〕　《大會宣傳與交通》，《申報》1935 年 10 月 7 日。
〔註78〕　《全運會臨時電報局參觀記》，《申報》1935 年 10 月 16 日。
〔註79〕　《第二次全體籌委會議議決，選手應絕對服從裁判員》《申報》1935 年 10 月 10 日。

須注重內心陶冶；提倡體育運動，復興民族精神；提倡體育運動，培養團體合作的精神；提倡體育運動，繁榮民族生命；提倡體育運動，培養堅忍勇敢的美德；提倡體育，增進幸福；提倡體育，挽救危亡；強國必先強身，救國必先救己；爲強身而運動，不爲錦標而運動；健全的思想，寓於健全的體魄；偉大的事業，寄于堅強的體格；人生以健康爲最樂；人人應養成每日運動的習慣；利用運動娛樂身心」〔註80〕。強健體魄、自強不息、救亡圖存成爲本屆全運會的主旋律。

二、舉辦情形

由於南京國民政府對本屆大會的特別重視，特許當地各學校除國慶日放假外再加兩天假期，「本市各大學、各學校及中等學校，除雙十節例假外，並於十一十二兩日再連續放假兩天，以便教職員及學生前往參觀」〔註81〕。因此本屆大會開幕前即出現了萬人空巷爭看全運會的景象：

「昨晨自八時起，公共汽車、火車無不客滿擁擠不堪，氣力較小者有侯至數小時尚無法上車者，其熱鬧可知。江灣路上沿途觀眾，則更無集會乘車矣。田徑場四周全是人頭，數餘十萬，售票處入口處，均異常擠軋，中午觀眾散場午膳，各菜館無不客滿，雖僻處邊角者亦門庭若市，其餘各商店亦利市百倍，誠爲市中心區空前熱鬧也。

觀眾踴躍：晨間……七時許市中心大道上，已車輛絡繹，遊客逐隊行矣，交通警察對車輛之指揮，頗見周密，故行人車輛秩序井然，八時以後，各學校學生及童子軍大集，軍樂聲時起於會場四周，男女來賓，因昨日爲雙十國慶日，各機關商店咸休假紀念，故倍見擁擠且大多衣雨衣攜雨具來者，足見國人對於運動之熱烈。

飛機翱翔：九時二十五分，中國飛行社派天廚救國二飛機到場散發傳單，五色繽紛在空中飄飛，二機繞場飛行甚低，駕駛員及散發傳單者，均歷歷可見，觀眾每見有傳單一捧擲下，即高聲歡呼，情況頗見熱烈，至十時許，始飛返龍華機場。十時，又飛來歐亞航空公司飛機一架，繞場飛行，散發傳單並擲下花籃一隻，上繫紅綢一條，大書「恭祝第六屆全國運動會成功」字樣，

〔註80〕　《大會標語一斑》，《申報》1935 年 10 月 10 日。
〔註81〕　《全運會開幕，各學校共放假三天》，《申報》1935 年 10 月 8 日。

係南京日報所贈，十時十分，又有由杭飛來之軍用機三架到會場上空作成隊
飛行，並散發傳單」〔註82〕。

　　1935 年 10 月 10 日上午，民國第五屆全國運動大會在上海江灣體育場正
式開幕。大會規模空前宏大，氣氛異常熱烈。全體運動選手入場遊行一周，
其中「尤以遼寧、吉林、黑龍江、熱河、蒙古、西康、新疆、馬來亞、爪哇
等隊，入場時，會眾鼓掌歡呼，尤為熱烈」〔註83〕。遊行隊伍次序如下：

　　陝西、山東、西藏、菲律賓、青島、山西、江西、河北、浙江、河南、
湖北、威海衛、哈爾濱、黑龍江、遼寧、南京、廣西、福建、江蘇、北平、
安徽、西康、新疆、蒙古、青海、綏遠、香港、廣東、馬來亞、四川、湖南、
貴州、爪哇、吉林、熱河、雲南、察哈爾、上海〔註84〕。

　　遊行完畢後，首先由國府主席林森致訓詞：「……自來國家之盛衰，繫乎
人心之振靡，人心之振靡，視乎體格之強弱，吾人如欲體魄健全，精神煥發，
則非平時鍛鍊身心發展體育不為功。我國古代，曾有春蒐夏苗秋獮冬狩之制，
原亦為發展國民體育而設，近百年來，習於文弱，國勢亦因以不振，前清末
年，文恬武嬉，外患日深，乃至為世界各國所譏笑，有東方病夫之稱，國家
地位，愈趨愈下，言之可為痛心，比來吾黨秉政，於體育一門，提倡不遺餘
力，歷屆全國運動大會各項運動成績，均已有顯著之進步……藉以發揚國
光……國民體育，應以大眾普遍發展為目的，政府舉辦全國運動大會，原為
提倡之一道，各運動員於參加斯會之後，尤須努力倡導，使全國國民體育平
均發展，庶幾蔚成風向，人心為之一振，挽救國難，復興民族，實基於此，
此為本主席之希望，亦即各運動員應有之使命，願共勉之」〔註85〕。

　　繼而由國民政府行政院長汪精衛致詞：「……今日吾人所處境遇之艱，所
負責任之重，為前古所未有，若非以精密之知識，沉毅之情操，健全之體魄，
出而周旋，則必無裨於民族國家，或反害之。而智識之增進，情操之涵養，
尤本乎身體之鍛鍊，此即吾人當前最切之需要也……故全運之意義，不徒在
表現，尤在於試驗中之比較，使吾人隨時隨處檢省自身之力量，何若在艱難
困苦中，如何肩起救亡圖存之責任，如何選擇途徑以深造力追此，則全國人

〔註82〕 《會場莊嚴熱烈》，《申報》1935 年 10 月 11 日。
〔註83〕 《全體選手遊行》，《申報》1935 年 10 月 10 日。
〔註84〕 中華民國第六屆全國運動會大會宣傳組：《第六屆全國運動大會手冊》，1935
　　　　年 10 月，中國銀行印贈，第 31～32 頁。
〔註85〕 《林主席致訓詞》，《申報》1935 年 10 月 11 日。

民所當戮力共奮，而參加本屆全運之健兒，尤當切實猛省於試驗比較之重大意義」〔註86〕。

由於當時蔣介石將主要精力用於圍剿共產黨領導的工農武裝力量，蔣本人無法趕到上海江灣，於是派遣朱培德作為其代表致詞：「蔣委員長代表朱培德宣讀委員長來電云……運動之目的，在求各個人身心平均之發展，以造成健全之體格，強毅之精神，競賽之目的，在求於有規律的動作之中以養成守紀律、尚合作，及勇敢服從諸種之德性，此皆切合吾國民族當前病態之良劑。故促進運動不應僅限於學校而應普及於社會，不應專崇個人之特長，而應淬勵全體國民之進步，復興民族之基本工作，是故最占重要，中正年來所以提倡而指示之者，已至再至三，今日與會諸君想能共喻斯旨，我國自昔商周以來，庠序教育，胥以禮樂射御書數並重，所謂射御，蓋即當於今之運動，其時國運隆盛，華夏聲威，獨尊八表，晉唐以降，右文輕武，射御之教浸衰，國民體魄之強健，遂每況而愈下，曩當遠東運動會初創之際，我國出席選手猶能勉相頡頏，與人爭衡，方謂從此互相觀摩，益求精進而普及，一洗我國積弱之恥，乃最近數屆，田徑賽率居殿車，甚至常為零分，其他各種比賽，亦多不如人，推原其故，一方固由我國運動退化，一般選手鍛鍊無恆，晏安鴆毒，自暴自棄，一方更由他人知恥奮發，刻苦孟晉，一進一退，距離日遠，有以致之，興言及此，良堪痛慨，今日世界列強及一般新興國家，對於國民體育運動之發展，莫不舉國一心，竭其全力，鼓舞以起，吾人撫今懷古，設不急起直追，力自振作，其何以再爭生存於此宇宙之間，審此，則本屆全運會之意義，及諸選手前途，所負之使命，當必感有深切之猛省，深望能由此次全運會之結果，興奮全國民眾，一致從事運動之情緒，由諸選手繼續不斷之努力，昭示全國民眾認識運動良好之模範，各以運動為終身業餘之工作，各以促進民眾運動為一己最大之責任，今後民眾復興之大業，即應於運動場中，建立其基礎，尤應於本屆全運會創造其新紀元，與會選手幸共勉旃，蔣中正支蓉印」〔註87〕。

「開幕典禮後，舉行太極操表演，由諸民誼氏任總指揮，參加者三十六校，小學生三千人，服裝係白色短袖翻領運動衣及短褲，黑色球鞋，頗為整齊，共分六十隊，每隊五十人，每隊領隊一人，手執隊旗一面，為首軍樂隊三十人，次為總隊旗，黃色緞質，四圍紅邊，上綴有太極圖形及上海市太極

〔註86〕 《汪行政院長詞》，《申報》1935 年 10 月 11 日。
〔註87〕 《蔣委員長訓詞》，《申報》1935 年 10 月 11 日。

操等字樣，各隊站立行伍，預先由會劃成白線，每人站立地點亦有白色記號，故列隊整齊，毫無錯亂，列隊後即開始表演，由總指揮諸民誼氏司口令，司令臺上裝有播音機，故發音清晰，全場可聽，表演共有六十校，動作一致，頗為精彩」〔註88〕。

在全運會開幕大典上，氣氛熱烈之中，又活潑有趣之現象，也有令人感傷之遊行：「中西禮服：……各國公使總領陸海軍武官均服大禮服，峨峨高冠，雍容華貴，大會分派男女招待員殷勤領導入座，大會職員吳市長以次，亦穿中西禮服，藍袍黑褂觸目皆是，與西禮服相映成趣……

選手遊行：各省市選手遊行時，服裝五色繽紛，步伐整齊，秩序井然，行近主席臺前，均開正步，脫帽致敬，林主席以次各外賓亦起立鼓掌歡迎，於遼寧、哈爾濱、熱河、蒙古、青海、西康、綏遠、馬來亞等隊經過時，掌聲互數分鐘不絕……

鏡箱工作：舉行開幕禮時，鏡箱工作之活動最為可觀，電影隊，攝影記者，以及男女私人影家，上下司令臺覓取對象，最為忙碌，外賓夫人亦多攜帶小型鏡箱，往來攝取，有人估計全場十餘萬人中，至少有鏡箱數千隻，故場內臨時照相店，莫不利市三倍，某漫畫家即時畫成影人攝影速寫數幅，形象逼真，幽默可喜，美人魚楊秀瓊亦為影家中心之一，選手遊行時，楊氏姊妹在首列，鏡箱追蹤卡脫之聲，不絕於耳」〔註89〕。

大會第一天，人山人海，門票收入超出本屆全運會籌備委員會預想數倍之多，甚至因為場內座位全部告滿而有觀眾買到票卻不得入場之事，籌備委員會出於為觀眾考慮的角度，還做出了一定的妥協：「昨日到會觀眾特別踴躍，統計售出門票一萬二千三百元，又多數觀眾，雖購得門票，間有不得其門而入者，大會籌委會特發出通告云：查第六屆全國運動大會，昨日開幕到場參觀者，踴躍異常，足見本市各界人士對於體育夙具熱忱，無任欣慰，惟以是日會場座位全滿，幾無隙地可容，致後來者雖購有入場券，亦間有未能入場參觀者，本會殊為歉仄，茲特定通融辦法，凡已購有十日入場券而未能入場，如所持入場券完全無缺，並未撕破者，得於十一日憑券入場參觀，但以一次為限，嗣後不再通融，特此通告周知，並希鑒原為幸」〔註90〕。

〔註88〕　《三千小學生太極表演盛況》，《申報》1935 年 10 月 11 日。

〔註89〕　《開幕典禮雜碎》，《申報》1935 年 10 月 11 日。

〔註90〕　《大會第一日門票收入可觀》，《申報》1935 年 10 月 11 日。

本屆大會設男女項目總共 17 項，另外還有 7 項表演項目。現將各項比賽成績列錄如下〔註91〕：

男子田徑及全能成績

項　目	第一名	第二名	第三名	最好成績
100 米	劉長春（遼）	傅金城（馬）	趙秉衡（粵）	10 秒 8
200 米	傅金城（馬）	戴淑國（滬）	葉嵩平（滬）	22 秒 9
400 米	**戴淑國**（滬）	傅金城（馬）	李延祥（蘇）	52 秒 2
800 米	**賈連仁**（滬）	李世民（遼）	董淑昭（滬）	2 分 3 秒 1
1500 米	賈連仁（滬）	王正林（滬）	邱忠澄（滬）	4 分 23 秒 2
10000 米	谷得勝（晉）	王正林（滬）	王會賓（晉）	34 分 11 秒 6
110 米高欄	林紹洲（滬）	黃英傑（粵）	柳英俊（京）	16 秒 3
400 米中欄	孫惠培（滬）	王精熹（平）	陸祖陰（浙）	59 秒 5
跳高	丘廣燮（滬）	於清榮（遼）	劉明儒（京）	1.77 米
撐杆跳高	**符保盧**（滬）	王禾（滬）	馬德光（粵）	3.90 米
跳遠	葉遂安（馬）	王季淮（滬）	張加㜄（滬）	6.76 米
三級跳遠	張加㜄（滬）	楊道貴（京）	王士林（平）	14.125 米
鉛球	劉福潤（冀）	陳寶球（鄂）	劉勁風（滬）	12.3 米
鐵餅	郭潔（遼）	冷培根（京）	張齡佳（平）	37.605 米
標槍	**彭永馨**（平）	敖華明（粵）	李世明（遼）	50.275 米
五項全能	紀茂德（晉）	黃英傑（粵）	王季淮（滬）	2603 分
十項全能	張齡佳（平）	周長興（遼）	程孟平（滬）	4989 分
400 米接力	北平隊	廣東隊	上海隊	46 秒〔註92〕
1600 米接力	遼寧隊	上海隊	廣東隊	3 分 40 秒

〔註91〕 資料來源於 1935 年 10 月的《申報》；平報社體育部：《第六屆全運始末記》，北平平報，1935 年 10 月；王振亞：《舊中國體育見聞》，人民體育出版社，1987 年，第 162～173 頁。

〔註92〕 此成績為上海隊在預賽中創造。

男子游泳成績

項　目	第一名	第二名	第三名	最好成績
50 米自由泳	陳振興（港）	陳其松（粵）	王秀山（粵）	27 秒 8
100 米自由泳	**陳振興（港）**	陳其松（粵）	李羅敏（港）	1 分 5 秒 7
400 米自由泳	**楊維莫（馬）**	陳振南（港）	黃景煥（桂）	5 分 33 秒 2
1500 米自由泳	**楊維莫（馬）**	陳振南（港）	麥偉旺（粵）	22 分 59 秒 2
100 米仰泳	林惠俊（馬）	石錦培（粵）	陳啓謙（港）	1 分 23 秒〔註 93〕
200 米俯泳	郭振恆（粵）	王耀民（粵）	黃爾宜（菲）	3 分 8 秒 2
入水比賽	曾射清（京）	黃錫漢（港）	徐寧生（京）	46.61 分
200 米接力	香港隊	廣東隊	馬來亞華僑隊	2 分 1 秒 2

女子田徑成績

項　目	第一名	第二名	第三名	最好成績
50 米	**李森（滬）**	陳鏗（馬）	焦玉蓮（滬）	6 秒 8〔註 94〕
100 米	**李森（滬）**	錢行素（滬）	鄧銀嬌（滬）	13 秒 5
200 米	**李森（滬）**	錢行素（滬）	焦玉蓮（滬）	27 秒 5
80 米低欄	**錢行素（滬）**	徐鳳英（馬）	胡叔芬（鄂）	14 秒 3〔註 95〕
跳高	唐瑞容（閩）	何梅英（湘）	馮妙頤（粵）	1.32 米
跳遠	鄧銀嬌（馬）	李森（滬）	陳鏗（馬）	5.06 米
鉛球	陳榮棠（滬）	潘瀛初（滬）	丁桂梅（滬）	10.05 米
鐵餅	**陳榮棠（滬）**	陳淑芳（滬）	丁桂梅（滬）	30.055 米
標槍	**原恆瑞（豫）**	潘瀛初（滬）	許源（滬）	28.55 米
壘球	**潘瀛初（滬）**	馬杏燕（粵）	梁韻森（滬）	50.45 米
400 米接力	廣東隊	馬來亞華僑隊	青島隊	54 秒 19

〔註 93〕 此成績爲楊耀昆（粵）在預賽中創造。
〔註 94〕 此成績爲李森（滬）在複賽中創造。
〔註 95〕 此成績爲錢行素（滬）在複賽中創造。

女子游泳成績

項　目	第一名	第二名	第三名	最好成績
50 米自由泳	劉桂珍（粵）	楊秀瓊（港）	陳煥瓊（粵）	36 秒〔註96〕
100 米自由泳	楊秀瓊（港）	劉桂珍（粵）	陳煥瓊（粵）	1 分 23 秒
100 米仰泳	楊秀瓊（港）	梁詠嫻（粵）	劉桂珍（粵）	1 分 37 秒 4
200 米俯泳	陳玉瓊（粵）	林都麗（粵）	區恩照（港）	3 分 38 秒 5
200 米接力	廣東隊	香港隊	廣西隊	2 分 34 秒 2

男子足球：

浙江 13：0 湖南	馬來亞 9：1 遼寧	上海 8：2 福建
廣東勝青海（青海棄權）	湖北 13：0 江西	廣東 9：0 山東
南京 2：0 河南	河北 4：0 青島	馬來亞 12：0 浙江
香港 19：0 安徽	北平 4：3 四川（延時賽）	上海 10：1 湖北
廣東 12：1 南京	馬來亞 5：0 河北	香港 8：1 北平
香港 3：2 馬來亞	廣東 3：1 上海	香港 3：1 廣東（香港奪冠）

男子排球：

浙江 3：0 江西	河北 3：1 青島	福建 3：0 湖南
香港 3：0 河南	北平 3：0 安徽	馬來亞 3：1 南京
廣東勝西藏（西藏棄權）	香港 3：1 浙江	上海 3：0 河北
馬來亞 3：0 福建	廣東 3：0 北平	香港 3：0 馬來亞（香港季軍）
上海 3：0 廣東（上海奪冠）		

女子排球：

河北 3：2 福建	北平 3：0 南京	湖南 3：0 馬來亞
上海勝河南（河南棄權）	廣東 3：2 香港	湖南 3：2 江蘇
北平 3：0 河北	上海 3：0 香港	廣東 3：1 馬來亞
上海 3：0 北平	廣東 3：2 湖南	湖南 3：2 北平（湖南季軍）
上海 3：1 廣東（上海奪冠）		

〔註96〕此成績爲楊秀瓊（港）在複賽中創造，並打破了當時的遠東運動會紀錄。

男子網球：

爪哇 2：0 威海衛	湖南勝安徽（安徽棄權）	香港 2：0 山西
香港 2：0 山西	上海 2：0 湖北	四川 2：0 浙江
廣東 2：0 江西	南京 2：0 福建	湖南 3：0 安徽
四川 2：0 浙江	南京 2：0 福建	上海 2：0 湖北
廣東 2：0 江西	爪哇 2：0 香港	馬來亞 2：0 湖南
北平 2：0 青海	河北 2：1 江蘇	北平 2：0 青島
河北 1：1 江蘇	馬來亞 2：0 河南	爪哇 2：0 香港
上海 3：2 廣東	四川 3：1 南京	爪哇 3：0 河北
馬來亞 3：0 北平	上海 2：0 廣東	四川 2：0 南京
爪哇 2：0 河北	爪哇 2：0 江蘇	馬來亞 2：1 北平
馬來亞 2：1 北平	爪哇 3：0 四川	上海 3：2 馬來亞
上海 3：2 馬來亞	四川 3：2 爪哇	爪哇 3：2 四川
爪哇 3：1 上海	上海 3：1 四川	上海 3：1 馬來亞

上海 3：0 爪哇（上海奪冠） 許承基（爪哇）獲得男子單打冠軍

女子網球：

山西 2：0 河北	北平 1：1 四川	南京 2：0 湖南
馬來亞 2：0 福建	上海 2：0 江蘇	廣東 2：0 湖北
上海 2：0 江蘇	南京 2：0 湖南	馬來亞 2：0 福建
廣東 2：0 湖北	廣東 1：1 上海	南京 2：0 馬來亞
山西 2：0 河北	四川 2：0 北平	上海 2：0 廣東
馬來亞 2：0 南京	山西 2：0 廣東	上海 2：1 山西
南京 2：0 四川	南京 2：1 北平	山西 2：0 上海
四川 2：0 馬來亞	山西 2：0 南京	上海 2：0 南京
上海 2：0 馬來亞	山西 2：0 四川（山西奪冠）	

男子籃球：

山東 46：42 江蘇	菲律賓 90：22 湖南	北平勝香港（香港棄權）
南京勝西藏（西藏棄權）	河南 35：14 江西	四川 57：33 蒙古
馬來亞 90：20 青海	青島 46：25 吉林	湖北 71：33 安徽
上海 37：34 山西	河北 42：18 浙江	廣東 58：52 福建

北平 74：30 河南　　　　青島 52：44 馬來亞　　　　菲律賓 100：22 四川

南京 68：36 山東　　　　河北 62：25 廣東　　　　北平 61：31 青島

南京 49：39 菲律賓　　　上海 41：31 湖北　　　　南京 42：28 上海

河北 49：36 北平　　　　上海 59：54 北平（上海季軍）

河北 45：37 南京（河北奪冠）

女子籃球：

河南 23：19 南京（加時）　　福建 30：8 湖南　　　廣東 44：25 青島

浙江 21：9 山東　　　　　　河北 48：23 湖北　　　上海 47：26 馬來亞

北平 46：3 江西　　　　　　江蘇 29：15 四川　　　上海 63：22 河北

廣東 53：14 浙江　　　　　　福建 54：13 南京　　　江蘇 26：24 北平

上海 58：4 江蘇　　　　　　廣東 40：34 福建　　　福建 40：18 江蘇（福建季軍）

上海 48：26 廣東（上海奪冠）

男子棒球：

廣東 12：4 北平　　　　　上海 36：0 湖南　　　上海 9：2 河北

北平 10：6 河北（北平季軍）　上海 7：2 廣東（上海奪冠）

女子壘球：

山東 36：0 南京　　　　　河北 36：4 江蘇　　　山東 7：2 廣東

河北 8：6 上海　　　　　廣東 34：3 上海（廣東季軍）

山東 10：6 河北（山東奪冠）

　　各地方省市參加本屆全運會的經費，除了馬來亞、香港、爪哇、綏遠等單位以外，現將已收集的 33 個參賽單位參加運動經費約數以及每日選手的生活費用，列錄如下 [註97]：

單　位	參加人數	經費總數	選手每日生活
安徽	74	4800 元	1 元
江西	132	8000 元	1 元
南京	174	9940 元	1 元 5 角
江蘇	114	4500 元	1 元 5 角

[註97]　《各單位參加經費調查》，《申報》1935 年 10 月 20 日。

廣東	184	48000 元	1 元
菲律賓	15	3000 餘元	5 角
雲南	2	600 元	1 元
陝西	24	2800 元	2 元
廣西	18	8000 元	含旅費及一切 300 元
福建	121	3200 元	連旅費一切 35 元
浙江	95	4000 元	1 元
四川	81	20000 元	1 元
新疆	15		1 元
蒙古	17		1 元
青海	19		1 元
西康	13		1 元
西藏	17		2 元
遼吉黑熱哈	28		
河北	167	18000 元	1 元 5 角
山西	41	5000 元	1 元 5 角
北平	150	12000 元	1 元 5 角
山東	127	12000 元	1 元 8 角
青島	115	8000 元	1 元 5 角
察哈爾	7	400 元	2 元
貴州	19	3800 元	連旅費 200 元
湖南	156	10000 元	1 元 5 角
湖北	63	6000 元	連旅費 45 元
河南	170	11000 餘元	2 元
上海	270	20000 元	3 元
總數	2428	223040 元以上	

　　本屆全運會門票收入總共約爲 11 萬元,「大會於本月十日行開幕禮,參觀者有一萬人,門票售出一萬六千元,其後數日,人數不多,每日只售二三千元,待游泳足球開始,觀眾突然增加,每日門票在萬元以上,昨日爲閉幕,有中西足球比賽,參觀者仍眾,售去門票一萬三千餘元,據云,大會委任市

銀行及中國旅行社代售之券資，尚未完全繳會，昨晚大會計算門票收入，約有十一萬元，超出門票預算五萬元一倍以上云」〔註98〕。

大會閉幕式程序：一、開會奏樂，二、職員運動員繞場一周，三、全體肅立升會旗鳴炮六響放鴿，四、唱黨歌，五、向國黨旗及總理遺像行最敬禮，六、主席（會長）恭讀總理遺囑，七、主席致開會詞，八、籌備主任（上海市長）致詞，九、運動員宣誓，十、名譽會長林主席訓詞，十一、名譽副會長汪院長訓詞，十二、名譽副會長蔣委員長訓詞，十三、唱會歌，十四、奏樂運動員退場禮成，十五、太極操表演。

王正廷在閉幕式上致詞：「……今所欲言者有三：一、維持體育風範及運動員道德，蓋體育寓有教育意義，應本此宗旨，以兼謀智育德育之發達；二、鼓勵女子運動，我國過去對於女子體育素不注意，今逐漸提倡成績漸著，仍盼各代表繼續努力；三、本屆大會會期較過去歷屆長久，而一切設施，頗稱完善，此足以表現向前進步，而籌備主任及全體籌委之辛勤努力，尤應深表謝忱，願諸君一路平安，繼續努力，體育事業，以發揚我國民族體魄，又軍事委員會蔣委員長，對本屆大會頗為關心，以蔣委員長駐川剿匪為國勤勞，特致電慰勞，全場鼓掌贊同」〔註99〕。

大會籌委會還決定下屆全運會於首都南京舉行：「……下屆全運會地點已決在南京舉行，此按例每間四年須在首都舉行一次，十九屆華北運動會，將在西安舉辦，已派員往接洽，如不成功，則改在青島辦理，此次全運雖耗材過巨，但表現民族團結精神，所得代價超過物質消耗」〔註100〕。

第五節　本階段全運會特點和積極影響

這一時期的民國全運會，是近代中國歷史上發展相對穩定的時期，其舉辦頻率之高、規模之大、成績之佳都達到了中國近代歷史上的較高水準。這一時期的全運會占到了整個民國全運會屆次的一半，因此說這個時期是民國全運會的輝煌時期也並不為過。這一時期發展勢頭良好的民國全運會必然有其特點，也必然會產生較大的影響，在民國時期，其意義和局限性也必然同時存在，我們將對這一時期的民國全運會進行綜合評價。

〔註98〕 《大會門票收入約十一萬元》，《申報》1935 年 10 月 21 日。
〔註99〕 《王會長閉幕詞》，《申報》1935 年 10 月 21 日。
〔註100〕 《下屆全運會在京舉行》，《申報》1935 年 10 月 23 日。

一、舉辦規模愈益宏大

　　首先，這一時期的民國全運會規模空前，與會人員眾多，屢創歷史新高。與前幾屆僅兩三百名學生運動員參加的全運會相比，這一時期的全運會參賽人員數量呈井噴式增長。1930 年的民國第三屆全運會，由全國 16 個省、6 個特別市以及 1 個海外華僑團體的 2000 多名運動選手（「實際到會選手男 1163 人，女 464 人，總共計人數 1627 人」）〔註 101〕組成的運動隊伍，使得大會規模空前宏大。參加全運會的 23 支代表隊伍，涵蓋了從東北地區到華南地區的大多數省份，除了西部邊疆省區以外，中國人口密度較大的省份均派遣了代表隊參加本屆全運會，運動健兒濟濟一堂，讓國人首次感受到眞正意義上的達到國家主辦層次的高水平運動會。與之前歷屆全運會相比，民國第三屆全運會上首次出現了由東北地區和海外華僑派遣的代表團體，這是之前歷屆全運會所沒有的，爲這一時期全運會的亮點所在。東北地區還一次性派遣了兩支代表隊伍前來參賽——遼寧隊和東北特區隊（簡稱東特），海外代表隊則是來自日本神戶的華僑團體。這樣的局面象徵著當時中國全國統一的局面，是爲當時國人普遍認爲的大團圓局面。在第四屆民國全運會上，參賽單位達到 33 個之多，參賽人員共計 2275 人〔註 102〕，再次刷新了民國全運會參賽代表團和參賽人數的紀錄。參賽代表隊中出現了多支第一次參加全運會的邊疆省區代表隊，諸如新疆、甘肅、寧夏等西北邊遠省份的代表隊，這些隊伍在本屆全運會上的出現，迅速塡補了之前民國第三屆全國運動會留下的缺憾，使得民國全運會的內容變得越來越充實，全運會的全國性質也越來越有說服力。第五屆民國全運會，參賽單位多達 38 個，參賽運動員 2285 人，加上隨行人員共計 2748 人〔註 103〕，成爲抗日戰爭之前規模最大的全運會。其中西藏、蒙古、西康等爲首次派隊參加大會，當時的蒙古仍屬於中國管轄，非獨立國家，蒙古選手千里迢迢來滬參加全運會，確屬不易。這一時期全運會的運動員來自農工商等社會的各個領域，打破了之前幾屆民國全運會學生運動員壟斷全運會比賽的局面，表現出全運會達到了使全國人民都參與大會的象徵意義。這也從另一個方面體現出當時的中國社會體育已經有所發展，參加

〔註 101〕　《國民政府教育部檔案》，中國第二歷史檔案館編：《中華民國史檔案資料彙編》第五輯第一編，江蘇古籍出版社，1994 年 5 月，第 986 頁。
〔註 102〕　董啓俊：《全國運動大會小史》，1937 年，第 16～17 頁。
〔註 103〕　王振亞：《舊中國體育見聞》，人民體育出版社，1987 年，第 161 頁。

全運會並能取得較好成績的選手已不再像前幾屆民國全運會那樣全部由學生運動員包攬了。另一方面也說明民國初年乃至晚清時期的各項相關體育法規和政策開始體現出其效果，所謂前人栽樹，後人乘涼，從晚清時期一直到民國年間，經過二十年的醞釀積累，各項有關學校體育和社會體育的政策、法規開始逐漸在社會中體現出其效果。從第四屆全運會開始，少數民族選手正式登上民國全運會的舞臺，雖然在正式比賽中無法和訓練有素的漢族選手相比，但他們的參與表明了當時的民國全運會已經達到了一個較高水準，象徵著當時中國領土主權的完整和國家在形式上的統一。少數民族選手大多在表演賽中給觀眾留下深刻印象，如蒙古摔跤表演，「一經開賽，不一回合，漢人選手即被摔倒在地」〔註104〕，蒙古族選手身體之健壯、技術之精悍由此可見一斑。

第二，比賽項目數量大幅增加，項目系統漸趨完善，競爭日趨激烈，成績提高迅速。首先，這一時期全運會比賽項目的增加最為顯著的變化便是女子項目系統的逐漸完善。從第三屆民國全運會開始，女子項目成為全運會的正式比賽項目，計入各代表隊的正式錦標成績。女子體育也成為今後國家及地方運動會的正式比賽項目，受到和男子體育同等重視的待遇。其中最引人矚目的便是女子田徑賽和女子球賽兩個大類別的增加，女子體育從此在全運會上有了一席之地，並在以後的民國全運會上得到了迅速發展。第四屆全運會上，比賽項目又增加了女子游泳賽的大類，至此，女子體育項目在大類別方面已經與男子項目持平。到第五屆民國全運會，男子項目和女子項目在類別上已經沒有任何不同，在比賽具體項目方面，男子項目共計 33 項，女子項目共計 21 項，是女子項目數量最接近男子項目的時期。這充分體現出這一時期的民國全運會對女子競技的重視，也在一定程度上反映出當時中國女子體育事業已經有了一定程度的發展。而近代女子體育在中國的進步，不僅僅體現在正規比賽項目方面，在表演賽尤其是國術方面，女子體育的進步也十分明顯：「本屆全國運動會中者有三十八個單位，而參加國術比賽者僅十八個單位，所以不能如參加其他各項比賽之踊躍，一則各省尚有許多未成立國術館，二則因無國術館之設立，故對於國術選手亦較為難選，但是此次凡未參加之單位，均另行派員到會參觀，以資下屆大會之參考，本人認為好現象，又此

〔註104〕王振亞：《舊中國體育見聞》，人民體育出版社，1987 年，第 173 頁。

次國術比賽，共計七項，其中拳術器械二項各爲表演比賽，所謂對比者，亦非甲與乙兩單位，乃係本單位自己與自己比賽，此外均稱爲比賽，又本人對於國術一項，所以提倡不遺餘力者，乃在求國術之普遍也，以今日觀察之結果，男子拳術，固多精彩，而女子拳術進步，尤極迅速，殊覺欣慰也」〔註105〕。隨著時間的推移，社會風氣的逐漸開放，國人正在一步步的擺脫封建時代對女性的傳統觀點，女子體育得到發展，有利於國民體育的健康整體發展，在精神上也可以使得當時的國人能夠更加振奮。當時就有對女子體育興起的評論：「女子在封建社會裏，是被幽禁在囚牢中的無期徒刑者，囚徒，當然不能希望有健康的心身的。所以「深居簡出、弱不禁風」是封建社會（上流社會）讚美女子的信條。時代不同了，社會改變了。現在，女子既可和男子同樣的赤身露體，跑跳於數十萬觀眾之前，顯示她的康健活潑的姿態與技術。不管遊於水，賽於陸，在在可和男子比美一時」。〔註106〕

　　再者，這一時期全運會的田徑賽及游泳賽成績進步十分迅速，全國新紀錄層出不窮。根據前述章節的內容進行統計，第三屆民國全運會上，男女田徑及游泳賽總共34項，其中有8項誕生了全國新紀錄。第四屆民國全運會，男女田徑及游泳賽共計43項，其中有30項誕生了全國新紀錄，是爲民國時期誕生新紀錄最多的一屆全運會。第五屆民國全運會，男女田徑及游泳賽總共43項，其中有18項誕生了全國新紀錄。這是全國新紀錄井噴的時期，是民國全運會競技成績迅速提高的最好證明。而球類比賽方面，雖然沒有新紀錄的說法，但從第五屆民國全運會開始，所有球類項目從僅設置有冠亞軍到設置冠、亞、季、殿軍。在當時尚未設立小組賽制度的民國時期，球類比賽就是殘酷的淘汰賽制度，僅有冠亞軍的設立無法滿足技術愈益精進的各球隊需求，不利於球類運動的推廣和普及。因此，由球類比賽開始設置前四名的獎項可以看出，參加球類比賽的各省市代表隊數量越來越多，球類比賽的競爭也愈益激烈。

　　第三，全運會的籌備組織工作在這一時期愈顯完善，中央政府傾全國之力舉辦全運會成爲這一時期民國全運會的一大特點。民國第三屆全國運動會是民國歷史上首次由中國的中央政府組織籌辦的全國運動會，它標誌著民國全運會的籌備開始走向成熟。第四屆全運會籌備委員會則爲民國今後的體育

〔註105〕《裁判長表示欣慰》，《申報》1935年10月8日。
〔註106〕《歡送全運會女選手們》，《申報》1935年10月20日。

發展做好了各項規劃，對第五屆全運會也已經有了初步計劃：「下屆全運會，於民國二十四年仍在中央體育場舉行，止可與四年一次之遠東大會間隔舉行，至各省區運動會，如華北，年舉一次，由各省市新築完備宏大之體育場後，始有邀請在該省市舉行之資格，如此經年提倡，若干年後，各省市均有完備之體育建築，明年之華北運動會，在津舉行，津市已亟亟進行體育場之建議，希望華中華東等仿華北方法，逐年推廣體育設備」〔註 107〕。

對於中華民國在近幾屆遠東運動會上的糟糕表現，全運會籌備委員會自然不甘任其繼續沉淪，因此亦做好規劃，甚至為參加當時的奧運會邁出了實際的步伐：「至全國體育協會對於參加明年遠東大會之籌備，已決定由該會常務董事會，另組委員會主持一切，籌備事宜，中國出席選手之選派，將由該委員會徵集各方意見，審慎選擇，體協會之經常費，為數甚少，每單位年納二十五元之外，擬向教部接洽，請其予以相當之補助，惟體協會之臨時費，則為數頗巨，如明年出席遠東及一九三六年出席世界運動會之一切費用，刻下正在設法籌劃中」〔註 108〕。

這一時期的三屆民國全運會均由南京國民政府在幕後統一籌劃組織。雖然在籌備過程中，中華全國體育協進會是實際領導組織籌備全運會的組織機構，但是其背後離不開南京國民政府的全力支持。首先是大型體育場的興建，離不開中央政府的財政支持。這一時期舉辦了三屆全運會，大會籌備委員會先後在杭州、南京、上海建造了 3 座大型體育場，尤其是為民國第五屆全運會建造的上海江灣體育場，在當時號稱亞洲第一體育場，耗資巨大，在當時絕非是中華全國體育協進會這樣所謂的民間組織能夠擔負的。這離不開當時中央政府的全力支持，尤其是資金方面的支持。從前述有關全運會籌備的章節中，我們可以看出這些大型體育場的興建無一不由中央政府以財力支持。再者，這一時期的全運會舉辦過程中，一干「國府要人」悉數登場，開幕式、閉幕式等儀式愈顯隆重，體現出南京國民政府對全運會籌備工作的高度重視。從第四屆民國全運會開始，全運會名譽會長、正副會長等主要職務全部由國民政府的大員把持，蔣介石、汪精衛、戴季陶、孫科等人悉數登場作演講演說，體現出國民政府在全運會上的「國家意志」。從積極的方面說，政府對全運會的高度重視，也必然會極大的提高了國人重視體育的意識，對促進

〔註 107〕 《下屆全運動》，《申報》1933 年 10 月 19 日。
〔註 108〕 《明年遠東會》，《申報》1933 年 10 月 19 日。

近代中國體育事業的發展有積極影響。作大會主辦方的南京國民政府功不可沒，這一點也得到了民國部分體育界人士的贊許。「歐美進步之因，吾國衰歇之故，厥有二焉，一位在上之不提倡，一爲在下之不努力，自此以外，缺乏壯美完備之運動場，亦在足梗體育之譽及其發展。此次中央耗金百三四十萬築全運會會場於田徑場游泳池、籃球場國術場等，皆備極壯美，設備之佳，實足爲運動之助，亦足見上者提倡之苦心矣，選手方面集南北健兒都兩千餘人，精神飽滿，態度嚴正，各項紀錄皆有優異進步，亦大非昔比，此實足引爲欣慰者也。……至如民眾方面，參加者亦極爲踊躍，較前於體育，視之漠然者，亦不然一變，此亦足證吾國年來於提倡體育之成績，倘全運會能歲一舉行，則此後體育前步，可預卜焉」〔註 109〕。

二、推動近代體育發展的催化劑

　　這一時期全運會的頻繁舉辦，本身就是對近代體育發展的鼓勵和推動。這一時期的民國全運會好比一劑催化劑，對近代中國體育的方方面面都產生了積極的推動作用。首先是體育界人士借民國全運會舉辦之機，或醞釀成立全國性質的體育類組織，或進一步完善原有體育組織的結構。如第五屆民國全運會舉辦期間，郝更生、沈嗣良、袁敦禮等人開始醞釀籌備成立中華體育學會：「中華體育學會，於日昨在德麟公寓舉行首次籌備會議，由袁敦禮主席，當推定郝更生、吳蘊瑞、程登科、袁敦禮、沈嗣良、邵汝幹、吳澂、張東屏、吳邦偉、江良規等十人負責籌備，並繼續徵求發起人，徵求函業已發出，茲錄如下：逕啓者，吾國體育近數年來經全國上下之積極提倡，已有顯著之進步，推其推行力量多重於行政教學及競賽方面，而純粹研究體育學術機關尚付缺如，以致體育事業實際理論殊少研討，中華體育協進會、青島體育討論會及京滬處育界同仁有鑒於茲，爰有組織中華體育學會之倡議，以期體育學術有闡揚研究之機會，曾於本月十三日下午六時，在德麟公寓開第一次籌備會議，僉以六屆全運，會開上海全國體育界領袖名士薈萃於茲，乘此良機，徵集發起人以利進行，並定本月十七日下午六時仍在四川路德麟公寓二樓飯廳開發起人會議，素仰先生熱心體育領導群論，敬希俞允准時出席會議爲荷」〔註 110〕。

〔註 109〕　《余對全運會之感想》，《申報》1933 年 10 月 19 日。
〔註 110〕　《中華體育學會首次籌備會議》，《申報》1935 年 10 月 15 日。

　　「中華體育學會第二次籌備會議，於十月十八日下午一時在上海市中心區體育場舉行，其紀錄如下：出席者郝更生、沈嗣良、吳蘊瑞、程登科、章輯五、邵汝幹，主席郝更生，決議事項：一、決定籌備處設在南京中央大學體育館；二、推定郝更生為籌備委員會主席委員；三、此後一年內中心研究工作，推行郝更生、吳蘊瑞、程登科三人設計進行；四、本會成立大會日期擬於中華全國體協會來年舉行之體育討論會同時舉行；五、本會呈請教育部中央研究院撥助籌備經費以利進行。附章程草案如下：第一條定名，本會定名為中華體育學會，第二條宗旨，本會係純粹學術研究機關，以研究體育學術為宗旨；第三條，會務舉辦體育討論會，體育學術講座，編輯年報及其他有關體育學術團體上之刊物，創設體育流通圖書等；第四條會員，1凡願研究並提倡體育之團體，經本會理事會審查合格提交大會通過後，得為本會團體會員，團體會員歲納費十元，有選派二人選舉及被選舉理事權，並得享受本會所出一切刊物之權；2凡願研究並提倡體育之個人，經會員二人以上之介紹，及本會理事會審查合格後，得為本會會員，個人會員年納一元，或一次納費二十元者，為永久會員，有選舉及被選舉理事權，並有領取本會一切刊物之權；第五條董事，本會得聘請董事若干人，組織董事會，輔導本會一切會務之進行，及籌募本會之經費；第六條職員，1本會理事會，以十二位個人會員，三個團體會員組成之，主持一切會務，理事會每年通信改選三分之一，連舉得連任，其細則另定之，2本會設常務理事三人，主席理事一人，由理事互推之，總理一切會務，3本會職員，除特別聘用者外，概係名譽職，不支薪資；第七條組織，本會設總事務所，及總務部、編譯部、研究部、宣傳部、介紹部、通訊部、儲金部，除總事務所由理事會主持外，其他各部由大會組織委員會主持云，其細則另定；第八條會議，本會會議，分左列三種：1本會每年舉行全體大會一次，由理事會召集之，2理事會每三月開會一次，討論一切會務進行事宜，由主席理事召集之，3本會於必要時得由理事會召集臨時會議；第九條分會，本會各地會員，滿二千人以上者，得組織分會，其簡章另訂之；第十條附則，本簡章有未盡事宜，得由本會會員十八人以上之提議，經大會公決修改之，並呈主管教育行政機關備案」〔註111〕。

　　而民國全運會的實際籌備組織——中華全國體育協進會則趁大會舉辦之機，召開全國代表會議進行工作總結：「中華全國體育協進會，昨晚七時，在

〔註111〕《中華體育學會二次籌備會議記》，《申報》1935年10月23日。

八仙橋青年會舉行全國代表大會，出席者會長張伯苓、副會長吳鐵城（沈嗣良代）、董事諸民誼、馬約翰、袁敦禮、郝更生、高梓、金曾澄……等，首由主席張伯苓致開會詞，繼由主任幹事沈嗣良報告兩年來工作……」〔註112〕

　　第二，這一時期民國全運會的頻繁舉辦，對中國各地近代體育的發展有著巨大的促進作用。尤其是在邊疆省份，全運會的舉辦對當地近代體育的普及推廣有著不可替代的催化作用。1935 年的民國第五屆全運會集合了來自全國各地不同地區不同民族的運動選手，在 1933 年全運會舉辦時未能參加的一些邊疆省區諸如西康、貴州、廣西等，本屆全運會均派代表團不遠千里赴滬參加大會，實在難能可貴！本屆全運會聚全國運動健兒濟濟一堂，至此真正實現了舊中國歷史上第一次全中國範圍的運動大會。這是中國自晚清以來，近代教育和體育不斷積累、逐漸發展的結果，也是中國人民不畏艱難、艱苦奮鬥的成果，這個成果屬於全體為中國近代體育發展不懈努力的各族人民。少數民族選手因不遠千里跋涉來滬參賽，自然引起民眾的熱情關注，他們的穿著打扮、一舉一動也成為本屆大會的一個小亮點。「新疆選手遠來不易：……該隊此次長途跋涉，由新出發，迄抵上海，共費時兩月餘，該隊途經甘陝時，賴步行及駱駝，受盡艱難痛苦，該隊選手所戴之小帽，係回教式，別具風致」〔註113〕。「蒙選手牛山濯濯：各單位中，為人所矚目者，厥為邊陲各省之選手，不憚跋涉，遠道參加，精神至為可貴，而如蒙古選手之一律光頭，牛山濯濯，觀眾不約而同的哈哈大笑起來，風頭之健，山西光頭，不得專美於前矣」〔註114〕。為歡迎邊疆省區選手赴會，大會也多次舉行遊藝會：「蒙古、新疆、西藏選手，於昨日下午八時，在體育館全運遊藝大會中，歌唱邊遠民曲，如青年的志氣，騎馬歌等數曲，歌聲嘹亮，別饒風味，聽者無不鼓掌，上海市電臺並特為播音云」〔註115〕。另外值得一提的是，民國第五屆全運會在晚間安排了歡迎運動選手的遊藝會，大會特別邀請了戲劇家梅蘭芳出演，使得本屆大會生色不少。

　　當然，我們在肯定這一成果屬於全體中華兒女的同時，既不能否定南京國民政府對這一時期三屆民國全運會舉辦成功所付出的巨大努力，也不能忽

〔註112〕　《全國體協會全國代表大會》，《申報》1935 年 10 月 19 日。
〔註113〕　《花花絮絮錄》，《申報》1935 年 10 月 8 日。
〔註114〕　《選手遊行速寫》，《申報》1935 年 10 月 8 日。
〔註115〕　《蒙新藏選手歌唱邊遠民曲》，《申報》1935 年 10 月 16 日。

視其在近代中國體育發展的道路上爲中國體育創造的各項有利的發展條件。當時報紙上也對邊疆省區代表隊的情況作了介紹：

「西藏參加全運選手共十七人，由總領隊黃次書率領，於昨日由京來滬，即向大會報到，據黃君云，本省僻處西北，文化低落，此次參加選手西藏學校占多數，其目的僅在觀摩，以資借鏡並使全國人民都能認識西藏之旗幟，而加以注意云……」〔註116〕「青海選手參加全運會此爲第一次，參加全運會，一面將青海整個的精神拿出來給中外人士觀瞻，以表全國一統，並將全國體育上的技術優點帶回去，給整個的青海大眾，使知體育運動的重要，積極的發揚，以樹復興民族之基礎，這是青海代表隊的最大冀望，青海地處邊疆，民族甚爲複雜，此次選手中各族均有參加，選手之技術與成績尚稱不錯，此次與全國選手比賽，雖預料不能決勝，但亦欣幸得來大會作一次觀摩，俾鼓勵各選手，於下次成績當得增進，並請全國的體育家們多多指導」〔註117〕。「從未參加全運會之西康隊，近爲鼓勵該處人民對體育有興趣起見，特於二月前訓練選手十三人，參與此次大會，由總領隊馬澤昭率領於昨日下午二時半抵滬，即至大會報到。馬澤昭談：據馬君語記者云，西康地處僻偶，人民之對體育幾不知視爲何物，而尤以新式體育爲最，他如舊時之騎馬、打槍兩種，尚稱普遍，至於游泳之技能，幾乎爲全國冠，共最優者能在水中幾天不致有變，惜乎姿勢不合，不能向大會報到，又有擲石子一門，平常每人可擲六十米之遠，凡在六十米之中均能百發百中，至此次參加大會之經費，均係向各處募捐所得，其目的不在錦標之得失，純係一睹全能健兒之技能，便返康對該地體育得有改進云云」〔註118〕。「蒙古……選手一行十四人，由總領隊恩和阿木爾率領，於昨日上午八時由京乘車來滬，於下午三時抵滬，據該隊總領隊恩君語記者，蒙古原有運動技能，以騎術射擊摔角等爲特長，對於西洋運動方式尚係初學，此次參加選手多係蒙藏學校學生，及軍校學生，對籃球則尚感興趣，田徑則毫無把握，此來不過爲觀摩他人云云。該隊除摔角八人尚在途中外，其餘選手已到……」〔註119〕「新省代表隊，十二名，由隊領隊宮碧澄率領，由京於昨八時晨乘到車……據總領隊宮君語記者，該省人士歷來身體健全，而全省各族如纏族哈族蒙族等，皆精於騎射游泳摔角等項，至於

〔註116〕《西藏選手共十七人》，《申報》1935年10月8日。
〔註117〕《青海選手初次參加》，《申報》1935年10月9日。
〔註118〕《西康徑賽成績可觀》，《申報》1935年10月9日。
〔註119〕《蒙古騎士共十四人》，《申報》1935年10月9日。

騎涉高山曠野之各種技能，尤為精良，關於田徑等項運動，乃在數年來所提倡，新省此次參加為第二次（二十二年參加第一次），一方面為觀光全國各選手之精良者，以資借鏡，一方面為使全國人士得悉新疆人亦如其他各省市相同，而能參加各種項目，雖不希望得任何錦標，要在表現新省人士對於體育之興趣，及勇敢赴會之精神云。又該省各選手有於半年前到京者，有在留京學者，故昨日完全由京開來云」〔註120〕。「新省僻居邊陲，民智閉塞，對於田徑賽球類等新式運動，提倡未及十年，故現只能推行於學校，民眾尚未普及，至民間現有運動，除游泳外，對於騎馬、擲石、拳擊三類則甚嫻熟，此次參加全運選手，一部分係在南京求學之學生，一部分則自新省趕來者，將來選手回去以後，擬休明推行新運動之責任，俾使普遍化云」〔註121〕。

「西康：……據談西康人民，體格極健，所謂肺癆霍亂的疾病，從未有過，民眾體育，以跑馬跳絃子、打牛角、跳神等，最為普遍，民十八以後，由前西康政務委員龍守賢氏提倡田徑球類等新式運動，推行未及十年，自無成績即可言，此次參加全運會，尚係破題兒第一遭，選手共十一人，參加項目，均為田徑，實力當然薄弱，但此行目的，並不希望奪得錦標歸，無非供此機會，觀摩一番，作為推行之張本云。

蒙古：記者又在國術場遇見蒙古摔角選手八人，皆彪形大漢也……摔角選手，係新從蒙古趕來表演者，均不通漢語，平日以游牧為主，故體格至為強壯，其性情好勇善鬥，但待人接物，則甚忠厚云云。

青海：……青海因交通閉塞，故新式運動，不甚發達，雖在民國九年，曾舉行全省運動會一次，但當時只有田徑賽，成績不甚佳，民國十五年以後，始有球類運動，但亦只限於學校，年來努力提倡，籃球一項，民眾亦漸漸感到興趣，至過去民間流行之運動則以扒由與賽馬最為普遍，而賽馬興趣尤為濃厚，每月必有數次舉行，大有萬人空巷之概也。

西藏：……本省僻居西北，文化低落，此次參加選手，以西藏學校為多數……

綏遠：據談綏遠政府年來提倡體育不遺餘力，歸綏省會，最近並建築大規模之公共體育場一所，以為民眾練習之用，田徑球類，亦漸漸普及於民間，此次參加選手共十五人，除有二人參加國術比賽外，餘均田徑云。

〔註120〕《新疆代表昨由京來》，《申報》1935 年 10 月 9 日。
〔註121〕《宮碧澄談新疆體育尚待發展》，《申報》1935 年 10 月 12 日。

新疆：……新省民智未開，田徑球類等新運動，提倡未及十餘年，故僅能推行於學校，民眾尚未普及，民間現有運動，計有游泳、騎馬、擲石彈、奉斗等等，技術頗精，處處可以表觀人民尚武精神云」〔註122〕。

據此可見，這些邊疆省區大多遠離海岸、地處內陸深處，交通艱難，人民對外交流極少。但這些省區於體育一項潛力巨大，尤其是民族體育一塊，異常發達，只是因為缺少教育、經濟萎頓以及基礎設施落後等原因，導致這些邊疆省區的近代體育發展遠遠落後於時代，大多正處於亟待起步的階段。而這些地區的選手領隊代表也多抱著謙虛的態度參加大會，他們本著重在參與的精神，以觀摩學習民國全運會各項事宜。青海代表隊在第五屆民國全運會閉幕後，還發出告別上海書，表達了中國邊疆各族民眾對復興民族的期望以及對振興地方體育的決心。「青海僻處邊陲，交通阻隔，與上海繁榮鬧市，天涯地角，各踞東西，雙方人士，把臂會晤，殊非易事，第六屆全運會在滬開幕，本隊遠道來滬參加，幸蒙各界人士熱烈歡迎，尤於大會開幕之際，對本隊高聲呼喚，全場歡迎，銘感之餘，惟有振起精神，以注目禮作最敬之答謝，現在大會閉幕，匆匆西上，回憶在滬時期，觀摩運動技術，參觀學校工廠，遊覽勝地戰跡，驚心怵目，所得甚多，此種優良收穫，價值高貴，非金錢所能買到，今茲回青，除將參加運動心得，傳給青海青年，努力體育，以樹民族復興之基礎外，並將物質文明之偉大，科學利群之真諦，宣告給青海同胞，大家覺悟起來，加速度的往前直追，開發生產，努力建設，俾青海天然寶藏，能供給國人之需求，不致貨棄於地，永落人後，更希望滬上實業界、教育界、新聞界注意及之，別矣上海，後圖良晤，青海代表隊總領隊張得善、指導員鄒國柱，率全體選手謹告於京滬車上」〔註123〕。

正因為各邊疆省區代表選手們歷年來抱著這份「非金錢所能買到」的珍惜精神謙虛學習，積極進取，才能在本屆全運會上有了零的突破：「廣西本屆田徑只有黃文一一人代表，昨天萬米決賽，楊君死釘猴王後來居然奪到第五名，替廣西得到田徑寶貴的二分，可算不負使命者，其他平時成績優越，而臨場逃陣的強的多了」〔註124〕。「昨日之各種預賽，內地選手入選者甚多，如青海、江西、福建，均於預選中掛名，殊為不易，又如女子推鉛球，四川選

〔註122〕 《領隊選手談邊省體育狀況》，《申報》1935 年 10 月 20 日。
〔註123〕 《全運會青海代表隊告別上海》，《申報》1935 年 10 月 25 日。
〔註124〕 《零零碎碎》，《申報》1935 年 10 月 16 日。

手之得分，及男子跳高江西之得分，均為歷屆所無，故足證吾國體育，現已漸普趨及」〔註125〕。這一時期民國全運會的成功舉辦，與各邊疆省區的積極參與是密不可分的。一方面，民國全運會的成功舉辦是建立在各邊疆省區積極派遣選手參與的基礎上，而這一基礎又是建立在各邊疆省區近代體育開始起步的大前提上的。另一方面，全運會的舉辦也刺激著各邊疆省區的近代體育發展，為經濟文化相對落後的各邊疆省區提供了良好的觀摩和學習機會，反過來進一步促進了各邊疆省區的近代體育發展，對這些落後地區的近代體育乃至教育、經濟發展都起到了積極的促進作用。

　　民國全運會對各地近代體育的推動作用還體現在各地紛紛趁大會舉辦之機建立體育組織。以青海為例，「青海體育，素不發達，此次參加全運會，代表隊觀摩各項運動技術後，精神非常振奮，並為促進青海體育起見，組織青海體育促進會，即於十月十日上午十時在上海市中心區體育場，開發起人大會，出席者總領隊張得善……由張得善報告意義後，討論：一、推定張得善……五人為籌備委員，並推張得善為主任委員；二、聘請……；三、籌備一切手續，由籌備主任商同籌備委員會辦理，青海對於體育進行，向無團體，此次該會成立後，將來對於青省體育上，當能大放光明，前途頗有希望雲」〔註126〕。

　　而四川省代表在會後為促進本省體育普及，利用全運會舉辦之機，徵集各方意見和材料在本省組織近代體育展覽會：「出席本屆全運四川代表隊，總領隊劉慎旃氏，此次率隊來滬，一切計劃，頗具新生氣象，現擬於會畢返川在成渝一帶，舉行體育展覽會，並發出公啟，向各界徵求材料，以充實內容，茲誌其緣起及徵求標準如下：發起動機。竊以地處西陲，交通不便，文化遲滯，體育一端，亦甚落後的四川，向不為一般人所重視，但在目前國際政治風雲變幻情勢之下，在復興民族聲中，頗占重要位置，已為國內外人士所共識者也，關於新四川之建設，現已開始，各方俱有進步，惟自身能力有限，尚望各界明達志士，直接間接予以鼎力維護，俾新四川之建設，能早日完成，此本隊同仁所熱誠希望者也，本隊同仁，學術均極幼遲，此次奉命不遠數千里來滬代表四川出席本屆全運大會，不計錦標之得失，成績之優劣，目的在表示全國統一，精誠團結，注重觀摩，擇長補短，因此之故，本隊現計劃將國內各省市體育成績，運動器具等等，儘量搜集，以便返川時，在成渝各地

〔註125〕　《田徑預決散記》，《申報》1935 年 10 月 8 日。
〔註126〕　《青海組織體育促進會》，《申報》1935 年 10 月 21 日。

輪流舉行一空前盛大之展覽會，更由展覽會演進成為「體育圖書館」，俾四川各界民眾咸得觀摩研究之機會，無異親赴各省市，親臨運動會會，其裨益於四川體育前途，實大且巨也。徵求目標。我們所需要的：1. 黨國名人，大會職員，選手題字，照片；2. 體育書籍、雜誌及各運動比賽規則等；3. 宣傳體育運動之報章，或雜誌社所出體育專號，全運會專號，及大會會刊等等；4. 體育、運動、國術、場所建築、照片、表格及掛圖等；5. 各種大小運動器具，或模型、式樣及運動服裝等。通信處自即日起，二十日止（大會期內），請交大會會場本隊收，十月二十日以後，請航寄成都四川省政府，教育廳劉慎旃收」〔註 127〕。

各地方體育聯合會也充分利用本屆大會舉辦之機，討論本地的體育發展。「華北體聯會因乘全運會之便，各執委咸齊集上海，昨特舉行執委談話會於八仙橋青年會……討論下屆華北運動會地點問題，商討良久，結果仍未解決，暫時決定北平及陝西西安兩處，萬一兩處不能舉行，擬再在青島舉行一次」〔註 128〕。

一些體育發展相對較好的省份代表隊，在出席全運會之前，都由當地相關體育協會的負責人動員選手進行誓師大會，現以北京和福建兩地為例：「主席致詞：席間由主席蕭永和致歡迎詞，並希望選手團三點：（一）遠東失敗，端賴諸選手努力雪恥；（二）國家之強弱，繫於民族精神之健全與否，吾國積弱已久，極望諸位鍛鍊體魄，發奮圖強；（三）希望諸位在此次全運會中，得到勝利，為本省爭光。領隊答詞：次由福建總領隊林蔭南答詞……福建教育之入軌道，乃近三年之事，體育運動亦隨之發達，杭州全運會本省成績平平，而此次則進步良多，自信足與他省選手一決高下，但希望他處選手之成績，能更勝我人，則我國體育前途，更有希望矣……」〔註 129〕

「袁市長訓話：北平市長袁良三日上午十時，在市政府大禮堂，召集選手訓話……故本人希望諸位兩點（一）國家注意體育所費金錢與人力，不在少數，以北平一市而論，一年總共支出體育費約計二萬餘元，合計全國，其數目之大，自不待言，且在國難期間，吾人目的，即在集合全國之力量，作一總比賽，以資斟酌改進，當此外侮憑陵，如欲準備抵抗，首先應充分自己

〔註 127〕 《四川代表隊籌組體育展覽會》，《申報》1935 年 10 月 21 日。
〔註 128〕 《下屆華北運動會地點暫定兩處》，《申報》1935 年 10 月 19 日。
〔註 129〕 《出席全運會之福建第二批選手到滬》，《申報》1933 年 10 月 1 日～5 日。

實力，而體育乃其中最要之圖，且須上下齊心以注意之……（四）各隊隊員無論對於本單位或大會職員，態度須和藹謙恭，不得有粗暴之言語或行為……」〔註130〕

由此可見民國全運會對各地方省市近代體育的發展起到了積極的刺激效果和促進作用。民國全運會的繁榮景象正是建立在當時中國各省市近代體育發展的基礎之上的，而全運會的舉辦又反過來進一步加速了各地方省市的近代體育的進步與繁榮。這種互相依存、相互促進的辨證關係也正是民國體育與民國全運會之間的關係。

江西省體育在中原地區省份中尚屬落後之地，然其運動員積極努力，為本省代表隊奪得寶貴的一分，這份精神，值得尊重：「江西省體育幼稚，在全運會中，從未得分，此次竟破天荒，奪得貴重之一分，實喜出望外，跳高決賽，周世釗之得第六，殊為不易，聞周君現供職於南昌中國銀行，素常之最高紀錄為一米八二，此次尚未能盡展所長雲」〔註131〕。「體育同志劉慎旆君，兩年前曾著《體育革命》一書，近已出至第三版，該書內容，力主張創體育新系統、體育軍事化，實年來國內體育新動向之先聲，凡體育國術運動家，不可不看，劉君特犧牲二百本，贈送各單位總領隊及田徑全能游泳國術得分之男女選手，各總領隊及各得分選手，可逕向大會會場西北角棒球場入口對面拔提書店簽名，即可代送，存書無多，希從速領取云云」〔註132〕。

除了內地各省市在全運會的刺激下積極發展近代體育，海外華僑團體也受到民國全運會的吸引和感召，不遠萬里來到中國參加大會，精神可嘉。與海外華僑形成對比的反倒是香港代表隊，因經費欠缺而致使原定參加的不少體育項目只得放棄，實屬可惜：「本港體協會自籌備派隊出席全國運動會後，即組織籌委會，一時雷厲風行，煞有介事，除分別進行籌款外，並由各部長選拔各項運動員，惟半月以來，因籌款無成績，故對原定派遣計劃，發生動搖，更以主席莫應查居港時間短少，於進行上因無領袖，乃如群龍無首，計自委會成立以來，莫氏只曾出席一次，自此以後，則並未出席，最近時期之昨日，莫主席始忽忽由省趕回，查昨日會議討論問題有四：1. 足球隊員之羅致 2. 籌款 3. 職員旅費 4. 派員，討論約小時，議決如下……」〔註133〕由此也

〔註130〕　《北平選手離平晉京盛會》，《申報》1933 年 10 月 1 日～5 日。
〔註131〕　《花花絮絮錄》，《申報》1935 年 10 月 8 日。
〔註132〕　《劉慎旆贈送「體育革命」》，《申報》1935 年 10 月 20 日。
〔註133〕　《香港出席全運經費困難萬分》，《申報》1933 年 10 月 1 日～5 日。

可見近代體育的發展除了需要具備一定的物質基礎外，同樣離不開積極良好的體育文化氛圍。因此東北著名短跑選手劉長春就表示：「東北因環境及經費關係，對各項錦標，均無希望，此次參加全運，不過表示全國一致團結之精神，鍛鍊全民族體格，以爲收復失地根本之企圖……」〔註134〕此外，各地爲對全運會舉辦表示支持，向大會捐獻特殊物品作爲優勝運動員獎品：「哈爾濱宋哲元函派二十九軍駐京辦事處主任戈定遠代表參加全運會開幕禮，並捐百元代獎品，浙教廳長陳布雷函贈西湖風景四摺書屛念幅，充全運會獎品」〔註135〕。「閻錫山電其駐京代表趙丕廉，定製大銀瓶一件，贈全運會團體優勝者，以資獎勵」〔註136〕。

三、增強民族凝聚力的動員大會

20世紀30年代的民國全運會在當時對國人來說也有著特殊的意義。民國全運會的舉辦在客觀上起到了凝聚全國人心、振奮民族精神的作用。首先，這一時期全運會的舉辦實現了全國各民族的大團圓，增強了中華兒女的民族向心力。從第四屆民國全運會開始，賽場上的少數民族選手便開始出現。第五屆民國全運會上，參加大會的邊疆選手濟濟一堂，而其中有很多少數民族選手也已不再是第一次出現在本屆全運會的賽場上了。作爲中國人口最多的少數民族——回族選手數量眾多，上海市回教各團本著本屆全運會團結奮鬥的主題，聯絡邊遠回族同胞感情，多次發起宴會歡迎遠道而來的回族選手代表：「第六屆全國運動大會，各省市及新疆、青海、西康等邊省參加之回教選手，約有百餘人，本市回教各團體本穆聖提倡運動之精神，並爲聯絡感情起見，特發起歡宴第六屆全運回教各選手大會，並有中華回教公會江蘇省分會，推派常委楊貫之、南京市分會常委買國民、新疆旅京同鄉會代表等來滬參加，中國回教文化協會馬大英、哈德威、馬輔國，人道月刊社謝克、楊彥和、楊玉書、馬吉先等，分頭接洽，定於本月十八日下午五時在春華樓歡宴」〔註137〕。邊疆省區大多地處偏僻，經濟落後，交通不便，與關內各省聯繫頗少。利用全運會舉辦之機以聯絡遠道而來的邊疆各省少數民族的感情，在當時的環境下不啻爲一種增強民族凝聚力的好辦法。

〔註134〕《劉長春談本人成績》，《申報》1933年10月6日。
〔註135〕《收到獎品》，《申報》1933年10月1日～5日。
〔註136〕《大會獎品豐富》，《申報》1933年10月6日。
〔註137〕《回教各團體定期歡宴回教選手》，《申報》1935年10月16日。

　　第二，1931 年之後，東北地區在事實上已淪為日本的殖民地，這成為當時國人心中的痛。在 1933 年和 1935 年舉辦的全運會上，東北地區在已經淪陷於日本人之手的情況下，仍然派出代表團不遠千里參加大會，客觀上起到了凝聚全國民心的作用。東北代表團的出現，恰恰戳中了當時所有中國人心中的那個痛點，因此在大會開幕式歡迎東北選手代表團進場時，全場掌聲雷動、經久不息，許多熱血人士情不自禁的「淚隨掌聲下」，如此一番景象，令人動容。東北選手無疑成為當時最令人感傷和感動的一群人，也是最能激起國人心中那股振奮力量的人：「東北四省淪亡已久，此次全運大會，四省亦派健兒參加，遊行經過，觀眾雖笑眼相迎，心中不知是酸是辣，各單位旗大半黃色紅字，白字藍色等，獨遼吉黑熱四省隊旗，上白下黑，字亦黑白相間，表示黑山白水，中綴失地地圖一副，望之能不令人心酸耶」〔註 138〕。「選手遊行莊嚴宏偉，而邊疆省市，及東北四省均有參加，旗色如一，而別與各個單位者，則多一墨邊，多一地圖，觀眾於遊行經過，莫不意會，此所謂在不言中者，然於掌聲雷動之表示中，則知己服一帖刺激之興奮劑也」〔註 139〕。「本屆參加全運遼寧選手號衣，取極素靜的白衫黑襪，和其他各單位穿的紅紅綠綠是大不相同……你看了是否傷心？」〔註 140〕東北五省選手代表團還聯合撰寫了一份告全國同胞書，在 1933 年全運會開幕式當天向全體國人宣讀：

　　　　東北五省區選手致大會全體選手書云：諸位同志，我們是代表淪陷的東北五個省區，而來赴全運會的選手，我們不敢猜想諸位朋友對我們作何樣的感想，但我們自己實在是痛楚到萬分，因為國辱民奴，我們的父母兄弟姊妹，天天在東北過著牛馬不若的生活，我們竟不到戰場上去與敵人拼死，爭回來國家同自己的人格，還來參加這樣的盛會。

　　　　然而我們也想到，假使我們不來參加，諸位竟看不見東北的旗幟，竟看不見東北健兒的身手，諸位國喪之感，同類之輩，其痛心又當何如，所以我們冒著好多困難來了，我們眼映著這江南的風景，益觸動了我們家亡國破之悲哀，我們進入這莊嚴宏偉的運動場中，

〔註 138〕《蒙新藏選手歌唱邊遠民曲》，《申報》1935 年 10 月 16 日。
〔註 139〕《會場食料》，《申報》1935 年 10 月 8 日。
〔註 140〕《零碎一束》，《申報》1935 年 10 月 17 日。

愈令我們想念到北陵旁邊馬蹄形的偉大建築物，男兒有淚不輕灑，皆因未到傷心處，我們說到此地，竟是泣不成聲了。

我們這次來，如果說是來參加比賽，不如說是來報告東北的慘狀，如果說是來表演大好的身手，不如說是來宣示我們的苦鬥決心，我們謹代表我們家鄉的父老兄弟宣佈說，東北人心不死，渴望全國同胞早來拯救，滿洲國是日本人自製自戴的假面具，沒有一個中國人甘心事仇的，我們更願大聲疾呼的說，我們深深覺得這回國家空前巨創的病根，是由於國家不統一，政府不穩固，各方不合作，我們熱烈的希望著，這足籃球場上所表現的團體合作精神，能廣播到各方面去，我們也虔誠的祈禱著，我們心目中要共同競爭的錦標，是恢復東北五個省區的地圖顏色，在這個盛會之下，諸位要知道東北的慘狀嗎？我們真不知從何處說起，不過諸位看到跳高場中，被鐵釘鞋踐踏的砂土，你們正可以想像到日人鐵蹄下被踩躪的東北民眾，諸位看到鐵餅標槍下所留的創痕，你們恰可當作暴敵劫掠後的東北市村，我們呢，便是這劫灰下僥倖逃生的沙蟲，我們的生命，在敵人的樂園中，真是螻蟻不如，諸位，關於東北的慘痛，請原諒我們，便只能這樣的報告了，如果必欲我們作詳盡的敘述，恐怕諸位惟有看到些眼淚，聽到些哭聲。

但是，我們是有信念的，我們的信念，被這全運會的熱烈空氣刺激著，被諸位的同情鼓勵著，倍愈堅強，我們的信念便是，中國有四千年歷史文物，有四萬萬忍苦耐勞同胞，擁著偌大的豐富土地，天理不容我們亡國，我們再看看各位同志，龍驤虎躍的英姿，挾山超海的氣魄，更不像具亡國的條件，我們的絕大信心便是中國不亡，東北不亡，多難所以興邦，三戶可以亡秦，諸位同志，我們今日要宣誓共同奮鬥，去奪取我們最大的錦標，光復東北四省。

末後我們願代表東北父老兄弟，謝謝政府及同胞二年來對我們的同情及援助！

遼吉黑熱哈五省選手敬叩
民國二十二年十月十日南京〔註141〕

〔註141〕 《東北選手的血淚語》，《申報》1933 年 10 月 11 日。

「東北五省選手，致大會全體選手書，首述東北慘狀，及此次冒險參加全運經過，次述東北創病根，由在國家不統一，政府不穩固，各方不合作，希望此次會場專體合作精神……」〔註142〕東北選手的這份告同胞書可謂字字血淚，在第五屆民國全運會上，體育精神與民族存亡以空前的緊密聯繫在了一起，使得本屆大會彰顯出令人動容的悲壯情懷。在本屆全運會舉辦時期，陳立夫、吳鐵城等南京國民政府要人特別宴請了東北五省選手代表團，並在宴會上致詞：「自東北淪陷，東北同胞散處四方，今幸全運會在京舉行，東北選手，踴躍參加，表演運動，發揚民族精神，殊堪慶幸，特約諸君暢敘，強鄰侵我東北，即爲滅我中國之先聲，救東北即救中國，吾人唯有刻苦自勵，努力救亡，僅以一杯，祝君健康。繼由陳致詞，略謂東北選手參加全運會，實表示我土地雖陷敵手，而人民政治仍屬統一完整，我人今後應注意體智德三育，以救國家，望諸君努力。末由東北大學代理校長王卓然致答詞，首致謝意，次述希望五點，1. 救濟東北難民；2. 收容東北學生之學校，酌加經費，供資培植；3. 安置東北失業同胞；4. 救濟義軍家屬；5. 盼中央對東北有整個復興計劃等語。最後共呼東北萬歲，國民黨萬歲，中華民國萬歲等口號散會」〔註143〕。一些其他省市的代表隊以及全國各組織團體也多次宴請東北選手，以示慰藉和團結。

東北選手代表團的出現，使得大會更加染上了一層濃厚的民族氣息。他們的這種自強不息的精神感染了眾多國人。開幕式上全體選手繞場一周時即出現了這樣一幕感人場景：「三十三省市中，惟青海代表屆時尚未報到，各選手遊行畢後，排立站於司令臺前……當遊行時，因無代表到場，現充游泳裁判會出席遠東會遼寧游泳名手史興隆自告奮勇，力持青海旗，一人獨行，精神可嘉，有某外記者，事後就詢史君，是否來自青海，史曰然」〔註144〕。

第三，20 世紀 30 年代，日本帝國主義接連發動「九一八」事變、「一二八」事變、華北事變，步步緊逼，其吞併中國的野心昭然若揭，中國的國際形勢驟然惡化。1935 年日本帝國主義發動華北事變後，中日民族矛盾上升爲主要矛盾。在這樣一種特殊的時代背景下，民國全運會的舉辦意義尤顯特殊。自晚清開始即被外國人冠以「東亞病夫」稱號的中國人，在 20 世紀 30

〔註142〕　《去奪取我們最大的錦標——先復東北失地》，《申報》1933 年 10 月 10 日。
〔註143〕　《吳鐵城、陳立夫昨宴東北選手》，《申報》1933 年 10 月 19 日。
〔註144〕　《史興隆力持青海旗》，《申報》1933 年 10 月 11 日。

年代初又遭遇日本帝國主義滅族滅種的威脅。如果說民國前期全運會的主題均圍繞著如何摘掉「東亞病夫」稱號的話，那麼這一時期全運會在取得眾多破紀錄成績的前提下，主題也有了明顯變化。團結一致、自強不息、救亡圖存成爲這一時期民國全運會的最大主題。我們從 1933 年全運會的標語即可窺見一斑：「全國大會，並編印大批標語，分在運動場區暨城內重要街區，張懸標語，內容（一）提倡國民體育振刷國民精神；（二）有健全的國民方有健全的國家；（三）集合全國健兒作業餘運動；（四）健全國民運動救國家危亡等」〔註 145〕。

　　民國時期的上海相對全國其他地區可謂政治環境穩定、經濟發達、文化繁榮的大都市，近代體育也在這裡得到了較好的發展，市民相對來說普遍更具有國際視野。上海市的代表團在踏上全運會征途之前的誓師大會上，上海市體育局長等一干要員發表的訓詞和演說，除了勉勵運動選手普及體育、自強不息以外，還清楚明白、直截了當的點出時局的艱難和國家即將面臨的大危機：「不但求自己體格之壯健，同時要以各位的力量，把注重體育的風氣，普遍全國，使全國人民都能參加，體格之鍛鍊，以擔任艱難困苦之工作……我們知道目前是一個非常時期，自歐戰以後十五年來的世界，第一個是改進時期，第二個是復興時期，到最近五六年來是一個危機重迫的時期，一切現象，其競爭之劇烈，已恢復歐戰以前的狀態，一般研究世界問題的學者，都深信第二次世界大戰之爆發，即在目前，其爆發之中心，一定在太平洋，而太平洋之中心，一定在中國，大劫臨頭的時候，中國土地變成戰場，人民變成戰場犧牲品，而中國的物產亦將爲供給戰場上需要的東西，這個時期中國只有復興與滅亡的兩條路，如果要復興，就要準備第二次大戰之一切應付，要用人力來利用土地開闢財富，至少到那時可以在自己土地上支持抵抗，以得起死回生的機會，可見體育之重要，不僅在個人，是關係著全民族的生存……來賓鄭西谷演說，希望三點：（一）發揚運動會之精神，謀人民普遍體格之發展，以挽救民族墮落，國家大難；（二）力求進步，使成績與年俱增；（三）鍛鍊體格，作應付世界危機之準備……」〔註 146〕如果我們不知道這段話的出處以及說話的場合，只單獨看中間一段訓詞，相信我們絕大多數人都會認爲這一定是一份戰前動員令！沒錯，即使在這裡，在這個全運會的

〔註 145〕　《大會張懸標語內容》，《申報》1933 年 10 月 6 日。
〔註 146〕　《出席全運會，本市鐵軍昨日誓師》，《申報》1933 年 10 月 6 日。

誓師大會上，這實際上也是一份動員令，它號召全體中國人打起精神，拿起武器，以最振奮的精神狀態和最強健的軀幹體格去迎接日寇的挑釁！這個主題已經表現的再明顯不過了。

時任 1933 年全運會籌備委員的張伯苓在談本屆全運會的意義時，委婉的批評了當時國內存在的「門戶之見」，希望大會的舉辦能夠使得中國國內團結一致：「本次全運會，各省均有代表參加，乃全國統一之表示，即已淪亡之東北各省，亦有參加代表，故此會意義實非常重大，甚望各隊長運動員深體此種意義，不以小節苛求，余想當能消滅糾紛於無形也，又謂中國人通病，在於弱與私兩點，此會意義既非常重大，希望能從此革除惡習，使全國轉弱爲強，化私爲公，此則爲敵人所希望者也，否則大會費去多少金錢，只圖造成新紀錄，殊不值得也」〔註 147〕。無獨有偶，時任青島代表隊總領隊的郝更生則說得更加直接：「本人覺察全運會最大之目的，在使全國民眾表示團結協合之精神，全運會可爲團結合作之試金石，中國任何事業不上軌道，即爲全民族缺乏此項精神之所致，錦標不過爲提倡體育之獎勵品而已，萬一此次大會，各單位苟無圓滿合作之結果，則中國體育從此休矣⋯⋯」〔註148〕以近代體育的發展作爲中華民族生存發展的替代，張伯苓、郝更生實際上都在委婉的表達對國民政府當局「攘外必先安內」政策的不滿，都認爲在這種危機時刻，國內團結、一致對外才是出路。

到了 1935 年，華北事變的爆發更加使得全國民眾要求團結一致對抗日本帝國主義，這也是當時中國共產黨人的心聲。蔣介石提出的「攘外必先安內」的政策越來越不得人心。

在大敵當前之際，民國第五屆全運會成爲全體中國人在抗日戰爭全面爆發之前的一次民族誓師大會，團結奮鬥成爲本屆全運會的最大主題。第五屆民國全運會會長王世杰在開幕式上的一段演說，深刻的反映了這個主題。現將演說詞列錄如下：

「全運會的舉行含有兩個基本目的，一則這種盛大的集會，可以引起全國人民對於體育的強烈注意，一則大會選手所表現的技能、體魄和精神可給予全國青年一種良好榜樣，因此，本人對於本屆大會的諸位男女運動員，敬致以下兩種希望。

〔註147〕　《張伯苓談全運意義重大》，《申報》1933 年 10 月 6 日。
〔註148〕　《青島總領隊郝更生談話》，《申報》1933 年 10 月 6 日。

嚴守正當競爭的信念。現代體育的一切運動項目，都以訓練正常競爭爲目的，任何社會，任何事業，無競爭不能進步，有競爭而無正當的規律以範圍，競爭亦決不能進步，所謂正當競爭，在行動方面就是遵守規則，服從裁判，在態度方面，就是勝者不慢不怠，敗者有志有容。

二、充分表現團體合作的能力。現代體育的運動項目中，有一部分的項目，不只是訓練敵與敵間的正常競爭，並且能訓練各個團體自身各部分的合作，足球籃球排球等球類運動，便都是這一類的項目，在教育的意義上，這一類的運動，較諸其他許多項目尤爲重要，外人批評我國國民性，常常說我國國民，個性強，群性弱，換句話說，就是合作的能力欠缺，我不相信我國國民的天賦有何特別弱點，我相信人類一切弱點都是教育或無教育的結果，我國在歷屆遠東運動會中，儘管在田徑賽種種個人比賽項目中得不到特殊成績，足球一項，卻屢屢保持優勝的地位，這是我們可以自慰的一件事，由此一事可見外人的批評並不正確，本人極盼望此次參加運動的各單位對於球類運動，都有極大的進步，能充分表現我國青年團體活動能力的猛進。

以上是本人對於諸位運動員的期望，此外本人希望這次大會的舉行能使我們全國上下，共同致力於以下兩大目標：第一、舉國康強。要達到這個目標，我們必須謀體育的普及，從前我們的體育，在小學中學爲強修科目，在大學則爲自由科目，最近幾年我們已將體育列爲小學中學大學的強修科目了，從前各地沒有民眾運動場所，近年來政府督促各地增設民眾運動場，以期發展業餘運動，我們希望這種工作向前猛進，在最短期間，能使愛好運動的習慣，不只是普及於學校青年，而能普及於老幼男女一切階段。第二、舉國團結。參加這次大會的運動員，有內地各省的同胞，有邊遠地方的同胞，有東北的同胞，有海外各地的僑胞，單位之多，人數之眾，均屬空前狀態，可見國難愈嚴重，凡帶有大中華民族的血液的青年，擁護國家統一的意志愈顯著愈堅強，任何力量都不能毀滅他，這種意志應該擴充到全國民眾，造成一個舉國團結，以爲大中華民國和大中華民族生存發展的永久保障。我們的目標既定，我們更要希望全國負有宣傳責任的機關，尤其是從事新聞電影等事業的機關各各給予體育消息以充分的傳播機會，使舉國康強和舉國團結迅速的成爲舉國宣傳，敬祝這次全運會的成功」〔註149〕。

〔註149〕　《第六屆全國運動大會開幕》，《申報》1935 年 10 月 10 日；平報社體育部：《第六屆全運始末記》，北平平報，1935 年 10 月，第 1～2 頁。

　　王世杰強調的「舉國康強」和「舉國團結」，正是本屆大會主題的反映，在演說的最後，王正廷希望這個主題能夠得到「舉國宣傳」，更像是抗戰爆發前國民政府借用本屆大會舉辦之機進行全民抗戰動員的映像。時任大會籌備委員會副主任的郝更生從近代體育發展的專業角度對本屆大會的歷史意義予以了高度評價。

　　「一、歷次大會之經過情形……二、已往各屆會務之演進。兩屆大會，主動屬於外人，參加者僅居於附和地位，競賽項目與組織規程，未臻完善，會中文告，每用英文刊布，其時一般人對運動會之感想，雖已不乏眞知灼見之流，然若干觀眾之視此會，殆猶類於春馳秋獵，認爲一時興奮工作。其後十年，第三屆大會舉行於武昌，幹部執事，由國人自理，項目擴充至十種，參加者達十四省區，一切競賽規則，亦漸有條理，而各省區參加此次大會所舉行之預選賽，多至三十餘次，連繫之集會既多，所得效益，自較爲廣遠。其後又六年，浙省府倡辦第四屆大會於杭州，此次雖由浙省邀集開會，但中央政府，隨時予以協助，故參加單位，增至二十有一，各种競賽紀錄，亦突破前格，社會間於運動會之觀念，亦至此一變，不復輕視之如遊樂矣。更閱三年，中央政府因首都體育場建設成功，乃於國慶日召集第五屆大會於南京，參加單位，多至三十有二，選手計二千二百餘人，此爲中央正式籌辦大會之初度，而會務進步，如此之顯著，實爲大會歷史放一新光。綜合已往五屆之逐步進展，下列四點，實爲演進之因：甲、由學校選拔運動員，而改爲由社會間選拔運動員；乙、由外籍人士主辦進爲國人主辦，復進爲地方政府與中央政府主辦；丙、由陳舊之競賽項目進爲現代化之競賽方式，一切規章，悉中繩尺，競賽種類，亦漸就齊備；丁、國人對於體育認識，較前深切，而大規模體育集會爲訓練青年之重要過程，亦漸爲國人所重視。

　　三、本屆大會法規章則之釐訂。已往之全國運動大會，舉行無定期，組織無定章，自本屆大會起，始由教育部擬具全國運動大會舉行辦法七條，於本年五月五日提經行政院會議通過，並由教育部根據第五屆大會各項原案訂定本屆大會籌備委員會組織規程，公布施行，而各項比賽規則，均依國內外現時情形，逐一審愼修訂，從此大會章則，著爲軌範，俾斯舉成爲全國有系統之體育集會，而其組織亦得一永久基礎。

　　四、本屆大會舉行之意義。近來各省災患迭興，即國際間亦正在多事之秋，或謂運動大會之舉行，似不切時需，目爲緩急失宜者，無論亦不爲無見，

然世界潮流惡化，我國除民族自強外，寧有他策，而國內災變繁多，亦惟有訓練全民增加合群及耐勞力量，方可捍災應變，故國步愈艱，則體育之待興愈亟，此實國家百年至計，蓋臨難救濟，猶抱疾求醫，而平時之生聚教訓，則等於飲食營養，此兩者須等量並視，未可因進藥石而遂罷哺啜，試檢西洋史冊，他國雖值與敵宣戰之時，其國內教育工作，仍多邁進無阻，我國古代亦有圍城不廢絃誦之訓，現在時艱較深，國人仔肩彌重，大規模之體育集會，正為訓導全民與淬礪青年之最良方式，表演則顯示修養精神，競技則造成有勇知恥之習慣，而鍛鍊體格，促進團結，則又為全會之共同目標，其意義深長，實視任何救時動作為偉大，至於會場建築之恢宏，則關係滬市中心建設，供給市民永久享用，當中外觀瞻集中之地，不能不力謀近代化，斯又未便以奢儉之節相繩。

五、本屆大會在滬舉行之特殊意義。上海自通商以來，如此盛大集會，尚為第一次，地方政府以巨金興築體育場所，並招待全國數十省市之代表選手集會於此，其籌備之誠懇與建設之偉大，亦以滬市為首屈一指，況上海市中心區建設，在短期間內從行政設施，進而提倡文化發展體育，使旅滬外僑及國內民眾知政府建設力之堅強，引起一般社會對於團體組織之信念，亦為本屆大會在滬舉行之特殊貢獻，甚願參加大會之同人及觀眾，一致注意整齊嚴肅、和平奮鬥，以自愛之心愛國家，以自重之心重團體，方不負此次大會之慘淡經營。

至於運動技能之進退，在體育普及方面言之，原毋須重視，不過全國運動大會選手，係來自全國各省市，且俱為經過相當訓練與嚴格選拔之優秀青年，其活動能力與團體生活之是否善良，甚影響於運動技能之處，於此一會中，恰可得一觀察機會，吾人深願各地選手於服從領袖指導之下，切實尊重紀律，精心研習，使我民族自強不息之精神，藉此昭示於全世，庶不負此兼旬之寶貴光陰及國人之深厚期待」〔註150〕。

郝更生回顧了民國歷屆全運會舉辦的情況，對近代中國體育逐步發展的上升勢頭和逐漸普及蔓延全國的趨勢予以高度評價，在全面抗戰爆發前強調國民服從南京國民政府統一領導的重要性，在當時來說具有一定的積極意義。其他國府要人也對本屆大會予以高度評價：

〔註150〕 《全國運動會之歷史與意義》，《申報》1935 年 10 月 10 日；平報社體育部：
《第六屆全運始末記》，北平平報，1935 年 10 月，第 3〜8 頁。

「據該個人意見，運動員首應注意精神訓練，技術訓練尚在其次，蓋無良好之精神訓練，則運動上不道德不紀律之事，即易發生，雖有良好之技術，無足取也。過去之運動大會，時常發生爭執，本屆紀律，較過去嚴密，希望各運動員嚴謹遵循，勿自暴棄。此次大會參加單位達三十八個之多，遠如馬來、爪哇、菲島、新疆、西藏、蒙古等地，亦均趕來參加，其盛況實爲歷屆所未有，可見全國一致提倡體育，令人感覺興不淺。此外對我國普遍運動項目之選擇，似應注意於球類，因球類非但可鍛鍊個人體魄，且附帶有團體合作之精神，如我國之足球，在遠東保持錦標，實爲體育史上光榮之一頁」〔註 151〕。

時任南京國民政府行政院長的汪精衛，也對本屆全運會運動選手發表了演說以勉勵選手：「全國運動大會開辦以來，至今只不過第六次，然而每次都有進步，這不僅足以表示諸君的努力，而且也足以表示全國人民，對於運動之竭力提倡十數萬觀衆的熱烈興奮的情緒，傳達到幾千運動員的耳目裏……因爲一切工作，不但要健全之精神去處理，也要健全之體魄去擔當……故此在這個世界內，每一個人不但從精神修養方面，要注意運動，以保持精神之活潑健全，從體魄鍛鍊方面，也要注意運動……由此說來運動的意義，是在強種強國，以救亡圖存，全國人民，對於諸君熱烈興奮的情緒，其源泉在此……說到救亡圖存的工作，與運動的工作，不但有一貫的意義，而且方法和原則，也是一貫的……兩國相遇，全恃勢力以判優劣定勝敗，所以勝敗之數，不是決定於戰時，而早已決定於平時，在今日弱肉強食的世界裏種無幸存，國無幸存，欲求不亡，惟有自己預備實力，實力多預備一分，則生存之保障多一分，亡與不亡，以自己努力不努力爲斷……我們今日第一要知道國難當前，一息不容稍懈，第二要知道事在人爲，只問做不做，不必問成不成……」〔註 152〕

在全國運動會這樣的場合下，由政府要員說出類似「兩國交戰強者勝」這樣的言語，足以體現當時國家面臨的嚴峻形勢，一場大戰呼之欲出。本屆大會除了在政治動員方面充分表現出其團結奮鬥的主題，在經濟方面也不乏表現。提倡國貨運動在這一時期女子體育已然普及的民國全運會上充分展現出其團結各界人民群衆的威力：「本市國貨製造家……鑒於本屆全國運動大會各省選手，齊集上海，而本年又是學生國貨年，爲宣示國貨界眞相，引起學

〔註 151〕　《王教部長抵滬後昨至會場巡視》，《申報》1935 年 10 月 8 日。
〔註 152〕　《汪院長勗勉全運選手》，《申報》1935 年 10 月 20 日。

生界愛用國貨起見，特定期招待全運女選手茶會，借國際飯店舉行，已得全運招待組覆函，定本月十七日下午四時舉行……」〔註153〕「今天各國貨廠商，歡迎第六屆全運會女選手……因為女青年有崇高意旨，健全體魄，溫婉的性情，更是中華民族將來主人翁的領導者，所以我們今天特別敬謹而誠摯的歡迎第六屆全運會全國各地和華僑女選手，我們都是國貨工廠，所製造的國貨，都是日用品，品質並不比舶來品差在哪裏，我們敢說各位一定相信，並且一定願意提倡購用，因為各位女青年都把「倡國貨」視為自己的職責，而認為「挽回漏厄」與各位提倡體育一樣的重要，各位提倡體育的目的，在強健國民的體魄，我們積極推廣國貨的目的，在鞏固國家的命脈，我們是站在一條水平線上的，但是我們所製造的東西，一定要女青年多多提倡，方使國人完全購用國貨的風氣，容易成為事實，因為一切國貨的用品，與女子的關係，是格外密切……希望把我們製造國貨的意旨，帶回各地去，告訴給大家聽，提倡國貨，使國人完全購用國貨，也是女青年們光榮的工作，我們……對各位女選手，表示敬意，而且很老實不客氣的請求各位，全運會閉幕，各回家鄉去的時候，多多的給我們國貨宣傳……我國貧弱，為人恥笑，各位在全運會表演甚佳，女子成績，尤年有能進步，可知努力運動轉弱為強，當更提倡國貨，充裕經濟，以轉貧為富云。」〔註154〕

除了在女子運動選手中大力宣傳推廣以外，其他以生產輕工業品為代表的國貨廠商也不遺餘力的推銷其產品，甚至連煙酒這樣和體育運動健康有背道而馳意向的商品也能被拿出來進行推銷，當然是圍繞提倡國貨進行宣傳：「捲煙會樹牌敬告：煙酒本非為運動界所適宜，然為大會服務觀眾計，似宜有點綴之必要，國貨捲煙維持會，特於翔殷路公安局對面，樹立「中國人應吸中國香煙」敬告標語木牌一方，會場內商店，且多代售各種著名國貨香煙，如華美煙公司之紅藍買司幹，相興煙公司之盧由牌，南洋煙公司之白金龍，均備受觀眾歡迎云」〔註155〕。「各大國貨工廠均先後招待及分贈紀念品，俾產銷二面，切實合作，達到「提倡國貨與鍛鍊體魄同為復興民族的途徑」之目的，最近如三友實業社贈各選手三角牌毛巾……」〔註156〕在提倡國貨運動的

〔註153〕　《本市國貨工廠招待女選手》，《申報》1935 年 10 月 12 日。
〔註154〕　《國貨廠商歡迎女選手茶話會》，《申報》1935 年 10 月 18 日。
〔註155〕　《大會之種種》，《申報》1935 年 10 月 13 日。
〔註156〕　《國貨工廠分贈紀念品》，《申報》1935 年 10 月 21 日。

支持下，會場內外生意均十分火爆：「昨日星期五，各界均有工作，故參觀者，較開幕日爲少，然仍熱鬧，田徑場觀眾最多，棒球場只有一百餘人，可見國人對棒球壘球尚少興趣，場內商場，以飲食店營業興隆……」〔註157〕「藍白商店新創第六屆全國運動會紀念帽一種，式樣新穎，殊足表現運動員新的精神，並可以誌紀念，故極爲運動員所歡迎……」〔註158〕

　　雖然從主觀意圖上來說，商家以提倡國貨爲名，行謀利之實，然而其在客觀上也一定程度的起到了團結全國人民、振奮民族精神的積極作用，在 20世紀 30 年代民族資本主義備受帝國主義壓迫的年代，提倡國貨也是一種在經濟上表現自強獨立的方式。總之，這一時期的民國全運會，在日本帝國主義的侵略愈益加深的背景下，被蒙上了一層濃厚的民族主義面紗。這一時期民國全運會的舉辦，在客觀上爲南京國民政府動員全民抵抗日寇的侵略起到了積極的作用，振奮了國民的民族精神，爲隨年後即將爆發的全面抗日戰爭作了最好的戰前動員。

四、民國時期體育明星的催生

　　這一時期的民國全運會不僅成全了國貨廠商，還造就了中國最早的一批體育明星。例如「短跑怪傑」劉長春，他在 1933 年民國第四屆全運會上創造的男子 100 米和 200 米項目的短跑紀錄，直至民國政府垮臺也未有人打破。「美人魚」楊秀瓊，在民國第四屆全運會上，一人包攬了所有女子游泳項目的冠軍，其創造的女子 100 米仰泳成績至民國政府垮臺也未有人打破，成爲家喻戶曉的明星人物。而這些優秀運動員對民國體育發展的事宜瞭解更爲深刻，對民國近代體育的發展情況，他們的觀點也是非常具有說服力的。楊秀瓊在第五屆民國全運會舉辦前就大會的舉辦發表了自己的感想：「我感覺全運是催促全國運動的原動力……日本首次參加世運時，尚不懂得捷泳的方法，只會側身泳，但於二十四年時，便有接力泳參加，二十八年已有高石入江等之優異成績出現，三十二年便獲世界游泳冠軍。可知日本十二年由游泳進步之速，一日千里，而他們的進步，就是世界舞臺的借鏡，若我國能夠派運動員參加世運則將得益不少，全國運動大會，是我國人民所可驕的一會事，因爲在世界上沒一國可有那樣大規模的集合，美國的全運，也是東美西美中美的會集，

〔註157〕　《會場狀況一瞥》，《申報》1935 年 10 月 12 日。
〔註158〕　《全運紀念帽倍受歡迎》，《申報》1935 年 10 月 19 日。

這回全運在上海舉行，使外人更知我國日趨於團結了」〔註159〕。楊秀瓊從自身經歷出發，肯定了民國全運會對民國時期近代體育發展的積極促進作用，並指出全運會的舉辦並非易事，國人須珍惜此機會努力發展體育。

此外，我們從劉長春等優秀運動員的談話中，可以看出運動成績的提高，平時自身的努力是為基礎，但外部環境是一個重要的因素，可以阻礙或者促進運動員的成長：「劉君籍隸遼寧金縣，今年二十有六，現在南京交通部供職，一天到晚除埋頭工作而外，即研究新式起步方式，曾一再試驗成績果然不差，先後在青島南京創十秒四及十秒六之最高紀錄，此番在全運會中跑得十秒有八成績退步，他說有兩種原因，第一跑道太鬆，腳頭彈性不強，用不出起力，第二昨日連跑次賽複賽，以致決賽時力有所遜，影響成績……本屆男子擲鐵餅出冷門，遼寧郭家小將，手到功成……今年僅二十有二，現供職北平東北體育協會……往昔在日本東京經理學校讀書，見日人體育猛進，自思不應落後，遂努力練習，迄今有四年之久，最初練習長跑……旋改習鐵餅及五項……此次因旅途勞頓，來滬後缺乏練習時間，故雖獲第一，對此成績並不表示滿意……他的運動生活，隨一年四季氣候不同而有分別……每日擲鐵餅有二三十次之多，他說現在年齡尚輕，體力未至最高點，在可能範圍內，要想多練腿力腹力，至於婚姻問題目前談不到，其他惡嗜好全無」〔註160〕。短跑怪傑劉長春和小將郭潔自身的經歷反映出中華兒女不畏艱難、努力拼搏奮鬥的全運精神，正是在這種精神的鼓勵下，民國全運會上才誕生了這一批體育明星。

五、民衆關注體育的熱情高漲

南京國民政府時期，短短五六年間民國全運會即舉辦了三屆。短時間內舉辦頻繁的民國全運會，助長了民眾對於體育運動關注的熱情。首先是全運會上獲得冠軍的各個運動選手在當時國人眼中也個個都是風雲人物，成為大眾追捧的對象。對全運會上優勝運動員的偶像崇拜開始興起，這與今天的體育明星受到的待遇並無太大迥異。

素有美人魚稱號的香港美女楊秀瓊，在民國第四屆全運會上包攬了所有女子游泳項目的冠軍，成為當時國人爭相追捧的體育明星。當時全運會上，但凡有楊秀瓊的游泳比賽，觀眾座無虛席，甚至在楊秀瓊出場時，游泳館的

〔註159〕《港全運游泳選手楊秀瓊等抵滬》，《申報》1935 年 10 月 1 日。
〔註160〕《運動員訪問》，《申報》1935 年 10 月 12 日。

看臺上一度出現觀眾為爭睹美人魚芳容而秩序大亂的情況。1935 年民國第五屆全運會上，「美人魚」所經之處，均能引起會場秩序的混亂，足見其魅力之大：「美人魚楊秀瓊之大名，幾至婦孺咸知，謀欲一瞻仰色彩者，何止億萬，當選手遊行時，楊家姊妹左右護旗，觀眾以焦點過遠，有霧裏觀花之恨，遂不約而同群侯於西大門外，侯其離場時，大舉包圍，一般記者與非記者，爭先恐後，反光鏡開麥拉忙個不停，美人魚大窘，後幸由同伴男選手保護突圍而去」〔註161〕。

網球明星許承基以及山西姐妹王春菁和王春葳，同樣受到了觀眾的追捧，雖聲勢不及「美人魚」浩大，然而觀眾熱情絲毫不遜色：「許承基承位昆仲，日昨雙打比賽，大受觀眾熱烈捧場，賽畢，被觀眾包圍要求簽名，竟歷一刻鐘之久……山西網球花王氏姊妹，因最受觀眾所矚目，昨日雙打比賽開始前，即被「開麥拉」纏繞不休，比賽既畢，數百持有照相鏡者，如衝鋒陷陣，湧進場去，將王氏姊妹層層圍困……網球比賽，逐漸緊張，故觀眾日盛一日……看臺一排，不夠容納，警衛組組長親自出馬，並派大批警員與數十童子軍到場彈壓，秩序井然……」〔註162〕。

請自己喜歡的體育明星簽字在如今已不是新鮮事，但這一幕早在民國全運會上就已有啓端。在民國第五屆全運會上，「京豫兩隊女子籃球戰時，山西網球姊妹花王春菁王春葳，亦偕其中父西母，蒞場觀戰，口講指畫，眉笑眼開，四周觀眾，對伊一致行注目禮，某隊選手，探懷出一小冊，請其簽字，於是接踵而起效尤者，絡繹不絕」〔註163〕。

再者便是各項球類運動，初步吸引了一批忠實的球迷。在全運會球類項目中，足球是最受觀眾青睞的項目。民國時期的中國足球是當年國人賴以驕傲自豪的一項運動。這一點參考遠東運動會上足球比賽的成績便可知曉，歷屆遠東運動會的足球錦標幾乎全部由中國包攬。足球運動帶給國人的快樂中夾雜著強烈的民族自豪感。因此足球賽場周圍，觀眾數量始終不減，每場足球比賽，觀眾不但座無虛席，甚至出現無座位而不得已佔據記者席的觀眾，足球運動在民國時期儼然已經擁有了最初的一批忠實球迷。當時民國的球王李惠堂號稱足球皇帝，在球迷心中威望甚高：「當廣東隊右

〔註161〕　《花花絮絮錄》，《申報》1935 年 10 月 8 日。
〔註162〕　《網球場素描》，《申報》1935 年 10 月 14 日。
〔註163〕　《籃球場速寫》，《申報》1935 年 10 月 12 日。

內衛犯規，裁判判決罰球，香港李惠堂者四十碼外一踢成功，李球王的是不凡，當球進網時，迷哥喝彩，聲浪滔大，某看客說這倒有球國皇帝威風呢……昨日運動場內有港粵足球決賽，一時田徑場觀眾，實開幕以來新紀錄，場內草地上亦坐有數千外埠學生，記者席亦竟爲觀眾佔據，當二時進場時，已無記者席位了，真所謂香火趕出和尚。昨日港粵足球決賽時，一輩迷哥迷得神暈顛倒，看到精彩處不管三七二十一，竟將手中銅板亂拋，弄得幾個看客頭破血流，會場報告員得悉即報告道：你們銅板是要銅錢買的，請不要亂拋。」〔註164〕

「本屆大會中，足球錦標賽有香港、馬來亞、廣東、上海四大金剛角逐疆場，實力平均，互有優長，確爲歷屆大會足球賽最精彩之會令。我國在遠東向握足球牛耳，社會興趣亦以足球爲尤甚。最後數日，田徑場上人山人海，均係觀戰球迷，足球前途之發展正未可限量。今次參加比賽者共有十八個單位，除青海以人數不足棄權外，餘均抱勇敢抵抗精神，作戰到底，最可欽佩。河北、遼寧、南京、北平、湖北、青島各隊久經訓練，實力本已可觀；其他如福建、安徽、河南、山東、江西、湖南諸隊，初未經大場合之會戰，倉促成軍，然師出冷門，球藝一鳴驚人。若福建戰上海，河南戰南京，山東戰廣東，四川戰北平，安徽戰香港，強敵當前，咸能苦戰應付，表演極爲出色，離此數較大，不足詬病也，備假以時日，予以訓練，即成勁旅，下屆全運會中相見，當有士別三日、刮目相看之感矣。至港馬粵滬四隊爲我國足球人才所集錦，分區比賽所以增加練習興奮，發展經驗膽識，萬勿以錦標問題介意，分立門戶，要知對內能團結，庶對外能抵抗勝利。明年在柏林之世界運動會爲期日近，深願各足球隊選手歸去以後，厲兵秣馬，埋頭苦踢，爲祖國效力世界球場，盡力博得無上光榮。他日載譽返國，斯爲今日全運會比賽鍛鍊之真意義矣」〔註165〕。

如評論所言，民國時期的中國足球可謂當時國人的驕傲。在歷屆遠東運動會上，中國隊在田徑和游泳項目上經歷了先輝煌後衰落的歷程，在民國第一屆全運會之後的民初十餘年中，中國田徑和游泳成績直線下降，直至衰落到一分未得的尷尬境地。但足球一項的冠軍在此期間卻一直爲中國代表隊所壟斷，從未花落別家。而隨著民國全運會在南京國民政府時期的舉辦頻率增

〔註164〕 《零零碎碎》，《申報》1935 年 10 月 20 日。
〔註165〕 《會後觀感錄》，《申報》1935 年 10 月 21 日。

高，足球發展形勢越來越好，各地足球人才輩出，足球後起之秀對老牌足球勁旅施加了巨大壓力，整個民國時期的中國足球發展開始進入良性循環的階段。這也是整個民國體育界一件可令人放心稱讚的喜事。

第六節　本階段全運會局限和問題

這一時期的民國全運會，從某種程度上來說代表了民國全運會舉辦的最高水平。馬克思主義哲學教導我們，要透過現象看本質。我們透過這些紛繁的表象，依然看到這一時期的全運會舉辦過程中反映出來的種種局限和問題。

一、歷史局限

首先，雖然邊疆各省區陸續參加了 1933 年和 1935 年的民國全運會，然而當地近代體育的發展仍然是十分落後的。當時中國邊疆省區雖然在民義上服從南京國民政府，實際則是在當地軍閥控制下各自為政，交通極為不便，經濟發展十分落後。在物質基礎極端貧乏的基礎上，近代體育的發展自然是比較落後的。我們從甘肅、寧夏代表隊結伴來南京參加全運會的情況可以窺見一斑：「據該隊談，此次於九月十八日由寧夏動身離省，約八百里地之西山嘴地方，途遇土匪多人，當經一再面商，匪見我等均係清寒學生身無長物，乃由甘寧兩隊合交六十元，始得安然放行，到平又耽擱五六天，至今晨抵京。該省遠在邊陲，交通不便，在途多日頗覺精神萎頓，故記者往訪時，均酣睡於宿舍內。據云來時尚易，回省時至少須一月餘，始得到家。該地報紙僅有省黨部辦之民國日報……上海報有申新兩種，須遲至十五天至二十天始可見到。該省教育自馬主席到後，竭力提倡之下，現在省垣方面，有一中一師，合校一處，學生約有三百人左右，二中正在籌辦中，學生僅五十人，此外有女師及附小共有女生百人許彼等動身時，適值小學教師因索薪無著而罷課，學校教育既如此，對於體育一項，更談不到……又云該隊七人中有三人係回教徒，所幸大會於清真飲食有準備，當不至有何飲食上之困難也」〔註166〕。

甘肅、寧夏地處西北，交通不便，物質匱乏，消息閉塞。代表隊動身之前，當地小學教師因欠薪而罷課，參賽途中，又遇到劫匪攔路打劫。如此情

〔註166〕《甘寧選手抵京》，《申報》1933 年 10 月 6 日。

形，可以想見西北地區的近代體育發展依然是困難重重。而從當時雲南隊領隊和記者的一些談話中，我們也可以窺見西南邊疆省份的近代體育發展情況：「據領隊羅學淵談，雲南地處邊陲，交通不便，體育發達，自屬遲滯，惟近來經努力提倡之結果，亦漸蓬勃，近有雲南體育協進會之設立，省會昆明亦有游泳池及公共體育場之新建，加以本省主席對於體育，素具興味，提倡殊力。此次選手，由全省運動會所選派，成績相較，自屬稍差，惟遠道而來，志在觀摩而已」〔註167〕。

「由昆明起程，經安南香港時，屢受無理之搜查，飽嘗弱國民族之風味，深爲痛心，雲南地位與東北相等，隨時有亡省之慮，此次全運會，各省踴躍參加，表示全國民眾團結奮鬥……此次本隊，因所受之感觸彌深，而希望於全會之成功者更切也。雲南學校體育在民十三則由軍人主持，不知普通體育爲何物，民十三後始漸漸注意各項競賽，現本省因雲龍主席之提倡，成立全省體育協會，雲任會長，教廳長龔至知任副會長，對於體育設備，已略有建設，省城有體育場二，體校一，民教館一，內設小規模之籃網球場外，尚有新建之游泳池一所，關於推進全省體育計劃，擬先栽植體育人才，逐漸推廣，及於各縣……」〔註168〕

由上觀之，雲南省近代體育發展在1924年之前尚處於未開化狀態，而在此之後，即在一定程度上受到民國第二屆全運會的影響，其近代體育發展方開始起步，但各項體育事業相較中原各省仍然落後不少。這一方面映證了這一時期民國全運會對當時各地方省市體育發展的促進作用，一方面也說明了邊疆省區近代體育發展水平依然遠遠落後的現實狀況。

第二，這一時期的民國全運會在籌備組織方面較之前民國全運會顯然更加悉心周到，但是從總體上來說，民國時期的中國物質基礎相對貧乏，各項基礎條件仍處於較爲落後的水平，所以在籌備方面難免存在一些「頑疾」。首先就是運動員的吃飯問題：「大會運動員之膳食不佳，引起選手極大饑荒，臨時商店中，不論大小食鋪，終日客滿，選手觀眾有終日未一飽者，諸選手無不叫苦連天，並有不願出場比賽者，亦有要求返歸者，良以既不得飽，必無良好成績，又交通不便，大會職員之往返，深感苦痛，亦有不願到場服務之表示，諸如此類之問題，大會如不趕緊設法，務必引起嚴重之不良結果」

〔註167〕 《雲南選手今晨離滬赴京》，《申報》1933年10月6日。
〔註168〕 《川晉皖湘滇五省健兒訪問記》，《申報》1933年10月6日。

〔註 169〕。不過本屆全運會在伙食方面備有回族民眾喜愛的清眞食品，證明大會籌備處在民族問題上還是有所考慮的。

再者就是住宿問題：「因宿舍光線空氣均欠足，廁所內，水管破裂，水流滿地，選手行李運輸，亦須親自動手，較本年華北猶有遜色云」〔註 170〕。比較考究的浙江女選手不堪忍受，遂向大會提出住宿意見以及改善伙食的建議：「（一）男運動員住中大，女運動員住會場，管理不便，現在會場宿舍尙有空額，何以先來者不准住入，後來者因預先註冊，反可住入，殊覺待遇不平，請招待股對先來者設法，一律遷至運動場，如不可能，應先派車接運動員赴場參觀，在開會期內，須每日派車接送；（二）會場女膳食每桌八人，價四元，而菜味宿舊，不堪入口，請速改良，以維衛生」〔註 171〕。

最後就要屬到管理不善，會場秩序時好時壞，規章制度執行不力，這也是國民黨政府長期以來執法不嚴造成的後遺症。正因爲國民黨政府有法不依，對達官貴人太過放縱，人爲創造各種特權，造成了許多管理問題，是爲會場秩序不穩的主要原因。「揚子江水利委員會委員長周象賢亦爲大會籌委之一，開幕禮時，周氏奔走招待外賓，異常忙碌，宋財長之大姪張如怡女士，亦盛裝至司令臺前，欲闖入田徑場，被童子軍所阻，交涉再三，終無效果，經周氏瞥見，似來招待，親自放行，謂童子軍曰：只此一遭，下不爲例」〔註 172〕。正是這類特權人物的存在，再加上籌備委員的縱容和執法不嚴，造成大會門禁管理混亂，有些地方的門禁形同虛設：「兩副面孔：田徑場門禁森嚴，管門處之憲兵，荷槍實彈，如臨大敵，下午田徑舉行，既不得閒人進步，即上午無田徑賽時，亦不得入……困於門禁無法可想，後向場外兜至後面，即東司令臺入口處，不顧三七二十一衝入場去，竟然通過，不覺喜出望外，但思門卒兩副面孔，又不禁使人奇怪……」〔註 173〕

大會開幕當天，人數眾多，超出荷載，因此各種繁忙和意外便紛至杳來。「大會之辦事人員工作忙，車馬送客往來忙，選手來京招待忙，小工布置場地忙，各地選手練習忙，商店布置鋪面忙，廚司預備菜食忙，首都民眾參觀

〔註 169〕　《大會應注意選手有終日未能一飽》，《申報》1933 年 10 月 11 日。
〔註 170〕　《各選手對大會招待殊難滿意》，《申報》1933 年 10 月 6 日。
〔註 171〕　《浙選手隊兩項要求》，《申報》1933 年 10 月 6 日。
〔註 172〕　《周象賢放出張如怡》，《申報》1933 年 10 月 11 日。
〔註 173〕　《各場巡禮》，《申報》1933 年 10 月 13 日。

忙，警察維持秩序忙，新聞記者奔波採訪忙」〔註174〕。「中宣會十二日下午七時招待全運選手，到二千餘人，中委葉楚傖、居正、邵元沖親臨訓詞，款待茶點，當場發給各選手各項黨義書籍刊物，並贈每人紀念章一枚，當時會場空氣奮興，各選手均高呼中國國民黨萬歲，擁護中國國民黨等口號，末有電影音助樂興，九時散會」〔註175〕。從大會第二天開始，隨著參觀人數相對減少，各項工作方才開始走上正軌。「大會第二日，天氣陰晴，觀眾竟減少十分之六七，交通已無阻礙，會場秩序亦漸有改良，田徑場看臺上僅數千人點綴其間，新聞記者亦可登東司令臺，無線電連續報告亦殊清晰，可謂漸入佳境矣。亡羊補牢未為晚也：第一日開幕時，以人數眾多，秩序大亂，司令臺上鐵欄杆竟被擠斷，跌傷一人，故第二日晨，徑賽開始時，無線電連續報告，請看臺上前排觀眾，勿倚伏在鐵欄杆上，以免危險」〔註176〕。

第三，在這一時期的民國全運會上，全國紀錄不斷被刷新，有些項目的成績甚至打破了當時遠東運動會上的紀錄，但在這些優異成績的表象之下，隱藏著近代體育貴族化、唯錦標論等不利於近代體育普及和推廣的深刻問題。首先是當時各省區為了爭奪錦標，片面培養少數人，以提高競技體育成績在運動會上奪取錦標為最終目的，這樣就忽視了一大批青少年的體育情況，僅僅把目光停留在爭奪錦標和冠軍的人身上，這樣就造成國民政府當局提倡的「體育強國」理念僅僅是口頭上的空話。再者便是由唯錦標論衍生而來的近代體育貴族化的問題。因為全國上下只看重奪取錦標，所以近代體育的發展對象只可能是少部分人，而這部分人必定是受教育程度較高、家庭環境優越的社會上層人士。因此當時近代體育發展貴族化的傾向也非常明顯。以民國第五屆全運會上的網球選手為例，「女網球選手中不諳華語者甚多，山西王家春菁春葳，上海魏氏姊妹祖同麥穀，一因母親係西人，一為僑生於國外，馬華女選手非特不能說，亦不能寫，男球員中大半都說英語，故網球場上，頗有異國風味」〔註177〕。由此可見參加網球運動的女選手多出身國外，家庭條件優越。

〔註174〕 《忙忙忙》，《申報》1933 年 10 月 10 日。
〔註175〕 《中宣會昨晚招待選手》，《申報》1933 年 10 月 13 日。
〔註176〕 《昨日會場側面觀》，《申報》1933 年 10 月 12 日。
〔註177〕 《網球場素描》，《申報》1935 年 10 月 14 日。

　　當時體育界的程登科撰寫了一篇《復興民族底體育目的》的文章，詳細闡述了為何要振興以及怎樣振興近代中國體育的問題，抨擊了體育發展中各地區、各學校唯錦標論、忽視團結合作精神的現象，對近代體育發展貴族化的傾向也予以了強烈抨擊，並提出了振興民族體育的「十化」目標。現將其文章摘錄如下：「所幸執政諸公，教育當局，自決議之後早已三申五令，強迫實行，但其結果，僅足百分之九而已……因中國體育在最近二三十年中，都偏重學校，目標狹小，無整個的組織，無完善的系統，而且少數體育同志，各抱門戶之見，不肯犧牲、努力合作，故數十年來，均逃不了畸形的發展、和互相詆毀，際此外患交迫，飽受欺凌的今日，中國體育底目的理應擴大承受體育訓練的對象，亦應普及全民以復興民族為本，以取消東亞病夫之譏為標，擇其最易普及而有實用運動如游泳、舉重、遠足、器械操、國術等從速提倡詳定規章，務使今後體育能體育化、民族化、集團化、軍事化，務期養成精誠團結抗敵禦侮的健全公民，至於體育本身，力避貴族化、西洋化，更希於此國術軍事打成一片，創造最新式最實用，而能復興民族的中國體育系統，其實現之時日，全賴執政諸公之熱忱，及以復興民族、雪恥報國為體育宗旨的同志們之努力奮鬥耳。自從歐戰之後，世界各國對於體育的認識，特別明瞭，同時其目的亦因之大為變更，組織管理多屬軍政要人，或委任專員，至於教材、方法，均屬激勵民族鬥爭，治本策略，則以青年體育為重，兒童體育為主，因前者為國家實力的表現，後者為國民體育的基礎，但其實際目的，除強健青年及民眾身心而外，大有不可思議秘而不宣，寓兵於體育之目的在，試問吾人處此第二次世界大戰之前夕，及狼心狗肺的邦鄰，帝國主義無厭的侵略，吾人過去所具的狹小體育目的，是否可以適應現在的環境和國情，又是否合乎世界的潮流和趨勢，想執政諸公，教育當局，體育同志，早已洞悉胸次，勿庸登科贅述，茲為鞏固今後體育基礎計，為增強國家實力計，為復興民族計，為合乎世界潮流計，今後中國體育非同一指導之下，並結合精神團結、忠實努力、少吹多幹的體育同志，厲行十化體育目的不可，登科不才，僅將在外數載見聞所得衡以國情，擬就十化體育目的，借茲大會陳請國人，本係拋磚引玉，尤希執政諸公，教育當局，體育同志，不客氣加以指正，則我國體育前途幸甚，登科亦受賜不淺。茲將十化體育目的列後：1. 要教育化訓練人格；2. 要革命化復興民族；3. 要軍事化雪恥報國；4. 要中國化提倡國術；5. 要紀律化守法遵命；6. 要民眾化普及全國；7. 要健康化講求健

美；8. 要衛生化免除嗜好；9. 要藝術化陶冶身心；10. 要世界化萬國來朝。上述十化體育目的標題就是復興中華民族的途徑……」〔註178〕

　　以程登科爲代表的近代中國體育界人士，從時局出發，在這一時期強調寓軍事於體育的重要性，並提出了十化體育的宏偉目標。雖然這其中有很多目標在民國時期是無法完成的，也有不少目標是較爲理想化的，或者太過遙遠的，但這些目標代表了當時知識分子和體育界人士的心中的普遍理想，明確了近代體育的發展方向，指引著近代中國體育界的仁人志士爲之努力奮鬥，這是具有積極意義的。

　　當時的中國，沿海省市大多經濟較爲發達，近代體育發展較好，內陸省份則相對落後。縱使有個別代表內陸省份的優秀運動選手，也多有留洋經歷，或家境較好，這正體現出民國體育發展貴族化、職業化的弊病所在：「內地省份平時對於運動不甚注重，致各項成績落後，此次參加全運會之選手中，以女子網球一項，最有希望，女網球選手王春菁王春葳二姊妹，其母爲美國人，父爲留美生，故家庭教育，完全美化，平時對於網球一項，興趣極濃，兩女士之有此驚人成績，實受家庭教育之賜也……」〔註179〕

　　最後，唯錦標論在對待體育方面的偏執心態必然會在實踐中培育出「偏執」的體育人才。這些人頭腦簡單、四肢發達，或是身體強健、精神脆弱，這些都違背了近代體育發展的初衷。當時也有不少熱心體育的民國體育界人士對這些怪現象予以抨擊。

　　「全運會聲中，連珠炮似地只聽見「打破紀錄」，畢竟不弱啦！在這事事落伍的中國，突然發見這班生龍活虎的年輕夥子，使出驚人成績，怎不叫人興奮一下子，至少也得逐漸消滅去這「東亞病夫」的雅號。近年來，中國運動史進步之有此迅速的成績，一方面固係體育界之精神，運動員之努力，另一方面，則不得不歸功於教育界提倡之積極，是故每個學校，每周間總得有「體育」這麼一二課，而於每年春秋之際，還要抽閒來舉行幾次上海中等學校運動會，自家學校裏的運動會，還有額外加入底「萬國運動會」，此外就是每天幾小時的練習。話又說回來了，有了單純的體格，也不能代表整個救國方式的，可是「事實」似笑話般的告訴我們，一個大學生不能夠寫一封家信……這雖不單是指運動員，但運動員已被公認是其中的主要一部分了，也許會有

〔註178〕《復興民族底體育目的》，《申報》1933 年 10 月 14 日。
〔註179〕《川晉皖湘滇五省健兒訪問記》，《申報》1933 年 10 月 6 日。

人奇怪，既這麼，怎樣在大學裏生存呢？這原是一種特殊的畸形生活，他們存身在學校裏，非僅學費不須化得，衣飾費也不用煩心，甚至雜用還要校方津貼，校方是癡嗎？不，還是利用他們，持他們而號召。無非還是社會上變形的競爭之一種，運動員可謂神通廣大矣！因為這般，是以堂堂學府內出來的，甚至遊過洋邦勝境歸來的，還是迷迷糊糊，研究化學理科的，公式都纏不清，怕甚？只要有面子，臂膊粗，還愁沒位置麼？做上個什麼長，什麼科，所學的不合用，用上兩個秘書，好在自己只要有簽字的本領也就夠了。窮酸子呢？那只有挨著自己命運，找尋「出途」去了。更進一步說，這回運動有這樣好紀錄，固然是提倡諸公之努力，吾希望諸公仍秉救國精神，作更進一步之努力，創造幾項其他新紀錄出來，路政的建設，行政的實施，工業的救濟，以及……這些都是我們急迫需要的，我希望一年有一年的成績，年年增加新的紀錄。話雖這樣說，行者還自行之，但，總不要像「九一八」「一二八」時的「飛箭」「飛雷」「飛……」飛了滿天星還未飛出半個影子的樣子才好，吾希望當局諸先生撈出一把零錢來救濟他們一下子，這也是提倡呵！而且是真正的救國，雖是殘酷殺人的戰具，但在這個野獸世界卻需要著它的」〔註180〕。作者以詼諧幽默的口吻談論一個即使在今天的中國也值得注意的問題，近代體育發展劍走偏鋒，越來越向專業化發展，卻忽視了重視人的個性以求健康全面發展成長的體育初衷。

第四，唯錦標論等偏執的體育理念造就出一批偏執的體育人才，再加上當時的技術原因，這一時期的民國全運會賽場上開始出現因裁判誤判而發生糾紛的不和諧現象。個別運動員因不服裁判員的判決，出現辱罵甚至毆打裁判或對對方運動員採取暴力行為的一些喪失體育精神的不道德行為。當時輿論感慨：「這幾天風勢不好，排球場上毆打裁判，足球場上觀眾之間亦大打出手，昨日足球場上又發生毆打之事，這個年頭兒裁判員真是難做」〔註181〕。張伯苓先生曾參與主持籌辦了多屆民國全運會，對此現象深有感觸，對這些體育賽場上的不文明現象屢屢出現也是十分的痛心。在1933年民國第四屆全運會上，他對此問題提出了個人感想和希望：

「本屆全運會打破紀錄之項甚多，證明我國體育已有顯著之進步……不意前日遼滬足球糾紛之後，本日粵滬籃球又遭不歡而散，前後兩項紛爭，均

〔註180〕　《「打破紀錄」的感想》，《申報》1933年10月18日。
〔註181〕　《會場別記》，《申報》1935年10月20日。

據裁判員報告，在比賽時，因競爭甚烈，兩隊互有爭持，此乃常事，不料在旁觀眾及冒充觀眾之選手，有怪聲叫打等表示，擾亂運動員之精神與觀念，致比賽不能終局。此足證明中國民眾向未瞭解比賽性質，對於運動觀念幼稚，故本人於昨日汪院長宴會席上極力主張中國應有一種體育大運動，使一般民眾能深切明瞭運動之重要與性質後，發生運動興趣，則十年之後，中華民族體格之健康，定有相當之進步，現在政府方面，由教部體育委員會用政治力量，令各省市政府提倡體育，民眾方面又有全國體育協進會及分區體育協會之組織，如此雙方並進，將來之進步，當可預祝」〔註182〕。

為了將這些希望變為現實，張伯苓甚至主動提出取消大會總錦標的設置：「大會舉行，注重精神，總錦標之設，殊無意義，故一部委員主取消，將來開會時，可通過，至舉行年限，如為財力所限，不妨延長，此待開會時商酌，本年體育界諸君，在青討論體育時，曾擬組織中華體育學會，將乘此次全國體育薈萃上海，即開成立大會」〔註183〕。

最後，由於民國全運會全程籌劃組織均得到了蔣介石為首的南京國民政府的高度重視和大力支持，因此全運會不可避免的成為蔣介石樹立其統治威望、鞏固其軍閥統治的政治宣傳場所。蔣介石在民國第三屆全運會的開幕式上就談到：「這一次大會，是集全國最優秀最強健的國民於一場，換句話講，就是對於中央政府，表示一致的擁護」。〔註184〕這就使得全運會染上了一層濃厚的政治氣息。蔣介石還向運動員們表示：「你們在軍閥壓迫之下，封建勢力包圍之下，能夠跳出這種環境，來參加中央政府所創設的全國運動大會，今日，可以表示你們擁護中央的熱忱。這次全國運動大會，不但可以表示中華民族真正獨立的精神，更可以使反動的軍閥、封建餘孽膽寒，以後不敢再破壞統一，反抗中央。」〔註185〕這是蔣介石為民國全運會所作的最好的政治注解，強調了以自己為代表的國民政府中央對全國的支配地位。這一方面是向當時不聽中央調遣的地方反動軍閥發出警告，另一方面也在向當時中國共產黨領導的工農紅軍為主體的紅色革命根據地進行恫嚇和威脅，體現出蔣介石為首的南京國民政府反人民的一面。

〔註182〕《張伯苓談話主張有體育大運動》，《申報》1933年10月19日。
〔註183〕《張伯苓談本屆大會注重精神》，《申報》1935年10月5日。
〔註184〕《國府蔣主席訓詞》，《申報》1930年4月2日。
〔註185〕《蔣主席第二次訓詞》，《民國日報》（上海版）1930年4月2日。

二、存在的問題

　　這一時期的民國全運會舉辦規模日益擴大，參加團體也愈益增多，尤其是1935年的民國第五屆全運會，無論從舉辦規模、參賽代表團隊、競技項目、比賽成績等哪個方面來說，都是民國時期歷屆全運會乃至各類運動會中水平較高的一屆大會。它的舉辦標誌著民國全運會正式踏入規範化的軌道，也標誌著近代中國體育正式踏上了小步快跑前進的征程。這一點不僅體現在大會舉辦過程之中，也體現在民國各界人士對大會舉辦所產生的感想感言及建議意見方面，這種對運動會的反饋聲音之大、認知之深刻是之前數屆民國全運會所沒有的。

　　首先是在大會比賽的具體規章制度方面，如何通過賽制的合理安排更好更有效的激發運動員的運動熱情、更好的體現運動競技場上優勝劣汰的原則、如何在最大程度上鼓勵全國民眾普及體育、參加體育運動會，是當時民國時期但凡熱心體育的人士普遍需要解決的問題。當時署名陳奎生的一篇大會評論頗具代表性，現將其全文摘錄如下：

　　「一國舉辦全運大會，其目的有二，一在質的提高（注意新成績的創造），一在量的普及，二者原應並重，不宜有所偏倚，但就我國目前情勢而論，其質似不見甚高，此將我國最高紀錄與世界成績比較相差遠甚一點觀之，可以證明，推究其癥結之所在，仍在量的普及之工夫，尚未達到理想之境地也，本來就普及體育之工作言，首須植基於小學體育，次則須極力提倡民眾體育，此經驗之談，不可應滅之論也，顧欲賴小學體育普及而提高成績，此係期之永久百年大計之策，源遠流長，難收急效，若欲賴民眾體育提高成績，則覺現在一般民眾對於體育，既無基礎，亦無興趣，何有成績之可言，至公務員中曾係大學出身，而現在仍能努力繼續不斷的練習以為之倡者，則實不及百千萬分之一，少乎其不可計數，故為顧及質與量兩方面工作，雙管齊下，而能收目前之急效，樹永久之基礎者，則惟有在下屆全運會中，修改競賽規程，增加男子中等組，以資救濟，仍將現制保留，命為公開組，其原則以不增加大會及各單位時日、勞力與經費之多消耗為標準，而確能收到質的提高與量的普及兩方面之功效，茲略舉簡單辦法如下，請向下屆大會籌委會建議，並徵求各單位響應，發表意見，公開討論，毋任企盼。

　　一、男子中等組，規定身長體重之限制，一項超過規定者，即為公開組，其年齡學業，約相當於十八歲之高中學生（自然不以學生為限，此所提者，為身長體重規定之標準限制耳），各單位報名時，須填載選手之身長體重（單

位採市尺市斤），報到時，由大會派專員覆查或抽查，女子體育成績，就過經驗言，中學生之質與量，均勝過大學生，故不必分組。

二、男子田徑賽、全能及游泳，原定每項可報四人，茲既分公開與中等兩組，則每組每項只許報二人，報名人數不增，因而分組關係，可予青年運動員以充當選手之機會，增加比賽經驗，往例，各單位於每項雖報四人，其實四人之成績，僅一二名較勝，其餘有相差遠甚者，若改此辦法，中等組成績略勝者，亦有參加比賽之機會，而大會於比賽時雖分爲兩組，但因公開組人數減少一半之故，亦不多增比賽時間，其裁判、勞力、經費，亦不因而多增加與多消耗也。

三、球類男子分組，較爲困難，如一律分爲兩組，則於大會及各單位，均增加一倍之消耗，此爲不可能之事，如不分組，則與建議之原旨相違，此中實難得有至善之方法也，惟查內地，省份，有者僅一省立大學，因缺少比賽機會，成績凡庸，無足稱述，有者並一省立大學而無之，至中等學校，則普通省份，大部較爲發達，由此推想，各單位自度公開組成績遜色而中等成績較勝者，必只報中等組而異公開組，就全國各地球類成績而論，除南京、北平、河北（包有天津雄厚勢力）、上海外，其特殊者僅閩粵港之足排球，故球類公開組之隊數必然減少，不至使大會增加一倍之勞苦與消耗也，或用大會規定限制，兩組只許各單位隨意加入一組，由此推想，內地省份，必然願意加入中等組者多，而京平滬各地，必然願意加入公開組，此制之缺點，即加入公開組各地之中等組，無機會加入全運，似乎不平，但若能由全國最高體育行政機關於相當時期，主持全國各區中等組球類分區比賽，亦屬補救之一法，又若我國建設進步迅速，各省交通發達，最高體育行政機關，能在不舉行全運之年度中，主持全國男子中等組球類比賽，以資則在全運中男子球類不分組亦可，總之，關於球類比賽之應否分組，分組有何至善之方法而不增加大會與各單位之困難，個人尙無妥善之計劃，以資貢獻，惟此建議，實本善意，請視爲一種個人提示之初步意見，究竟有否必要，是否適當，尙祈各單位高明之士指教爲幸」〔註186〕。

這篇評論在賽制方面首次提出以劃分不同等級小組的方式進行田徑比賽，鼓勵更多的地區、更多的民眾參與到全國運動大會中來，以收到在全國普及近代體育和增強民眾體質的實效。評論裏還提到在全國設立相關球類的

〔註186〕《向下屆全運大會籌委會建議》，《申報》1935 年 10 月 13 日。

聯賽，以期彌補全運會上某些球隊不能盡顯身手的缺憾，這也是民國時期首次出現提議建立全國球類聯賽的想法，體現出民國時期近代體育發展到 1935年時已達到一個相對較高的水平，尤其是三大球類（足球、籃球、排球）運動，在民國時期學校和社會體育中均有較高程度的普及。雖然文章中並未提到具體如何舉辦聯賽等實際舉措，但作爲拋磚引玉之論，彌足珍貴。

第二，積極準備並選拔運動員參加世界奧林匹克運動會，是當時體育界人士在民國第五屆全運會舉辦之際關注的另一個問題：

「世界運動會，自西元一八九六年由法國男爵葛劃亭氏悉心規復後，泊今已三十八載矣，此三十八載之中，曾經舉行於歐美各國者凡十次，明年———九三六年將在德國柏林舉行第十一屆世界運動大會，德國政府對該會籌備已在三年之前，計至現在已籌備三年之久了，並特爲大會建築新運動場在柏林城外，如游泳池、體育館、足球場，均從新規劃用極新式極精緻之圖案建築而成，又建築「我能比呀村」Olympic vliagie 專爲招待各國選手及來賓寄宿者，即此，可見德國政府對於本屆大會場地設施、招待布置，異常周到，一事一物均派專員分司其職，專責籌備，據美國參加世界運動會委員報告，以本屆世界運動會之設備，較比以往任何國之族備完善周密，令人聞之，不能不深佩德國民設以及德國人對於體育各種方面，眞所謂水銀瀉地，無孔不入，在此一端亦可見其無微不至矣……原其男女老幼上下莫不注重體育，視體育爲生命，幾若天生性成者焉。彼等不但提倡、實行、舉辦而已，且由政府特設全國最高主持體育行政之體育部與該國各部機關並比，派大員專司其責，統制全國體育事業，以故收效宏而速也。

此溯自我國參加世界運動會，尚在第九屆起始，前幾乎未聞有此名而知有此事，雖有知者，亦甚少數，其時如海滴留學美洲，以平日對體育有所性好，當蒙全國體育協進會派爲代表參加，迨後在美國舉行第十屆世界運動，我國始正式派劉長春君出席參加，從此吾國對於世界運動始有相當認識，故本屆運動會曾經教育部全國體育委員會議決多派選手出席參加如足球、籃球、田徑賽、游泳、舉重等各項運動，已能如此熱烈參加，未始非吾國體界之好現象也。

但如海有不能已於言者，則謹誠願望吾國政府亦效法德國之對於體育之設施，全國設立一最高體育行政之體育部，轄行政院，如教育、內政等部同立相等地位，簡派大員主持其事，職司專責，規劃掌管統制一切體育事宜，

以謀全國體育之進展……如德國今日之情形相若……同時更由黨政軍領袖以身作則，從自己提倡起，本身實行起……則今日之所急需亟應行者……前往歐美注重體育之各國，多事參考，悉心觀摩，以資借鏡，而民族復興，端賴是焉」〔註187〕。

當時的體育界人士把即將在德國柏林舉行的奧運會準備工作拿來同本屆全運會對比，作者對德國人在體育方面的積極態度感佩之情溢於言表。這是民國體育界人士放眼看世界的一個表現。在感覺到本國近代體育與世界頂尖水平的差距後，產生奮起直追念頭，實乃當時民國體育界一大幸事。該作者還提到仿傚德國設立體育部，同中央其他各部地位平等。雖然初衷良好，然而在當時那個時代，只能作為一種美好的念想，況且在實際操作中也存在許多具體問題。但是，這些都反映出在競技體育水平逐漸提高的基礎上，民國體育界開始發現並設法解決體育發展中出現的問題，是為民國近代體育發展達到相當水平的見證。

第三，在民國時期學校體育已然較為普及之時，社會體育，尤其是農村地區體育的相對薄弱問題便引起民國體育界的重視。在民國第五屆全運會的觀眾席上，個別民眾甚至還因為缺乏體育常識而鬧出了一樁笑話：「千五百公尺賽，在最後五十公尺時，發令員開槍通告選手，急煞了看臺上的一位看客，他說「發令員為什麼要這樣對準著他呢？子彈不是玩的，不要真被他打著了啊！」〔註188〕

會場上，觀眾滿席，但多數人均為市民階層，農村地區的觀眾極少。「全國運動會開幕以來，迄今已有一周，參觀人數，總計當在三十萬以上，在此三十萬之驚人數目中，據記者之觀察，以城市仕女占百分之九十以上，鄉村民眾之到會觀光者，環視會場，除工役之外，幾絕無僅有，縱有之，亦占極少數極少數而已，可見運動之興趣，現只能普及於城市，尚未能深入鄉間去也。運動場之來賓座位，分有二角、四角、六角、一元等數級，一元坐位最佳，六角四角次之，兩角坐位，則在運動場之南北兩端，地位最為惡劣，但觀眾之多，幾無日不告客滿，常使後來者遍覓插足之地而不可得，反觀一元坐中，則坐位甚多，但竟無人顧問，於此可見觀眾購票力之薄弱也。各項球

〔註187〕 《對第十一屆世界運動會吾國應努力參加之建議》，《申報》1935 年 10 月 20 日。
〔註188〕 《零零碎碎》，《申報》1935 年 10 月 20 日。

類比賽，觀眾興趣最為濃厚，而獨於棒球則不然，每場比賽，觀眾寥若晨星，一種冷落景象，令人意興索然，原因何在，蓋山東人吃麥東，一懂不懂之故也」〔註189〕。

「本來提倡體育，目標在使國人的體格，得趨於健康之途。而要達到這目的，則須謀體育的普及，俾全國國民，無論男女老幼，都知體育的重要，個個實行有益的運動。但我國提倡體育，每忽略及此。先前只在學校中，設有體育的科目。近來雖也能漸顧到民眾運動方面，惟只仍限於一部分人而已，還談不上普及二字。致大多數國人，尚沒有參加運動的機會。這不能不說是一個最大的缺點。再則是提倡體育，目的既在強身，便不能僅以奪取錦標為鼓勵。運動會的舉行，用意在使運動員有表演其運動技能的機會，及引起人民對於體育的注意。在一個運動會中，我們固然希望有優美的成績可收穫。但若一味鼓勵運動員競爭錦標，這只能養成幾個選手，造成幾項紀錄而已，未免有失體育的真意義。我國一般運動員，每為出風頭而運動。且學校的提倡體育，又都有借運動為學校廣告者。這種態度，甚屬錯誤。以上兩點，我們認為有改正的必要。故當這全國運動會舉行之時，特此提出來說一說。希望一班熱心於體育的國人，加以注意」〔註190〕。

農村地區體育薄弱、近代體育在社會上普及程度尚顯不夠的問題被挖掘出來，這也是當時民國時期近代體育發展亟待解決的重要問題，關係到近代體育發展的實質。據此足見當時民國相關體育界人士對體育問題認識程度之深刻。評論中還提出對全運會舉辦過程中各省選手代表唯錦標論英雄的不良現象應予以批評疏導。多次擔任民國全運會裁判長的張伯苓甚至提出取消總錦標的建議。這種認識在今天以舉國體制培養體育人才的中國體育界來說，仍有其巨大的意義。體育的目的在使民眾身心健康，培養積極向上的精神狀態。而即使在今天，我們國家的體育系統仍是以金牌論英雄，舉國體制培養金牌選手，卻忽視了廣大學生的身心健康。民國時期體育界人士的評論，實乃肺腑之言，至今仍然值得中國體育界人士反思。

第四，近代女子體育在當時固然已經興起，然而女子在民國時期的地位卻依然低下。民國的一批知識分子透過女子體育繁榮的表象，對女子地位依然低下進行了抨擊，並對女運動選手予以提醒：「我們的社會，究竟還是不三

〔註189〕　《大會別記》，《申報》1935 年 10 月 16 日。
〔註190〕　《告全國運動大會》，《申報》1935 年 10 月 15 日。

不四的半封建半殖民地資本主義的社會。女子雖有的已跳出了囚牢，但依舊脫不了奴化玩化的地位，所以同樣的選手，女子所獲得的，卻有另一種精美的頭銜，什麼「魚」呀「蝦」的；女選手們，你們也體味到其中的社會意義？這是榮譽呢，是恥辱？本屆全運會開幕，適在意阿戰爭開始，中日密切提攜之時，而地點卻適在「一二八」的古蹟戰場。女選手們！在此良辰（？）在此疆場！你們在歡欣歡躍之餘，試遙望阿國婦女，她們不正在慷慨悲歌，隨軍參戰？而我們只在他人的手掌上，跑跑跳跳，歌歌唱唱，相形之下，誰有慚色？女選手們，你們能跳出囚籠，能在那耗資百萬的偉大運動場上，一顯身手，這是多麼幸運啊！然而你們若轉眼他方，隨處的洪水滔滔，那裡的男和女，飢寒難當，哀號遍野！和你們的「大家歡暢，歡暢，歡暢，歡暢」（全運會歌詞句）的歌聲，遙相迴響，有人說：「這方的綠水黃沙，是他方的碧血白骨啊！」歡暢？集全國各地數一數二的健兒，一賽你能你強的場合，榮膺冠軍的，誰不欽佩？誰不愛慕？她的微笑揚眉，誰能說「不當」？不過按照一般競賽者的心理，當是只希望自己獨勝，僥倖他人落後，假使把這種心理應用在日常處事對人上，就變成了自私自利的個人主義。人生的真義決不是這樣，我們應該聯合並提攜每個人，多能站在平等的生存線上。諸位可愛可敬的女選手們！認清你們自身的地位吧，認清你們所處的時代吧，認清你們立著的場所吧，看看你們周圍的大眾吧，確定你們今後的人生觀吧！你們將原遠行了，焉此相勉！」〔註191〕

　　文中多次提到深陷意大利侵略戰火中水深火熱的埃塞俄比亞婦女，並將當時正在進行的意埃戰爭拿來同當前的中日關係作比較，暗示女子運動選手勿因取得些許成績便沾沾自喜、洋洋得意，鼓勵女子選手們把目光放長遠，也提醒廣大民眾，對東方的惡鄰時刻警醒著，取得再好的成績亦不因此自傲，應隨時做好戰爭準備。

　　總之，這一時期的三屆民國全運會在總體上來說算得是真正意義上的全國運動大會。它是對近代中國體育事業發展程度的大檢驗，同時也是推動中國體育事業現代化的一個新起點；它是增強國人體育意識的大集會，也在一定程度上推動了近代中國體育事業的發展，是具有很多積極意義的全國運動大會。民國第四屆全國運動會的成功舉辦反映了晚清以來近代中國體育在艱難困苦的環境中頑強拼搏、努力發展的勁頭，表現出中華兒女不屈不撓的奮

〔註191〕　《歡送全運會女選手們》，《申報》1935 年 10 月 20 日。

鬥精神。諸如張伯苓、王正廷、沈嗣良等熱心近代中國體育發展的人士，爲民國全運會的組織籌劃辛勤奔走，劉長春、楊秀瓊、李森等優秀運動員在當時的艱苦時局下仍能刻苦訓練，彰顯出當時的中國民眾爲國奮鬥的良好精神風貌。當然，民國全運會不可避免的淪爲當時執政者進行政治宣傳的工具，在唯錦標論的怪圈下難免會培養出一些體育「偏才」，在體育技術上達不到當時國際先進的體育裁判水平和競技標準，在體育成績上遠遠落後國際先進水平，爲當時政治格局與時代局限所困，這也是當時中國各項事業發展的桎梏。

第五章　民國全運會的衰落

第一節　民國第六屆全運會的舉辦背景

　　經過中國人民 8 年的浴血奮戰，再加上世界反法西斯聯盟的人力支持——蘇聯紅軍出兵中國東北驅逐日本關東軍，美國在日本投下兩顆原子彈——中華民族第一次取得了反對帝國主義鬥爭的完全勝利！1945 年 8 月 15 日，日本天皇宣佈無條件投降，同年 9 月 2 日，簽署停戰協議，第二次世界大戰正式結束。

　　中國雖然是第二次世界大戰的戰勝國，但在經歷了長達 8 年的抗日戰爭之後，國內千瘡百孔，百廢待興，人民群眾更是珍惜這鮮血換來的和平時期。重慶談判國共雙方簽訂的《雙十協定》，似乎使全國人民都看到了和平建立一個富強民主中國的希望。然而就在一年後的 1946 年，蔣介石撕毀了自己親手簽訂的《雙十協定》，悍然向中國共產黨控制的解放區發動全面軍事進攻，國共內戰就此爆發了。

　　在抗日戰爭勝利之後，國民政府中熱心的體育人士就曾提議開辦全國運動會，無奈當時各種條件尚未具備，只得作罷。在重慶談判後沒過多久，國共內戰就爆發了。中國人民從一個火坑中走出來不久，還沒緩過神來就又陷入了另一個火坑之中，舉辦全國運動會的提議再次成為泡影。之後在內戰期間，經國民政府教育部體育督學郝更生及相關人士的多方奔走，竭力促成，方才決定於 1948 年 5 月 5 日在上海舉行民國第六屆全國運動會。

　　而此時國民黨統治區域的百姓大多陷於水深火熱之中：政治方面，國民黨政府官僚主義橫行，政府官員大多貪污腐敗，使得國內的民主人士對國民政府大失所望，而百姓也深受官僚貴族的壓榨，生活朝不保夕；經濟方面，蔣介石為獲得美國政府的軍事援助，不惜於 1946 年簽訂了喪權辱國的《中美友好通商航海條約》，美國商品從此開始大量湧入中國，擠佔了中國 80% 的市場，民族工商企業大量倒閉破產，民族資產階級遭到毀滅性打擊，工業體系趨於瓦解；人民生活方面，物價飛漲，貨幣急速貶值，國民政府之後發行金圓券、銀圓券，最終卻使得通貨膨脹現象愈益嚴重；軍事方面，國民政府軍隊佔領了解放區的一些空城，但有生力量卻被不斷消滅，可以作戰的軍隊數量越來越少，而共產黨率領的人民解放軍數量日益增加，裝備質量明顯改善提升，逐漸具備了與國民黨軍隊進行戰略決戰的條件。

　　在這種國內大環境之下，本屆全運會的籌劃工作極為艱難。本屆大會舉辦之際，國民政府統治區域中相對較為安定的僅存長江三角洲一隅之地，其他地區的體育組織系統不是因為戰爭處於癱瘓狀態，就是混亂不堪，或因對國民政府失望而拒絕參加籌劃運動會，因此大會籌備組織、裁判等工作大多由蘇浙滬一帶的人擔任。在此種環境下，大會在運動選手招待工作方面幾乎陷於癱瘓狀態：

　　「本屆全運之各地選手，對於大會辦事處，不無絕望。福建女選手告訴記者，她們於四月二十七日抵滬，站在寫天鵠候三小時餘，沒人招待，結果還有人睡水門汀過夜……選手宿舍沒有熱水供應，沐浴皆用冷水，致多數皆患感冒。且宿舍中又鮮熟水，除每日進餐時備有開水外，平時即不易喝到，致選手們叫苦連天，記者昨往訪時，曾見一福建女將擲衣箱，大發脾氣。

　　臺灣女選手中，有因上海吃不到西瓜，患便秘而病倒者，她們說：在臺灣每日必食西瓜三四次，上海的水果價錢既貴，且不過燒」〔註 1〕。

　　「女選手的居處，是和男選手混雜在一起的……女選手見到記者，一致的怨言是：苦於沒有洗澡的設備……臺灣選手似乎最能遷就現實的，處處原諒大會辦事人員，該省代表隊總管理林鴻組，一聽女選手抱怨無處洗澡，馬上就說：「小姐，已經解決了，今天起已有沐浴設備，回頭我帶你去。」……有人說：女運動家決不是個好太太……孰不知凡事都不能一概而論……在決賽前夕，尚安寧的盤坐床中，繡枕花，打絨線，縫衣服的……她們坦白大方，

───────────

〔註 1〕　《熱水不夠用叫苦連天，臺灣女選手想吃西瓜》，《申報》1948 年 5 月 5 日。

決不矯揉造作……只有她們，才配稱得上是「新女性」的代表，也只有她們，才足以為未來的婦女界添一異彩」〔註2〕。

當時國民政府統治區域普遍處於通貨膨脹的狀態，物價動輒上萬甚至上億：「今日大會報幕日，各場門票價格，分訂如下：一、田徑場（大會場開幕典禮及足球賽）：分五萬元及二十萬元兩種。二、室外籃球場（今日比賽一場）：一律五萬元。三、逸園足球場（今日比賽兩場）：分五萬及十萬兩種。四、滬江大學足球場（今日比賽兩場）：不售門券。大會會場四周，設售票亭十處，整日發售門券」〔註3〕。一張門票動輒 5 萬 10 萬，可以想見人民群眾生活必定極端不便而又艱難困苦。而國民政府將大量資金投入內戰之中，使得本屆全運會在籌辦資金方面捉襟見肘。大會籌備人員自己的工資都只是杯水車薪，很多人都是抱著服務體育的精神勉強支撐，完全是義務工作，更不必說在修葺會場、招待事宜等等籌備工作方面做到令人滿意的地步了：「……本屆大會因經費困難，職員大多義務服務，各組組長僅有車馬費一次六百萬元，主任幹事月支津貼四百五十萬元，以兩個月為限，助理幹事及臨時職員以十三天計算，僅支津貼二百萬元」〔註4〕。不得已之下，大會籌委會甚至向社會各界募集資金，這和乞討度日已無大的分別。在本屆全運會舉辦期間，許多商家利用大會舉辦高抬物價，令民眾十分反感，民國末年社會經濟的亂象由此可見一斑：「場內外，可口可樂九萬元一瓶，不啻明火打劫，據說承包的某公司曾花了一筆鉅款，大會收到實數，僅及四分之一，其他四分之三呢？這是第二明星公司伙食案。吃過一瓶可口可樂的人，都可以出來檢舉的」〔註5〕。

在大會即將舉辦前一天，上海吳市長親自來大會會場視察，會場籌備具體情況可謂慘不忍睹。吳市長在巡查時注意到偌大個大會會場，竟然沒有設施齊備有效的廁所，於是「他說最好會場內有客納五百人的廁所，方能在大會前門收票。否則，大小便處沒有解決，會成很大的問題的……於是這位負責人默默的記憶和小心的寫著：西司令臺三層有女便桶兩隻，男便桶一隻，小便桶一隻。二層有男便桶兩隻，低層有便桶兩隻，小便桶一隻。東司令臺三層男便桶一隻，女便桶一隻，二層無，低層有男便桶兩隻，女便桶兩隻，小便桶三隻。看臺有男便桶兩隻，女便桶六隻，小便桶兩隻，共計算來，便

〔註2〕　《珠羅紗帳充圍牆，運動衣褲滿屋飛》，《申報》1948 年 5 月 1 日～4 日。
〔註3〕　《各場門票價格》，《申報》1948 年 5 月 5 日。
〔註4〕　《全運簡訊》，《申報》1948 年 5 月 6 日。
〔註5〕　《場外閒話》，《申報》1948 年 5 月 8 日。

桶只有二十一隻，小便桶只有七隻。而大會觀眾，至少有五萬人以上，如何解決得了「便」的問題？

市長疲憊了，要去看廁所，先到三層，職員回說廁所門鎖著，鑰匙被人帶走了。再到二層，兩個便桶安置在污水的中央，職員回說水箱漏水。再至低層，馬桶四周也都是污水，兩個盥洗盆都還在臨時堆砌，市長問：「怎麼這時候還未做好？」職員答：「做好了壞掉了，現在正在修理。」要看小便槽，職員說：「原定計劃是做的，現在因為人工不夠，只好省去了。」市長一面搖著頭，一面對我們說：「大會經費，中央僅撥四十億，實在不能再說。」記者問上海工商界捐獻若干？知道僅有五十億。

我們又去看會場外面的便所，為臨時蓋搭，當然也不足五百人應用，不過較場內多得多了。市長的臨時決定，只好在距大門三四百公尺處收票。記者問那麼車子等等怎麼辦？於是大家商量的結果，還是在大門收票，如要出來大小便，則向守門者索取大小便票證，以便仍可入場參觀。」

大會唯一令人滿意的籌劃工作就要屬男選手的宿舍了：「宿舍內現容選手一千三百人，原有的不便之處現在差不多都已改善，我們看那巍巍大樓中的男選手宿舍……記者問好幾位男選手，有什麼不便？待遇如何？他們說待遇尚好，也沒有什麼不便。我們參觀了男浴室，浴池中洗浴的人甚多，還另有幾處浴室，也有人在洗浴，池內熱氣騰騰……還有理髮室……女子也可理髮……兩個女宿舍，各有女警察兩名侍衛……女浴室是新闢的……廚房煮飯是用十餘個大蒸汽鍋爐煮的，據負責人說兩三千人吃飯，都無問題。煮菜處也比較清潔，整隻的豬羊之類，都被宰割來作為座上的佳餚，用餐除客飯外，點菜均可。我們到膳廳，每隻方桌的腳上都貼著「XX省」的紅條，據說一千三百多人可以在一起用膳，一點也沒有困難」〔註6〕。

大會舉辦期間曾有大雨，因此停辦一天，在此期間，僅有江蘇省女選手對本屆大會招待工作給予了正面評價：「日以繼夜的風雨，將全運會場吹打的一片淒涼寂寞……沒有外出的選手，平均十分之五蜷在被窩裏，有的伏案寫信，有的看看電影說明書作消遣……臺灣選手仍舊穿的衣冠楚楚（運動衣），談得興高采烈，也許是他們得分最多關係……江蘇省女選手，認為大會招待得很好，這是最初也是最後一個正面的答案……」〔註7〕

〔註 6〕《大會會場巡禮》，《申報》1948 年 5 月 5 日。
〔註 7〕《雨後會場巡行記》，《申報》1948 年 5 月 10 日。

如此糟糕的大會籌備工作，不免令人大失所望，尤其是對那些熱愛體育的人來說，這樣的大會籌備工作無疑是對全運會這樣級別的體育運動會的一種侮辱。「有一位僑胞代表說：口口聲聲說經費支絀，致使大會籌備期間，處處表現不夠周到，其實，這是似是而非之論，經費不夠，乾脆暫緩舉辦好了，又何苦在大吹大擂，使海外人士興致吸引到高潮之後，接著又給人面對失望的現實，難免使僑胞對祖國，感到冷心」〔註8〕。

本屆全運會的籌備工作可謂歷屆最差，但即使在這樣一種環境下，國民政府為了粉飾太平，籠絡民心，在本屆大會開幕前還組織了京滬火炬接力長跑。運動員持火炬從宜興出發，途中接力跑，直至火炬送到大會會場，參加開幕式。對於在戰爭時期仍堅持開辦全國運動會，當時上海的申報還是對此做了積極的報導：

「……依過去的慣例，全運會是兩年舉行一次，甚少例外。自從民國二十四年後，已經十二年未舉行了。民二十六年曾一度籌備，恰好七七盧溝橋事變發生，復又停頓下來。去年有人計劃於雙十節舉行，因條件不夠，未能實現；這次決定今年五月五日舉行，還是籌備人員奔走籌劃的結果。十二年來，烽火未息，戰亂不寧，不僅體育風氣荒廢，就是德育智育也日趨下沉了。在此時會，集合海內外精英於一場，舉行盛大的運動會，意義深遠而重大，未可忽視。如有人以為……時局不安，何必舉行運動會；我們以為如此想法，既無視德育體育的重要，更無視這次全國運動會所提倡的民主風氣。

角力競賽，合群運動，乃是人類一種美德，合乎理性的一種團體活動。運動場的競爭，依秩序，守規則，重時間，並且服從公意，服從裁判。運動會的比賽，以德服人比以力服人還重要。所以說運動員的精神，是一種民主精神；運動員比賽競爭的風度，尤其是優良的民主鬥士的風度……這種合乎善良理性的美德，為民主國家人民所必須具備，惟有運動場富有這種精神，唯有運動員保有這種風度。因此，我們認為全運會的舉行，時機良好，與其說是提倡尚武精神，毋寧說是養成民主風度。

這次參加全運會的選手，不遠千里而來上海，有來自海外的爪哇夏威夷；有來自白山黑水，甚有來自臺灣新疆，比過去任何一次運動會熱烈踴躍，陣線嚴整，這說明中華兒女的傾向祖國，眷戀祖國。他們不辭千辛萬苦，集中海上，決非為了爭取錦標，換取「己」地的光榮，他們是為了合群團結，表

〔註8〕《全運花絮》，《申報》1948年5月1日～4日。

證中華一家的完整。他們是中國的好男兒好女子，他們要向人類表演和平民主的鬥爭，發揮中華固有的道德精神，他們提倡以運動場代替戰場，其志願和抱負，更是可貴與可敬！我們在今天，歡欣鼓舞，迎接第七屆全運會的揭幕……」〔註9〕

由此可見，國家統一、民主富強乃是當時中國人民最大的心願。民國第六屆全運會的舉辦在宣示國家主權統一和領土完整方面確實有其積極的一面。這也是我們需要給予肯定的一點。

第二節　民國第六屆全運會的舉辦情況

民國第六屆全運會於 1948 年 5 月 5 日在上海舉行。參加本屆大會的總共有 53 支代表隊，其中唯一的亮點是臺灣隊的加盟。臺灣自 1895 年被割讓給日本之後，到 1945 年抗日戰爭勝利，在日本人的統治下整整 50 年時間。此次在抗戰勝利後不久，不顧各種條件的艱難，不遠千里來參加民國第六屆全運會，不啻是向世界宣示臺灣是中國不可分割的一部分。在本屆全運會上，臺灣代表隊在第一次參加全運會的情況下，就取得了令國人不可小視的成績，令人欣喜之餘，也在感歎大陸地區近代體育荒廢之久和衰落之速。

「擁有二千三百餘位選手之第七屆全國運動會，自今日起開始其各項競賽項目，大會開幕儀式，定今日下午三時，於市立體育場隆重舉行，正副會長朱家驊……典禮完成後，即舉行六千人表演團體健身操，參加者計五十二校，分八十八組，人數計達六千人。此外並有陸軍之傘兵跳傘表演及本報之信鴿集體飛行等節目……」〔註10〕

由於需要等待運動員將火炬送至會場，因此大會定於 5 月 5 日下午進行。「……長跑隊抵滬時，所經各道，萬人空巷，鼓掌歡呼，爆竹聲不絕於耳……」〔註 11〕「……二時四十九分，京滬火炬接力長跑到達終點，交大選手學生六十六人高擎火炬十一枝自東司令臺大門進入運動場。四座歡聲雷動，歷久不衰。火炬隊員越過運動場直驅西司令臺，分由兩旁梯數土登於主席臺前……將火炬安插於……總理遺像前，充分顯示我中華男兒健勇之精神。

〔註 9〕　《全國運動會揭幕》，《申報》1948 年 5 月 5 日。
〔註10〕　《全運會競賽項目今日開始》，《申報》1948 年 5 月 5 日。
〔註11〕　《星火》，《申報》1948 年 5 月 5 日。

　　……各地選手在軍樂聲中列隊魚貫進場，繞行一周……最前爲大會會旗，依次貴州隊、印尼隊、青島隊、甘肅隊、安徽隊、山東隊、陸軍隊、臺灣隊、福建隊、江西隊、山西隊、漢口隊、空軍隊、浙江隊、菲律賓隊、南京隊、天津隊、江蘇隊、四川隊、重慶隊、陝西隊、河北隊、遼寧隊、安東隊、遼北隊、吉林隊、松江隊、合江隊、黑龍江隊、嫩江隊、興安隊、哈爾濱隊、瀋陽隊、警察隊、湖南隊、北平隊、西安隊、馬華隊、聯勤隊、西貢隊、香港隊、湖北隊、熱河隊、河南隊、廣西隊、海軍隊、廣東隊、廣州隊、檀香山隊、新疆隊、暹羅隊、西康隊，最後爲上海隊，共計五十三隊，選手二千餘人，莫不精神抖擻，英姿勃勃，在服裝方面更是整齊美觀。如海陸空軍之制服，印尼隊之全身火紅，臺灣隊之純白，東北代表之黃卡嘰，湖北男選手之綠白相間，五彩繽紛，各有特點，場內掌聲，此起彼落，於東北代表華僑代表及新疆代表所過之處，觀眾更報以熱烈之歡呼。全體選手於繞行完畢後，即在場中分列縱隊，面向西司令臺而立。

　　三十三十七分，儀式開始……首先由南開大學校長張伯苓恭讀元首訓詞，繼由大會正會長朱家驊及副會長吳國楨相繼致詞，及選手代表宣誓，最後，全體高呼口號：「全國運動會萬歲！蔣主席萬歲！中華民國萬歲萬歲萬萬歲！」時會場上空有本報飛機一架及其他飛機三架散發傳單……惜原定節目中之空軍跳傘表演，因高空風勢稍勁而臨時宣告中止舉行，甚爲美中不足」〔註12〕。

　　「教育部長朱家驊在大會開幕禮中致詞稱：第七屆全國運動會原定在民國二十六年召開，因抗戰軍興而中止。現抗戰勝利，今日能在上海開幕，內心極爲愉快。本屆大會之陣容勝於以往各屆，如脫離祖國十五年之臺灣及爲異族侵凌十四年之東北於今均有代表到來，海外各單位亦較以前爲多，警察及軍隊等更能自成單位，凡此均足增加大會之特色……自國民政府成立以來，即盡力提倡體育，以求民疆國泰。體育家之精神須在和諧中爭取勝利，勝固不驕，敗亦勿餒，尤其應注重合作，不計個人的成敗而顧全全體的光榮。現十四屆世界運動會不久將在倫敦舉行，希屆此次大會能有良好成績表現，使我國選手亦能與世界各國一爭短長。更能以合作精神相互切磋，亦將此種精神推廣及於民間，以轉移社會風氣，復興民族國家，最後亦祝各位選手努力，健康成功」〔註13〕。

〔註12〕　《七屆全運隆重揭幕》，《申報》1948 年 5 月 5 日。
〔註13〕　《體育家精神在和諧合作爭勝》，《申報》1948 年 5 月 5 日。

繼由上海市吳市長致詞。「吳市長致詞稱：第七屆全國運動會在上海召開，極感光榮，惟因限於經費環境及時間局促，致召開不周，甚為慚愧，惟在今日內亂未平，國力凋敝之際，全國運動會能如期召開，已是最大奇蹟。第一應感謝全國人民之熱心協助，相信我中華民國必有繁榮前途。第二感謝各地體育界熱心人士，第三感謝大會郝總幹事之努力，使大會能順利召開，最後希望各位選手對招待不周之處加以原諒」〔註14〕。言語中既表現出對各運動選手因大會籌備不周感到遺憾和歉意，又隱約透露出本屆全運大會籌辦工作之辛酸。

「儀式完畢後，即舉行六千人團體大會操，參加者五十二校，分八十八組，排成整齊之縱隊……所有參加表演之男女生，一律穿白上衣藍短襪白鞋，當行列前進之時，恍似一張蔚藍大海中白浪滾滾，觀眾睹此美麗之畫面，已讚不絕口，迨會操開始後，節奏諧和，進退有序……」〔註15〕

會場上，新疆代表隊千里迢迢趕來參賽，少數民族選手始終是吸引觀眾的焦點：「七屆全運開幕之日，風和日麗，江灣道上，熙熙攘攘，估計與會觀眾，數近十萬，實創有史以來之最高紀錄……新疆選手隊之小圓頂帽兒，頗令人欣賞，指指謫摘者頗不乏人，其女選手頗多混血兒，頭髮皆呈金黃色……」〔註16〕

本屆大會正式項目共有17項，與戰前相比併無進步。但表演項目則大量增加，是為本屆全運會一大特色。現將各項比賽成績列錄如下〔註17〕：

男子田徑成績

項　目	第一名	第二名	第三名	最好成績
100 米	徐天德（臺）	王松濤（滬）	容承龍（滬）	11 秒 1
200 米	許通（臺）	徐天德（臺）	陳美郎（臺）	23 秒 4
400 米	陳英郎（臺）	彭開佐（鄭）	陳文炎（臺）	50 秒 7
800 米	于希渭（空）	李令龍（遼）	倪泗（陸）	2 分 6 秒 4
1500 米	于希渭（空）	楊連升（鄂）	劉景琨（海）	4 分 17 秒

〔註14〕《如期開全運是最大奇蹟》，《申報》1948 年 5 月 5 日。
〔註15〕《團體大會操》，《申報》1948 年 5 月 5 日。
〔註16〕《新疆女選手不乏混血兒》，《申報》1948 年 5 月 5 日。
〔註17〕 資料來源於 1948 年 5 月的《申報》；王振亞：《舊中國體育見聞》，人民體育出版社，1987 年，第 177～183 頁。

5000 米	樓文敖（滬）	于希渭（空）	劉景琨（海）	16 分 0 秒 8
10000 米	樓文敖（滬）	劉景琨（海）	于希渭（空）	32 分 47 秒
110 米高欄	黃兩正（馬）	徐寶臣（平）	陳進吉（馬）	16 秒
400 米中欄	黃兩正（馬）	呂佐夫（津）	張之清（海）	57 秒 9
跳高	董飛星（臺）	張立人（臺）	楊丕華（臺）	1.8 米
跳遠	黃建（空）	李勞（馬）	張星寶（臺）	6.47 米
三級跳遠	黃建（空）	張立郎（臺）	王士林（勤）	14.01 米
撐杆跳高	張立郎（臺）	黃建（空）	徐鐵軍陳書英（粵）	3.52 米
鉛球	齊沛霖（津）	丘名傳（臺）	吳振武（海）	12.72 米
鐵餅	齊沛霖（津）	王瑞（空）	劉敬（臺）	41.55 米
標槍	陳濟川（陸）	王學武（海）	徐天德（臺）	47.56 米
400 米接力	臺灣隊	上海隊	海軍隊	44 秒 6
1500 米異程接力	臺灣隊	上海隊	海軍隊	3 分 34 秒 6
1600 米接力	臺灣隊	上海隊	北平隊	3 分 33 秒 2

男子游泳成績

項　目	第一名	第二名	第三名	最好成績
50 米自由泳	俞順元（印）	馮朝玉（馬）	徐亨（海）	28 秒
100 米自由泳	吳傳玉（印）	劉帝炳（港）	馮朝玉（馬）	1 分 3 秒 3
400 米自由泳	陳振南（港）	劉帝炳（港）	莊美道（菲）	5 分 44 秒 6
1500 米自由泳	陳振南（港）	劉帝炳（港）	黃金華（港）	33 分 2 秒 3
100 米仰泳	馮朝玉（馬）	王中成（滬）	鍾天生（印）	1 分 16 秒 9
200 米俯泳	紀順美（馬）	黃綽榮（港）	劉英奇（菲）	3 分 9 秒 6
200 米接力	馬來亞華僑	香港	廣州	1 分 57 秒 1
800 米接力	臺港	馬來亞華僑	菲律賓華僑	11 分 4 秒 3
跳水	楊德興（海）	譚慶仁（馬）	顧煥兆（海）	

女子田徑成績

項　目	第一名	第二名	第三名	最好成績
60 米	王淑桂（青）	俞人佳（京）	李心一（渝）	8 秒 3
100 米	王淑桂（青）	李心一（渝）	梅順顏（粵）	13 秒 4
200 米	陳碧英（閩）	王淑桂（青）	蔣抗日（粵）	28 秒 3

80 米低欄	王樂義（冀）	崔愛麟（冀）	郭景德（閩）	13 秒 6
跳高	吳樹森（冀）	黃藏平（粵）	王鴻蘭（青）	1.40 米
跳遠	陳碧英（閩）	陳瑞年（青）	吳淑英（閩）	4.83 米
鉛球	王燦華（平）	張瑞妍（臺）	冼少梅（平）	10.97 米
鐵餅	冼少梅（平）	王燦華（平）	張瑞妍（臺）	30.05 米
標槍	張瑞妍（臺）	孫素霞（青）	周祖芳（滬）	27.84 米
400 米接力	青島隊	廣東隊	河北隊	55 秒 7

女子游泳成績

項　目	第一名	第二名	第三名	最好成績
50 米自由泳	黃婉貞（港）	高妙齡（港）	曾鳳群（港）	35 秒 9
100 米自由泳	黃婉貞（港）	林清音（馬）	張璐（暹）	1 分 20 秒 6
400 米自由泳	黃婉貞（港）	黃婉生（港）	洪琴琴（暹）	7 分 16 秒 3
100 米仰泳	黃碧霞（馬）	張雲英（臺）	鄭燕英（穗）	1 分 46 秒 7
200 米俯泳	黃婉生（港）	黃玉冰（港）	羅德貞（港）	3 分 43 秒 5
200 米接力	香港隊	臺灣隊	上海隊	2 分 35 秒 6

　　男子足球：上海、香港、陸軍、警察並列冠軍。

　　男子籃球：上海冠軍，菲律賓華僑亞軍。

　　男子網球單打：冠軍葉觀雄（粵），亞軍陶冠球（警察）。

　　男子網球雙打：冠軍徐瑋培、徐潤培（香港）和陶冠球、王文正（警察）並列冠軍。

　　男子排球：香港、廣州、上海、警察。

　　壘球：冠軍臺灣，亞軍廣東、上海、警察並列。

　　乒乓單打：冠軍王友信（臺灣），亞軍薛緒初（上海）。

　　女子籃球：冠軍上海。亞軍菲律賓華僑、印尼華僑、福建並列。

　　女子網球單打：冠軍楊渭濱（穗），亞軍陳金石（印尼華僑）

　　女子網球雙打：冠軍陳金石、張美珊（印尼華僑），亞軍楊惠賓，羅巧兒（穗）

　　女子排球：上海、香港、湖南三隊並列。

　　壘球：冠軍廣東，亞軍上海。

　　乒乓單打：冠軍梁玉傑（香港），亞軍孫梅英（滬）。

　　會場上，運動員你爭我奪，會場下，各商鋪生意經也是蓬勃發展，相互競爭：「大會會場內每一處場子裏，正陸續展開著摩拳擦掌你爭我奪的肉搏鏡頭……你看到的那些臨時的商店、食府，告訴你：這一個個和堡壘沒有二樣，他們勾心鬥角、出奇制勝的一股勁兒，比起場子裏有過之無不及，甚至還要精彩哩。如果說這一帶的蘆席櫺就是變相的「奧林匹克村」的話，就名之爲「中國全運村」吧。這一個村落圍著東司令臺的後牆，成了個「丫」字形，飲食店大部分佈在兩條叉路上，有冷飲，有小吃，比較冷飲店的布置富麗一點……

　　開張的已在招待顧客，冷飲店忙著雇了二百四十萬元一次的卡車不斷充實力量，頂一個門面雖只要三四千萬元，可是裏面堆的東西價值要超過十倍以上，老闆們多估計有對本對利的賺頭，但願老天讓他們發個運動財。

　　在直路上，是精神食糧的倉庫，是一條文化街，三十多萬一塊的三夾板，近兩萬元一尺的杉木，還有足以開片小油漆店的色漆，加上三元五角照生活指數計算的人工，把這條街點綴的可眞美輪美奐……

　　這裡還有尖銳化的廣告戰，立在運動場外圍的廣告牌，一高一低像城牆一樣，有香煙、報紙、藥品、鞋襪、銀行，還有電影的特寫鏡頭……要二億四千萬元，據說廣告公司除掉成本，將全部捐給會裏，這一筆意外收入，眞眞可觀……比較出人頭地的廣告，是回力球鞋和可口可樂，一以大刀闊斧勝，一則綴些橫條小廣告在籃球場、體育館、游泳池的四周，他們中間大多抱著這樣一個觀念，不求賺錢，但願做出牌子……一家麵店老闆娘告訴我說：她沒有鈔票到場子裏撐門面，只好就原來的裝修裝修，可是一動手就花費了五千多萬，這些人，才眞是將本求利之輩，他們只希望不得其門而入的觀眾，照顧他們一點」〔註18〕。

　　而對於食品健康，本屆全運會籌委會還是相當重視的：「大會場內飲食店鋪，經衛生組統計，總共八十一家，內計專賣冷飲者十七家，飯館十七家，另有飯館兼售冷飲者四十七家，經衛生檢查結果，除少數已令飭改善外，大部情形尚屬良好。凡未經檢驗合格之清涼飲料及去皮甘蔗一律禁止出售」〔註19〕。

　　會場觀眾無論是哪一屆全運會，都是最爲狂熱也最爲緊張的一群人。「觀眾七時即到場，侍至十二時始散，毫不厭倦。下午三時開賽，十二時籃球場

〔註18〕《中國全運村》，《申報》1948年5月6日。
〔註19〕《全運簡訊》，《申報》1948年5月8日。

即告滿座，足見上海球迷之多⋯⋯小姐尤愛籃球，到場內參觀者達十分之四，諸男士或不愛籃球者，因女友所歡，亦只得隨侍左右。球場神經過敏者為球迷，而尤以女球迷為最⋯⋯有球員投籃在籃邊一滾，女球迷大呼「啊喲」！而球又中的，急呼「好」字⋯⋯球場中開賽時間尚早，而飛機翱翔天空，散發宣傳品，但球迷無動於衷，蓋如獲取宣傳品，勢將失一坐位也。

球員中有帶女友者，女友在球員獲分時必鼓掌；驚險時，必咬緊牙關，握手屏息以觀之。聞 X 女士自比賽起至終了，手帕盡濕。

貴州與海軍，海軍中人多為貴陽戰爭中鍛鍊者，空軍也係貴陽陶冶者多數，故戰來雖甚緊張，而空氣始終和諧」〔註20〕。

當時的上海市籃球委員會主席還設計了一種最新的計分器，無償送給全運會使用：「滬市籃球委員會主席錢旭滄⋯⋯最近復悉心研究籃球計時計分器具之改進，茲悉錢君對於籃球電動計時器，已先設計完成⋯⋯頃聞錢君擬將此項新穎之計時器，無條件貢獻於全運會當局，俟當局核准後，即可裝置在體育館應用」〔註21〕。

大會舉辦期間，國民政府為炫耀武力，還進行了跳傘表演：「全運會開幕日，因氣候不良而未舉行之傘兵跳傘表演，於昨日中午在虹橋機場舉行⋯⋯機場四周觀眾逾十萬人，汽車總數在三千輛以上⋯⋯傘兵即紛紛自機中，作二千尺集體降落，一時紅白綠三色彩傘點綴於蔚藍之天空中，宛如天女散花，全場歡呼若狂⋯⋯」〔註22〕

申報評論員在大會開幕當天認為：「今天有六千人團體操一項節目，全部全運會節目中，這是最珍貴的一項。因為養成合作精神，訓練組織能力，遠在製造幾個運動明星之上。

大會門票收入：「昨日全運會江灣會場售出門票總值，據郵匯局統計結果，達十三億四千七百五十五萬元，逸園及市體育館售出門票，均不計算在內。據悉：五、六、七三天來售出門票總值約四十億元。逸園方面，三日來約收入五億一千餘萬元⋯⋯」〔註23〕

〔註20〕 《滴溜溜球滾籃邊，牙癢癢羅帕盡濕》，《申報》1948 年 5 月 8 日。
〔註21〕 《籃球電動計時器，錢旭滄設計完成》，《申報》1948 年 5 月 7 日。
〔註22〕 《競看跳傘表演》，《申報》1948 年 5 月 10 日。
〔註23〕 《全運簡訊》，《申報》1948 年 5 月 9 日。

上海市對此次全運會的經費負擔不能說不盡力了，然而上海隊的選手代表們在分頭四處募化之餘，據說準備「赤膊登場」，諷刺而悲慘，但願一夜神跡，今天能不替我們上海丟臉」〔註24〕。

因中途有下雨，大會延期一天，故於 1948 年 5 月 16 日閉幕。會長朱家驊及王正廷博士發表了演說詞。「大會會長朱家驊致詞，首對全運會之成就表示欣慰，並稱：此次大會，象徵全民族團結統一，當此共黨全而叛亂之際，全運會充分發揚我中華民族團結精神，實為大會最大之成功。自六屆全運以來，凡十三載，同胞皆在顛沛流離，艱困環境中生活；但敵人之摧殘，共黨之叛亂，並未能阻止中國之進步，此次大會成績優異，可為明證。朱氏並對全運會各項缺點，表示歉意。更以遵守運動精神，守紀律，忌躁急相勉勵。對新回到祖國懷抱之臺灣，能表現得超特成績，尤表快慰。末稱：希望下屆全運能到北方或臺灣舉行，並盼能提早舉行。

王正廷博士演說，以總理遺教「繼續努力，以求貫徹」一語開場，希望全國人民，對體育繼續努力，不僅以體育為娛樂及強身之工具，並國際間之運動，造成世界大同之思想。並稱：除全國及世運外，盼能恢復遠東運動會」〔註25〕。

大會草草收場，閉幕式領獎時，會場淒涼不已：「西司令臺上麥克風中傳播的音浪，在東司令臺發出巨大的回聲，清晰可聞，令人如處身「空谷」間。各地選手有的已回去，有的散了，人數也減少許多，出場後僅由各隊隊長繞場半圈就站定了……三隊並得冠軍的獎品分配用抽籤決定，三根竹籤由領獎人分抽一根……各隊領去獎品後，放在隊伍前面地上，許多觀眾都闖進場地去觀看，秩序開始混亂，到後來賣茶葉蛋與五香牛肉的小販都進來了」〔註26〕。

在一片淒涼空蕩的會場之中，民國第六屆全國運動會就此結束，其落寞之象似乎預示著國民政府走向窮途末路。

第三節 民國第六屆全運會的特點

民國第六屆全運會在一片喧囂雜亂中落幕。與以往幾屆民國全運會不同，本屆全運會無論從比賽參賽單位，比賽過程，會場秩序以及大會意義均與之前歷屆全運會有天壤之別。

〔註24〕《火炬長跑繼續前進，今午後直趨會場》，《申報》1948 年 5 月 5 日。
〔註25〕《全運最大成功，在發揚團結精神》，《申報》1948 年 5 月 15 日。
〔註26〕《大會場忽變空谷，閉幕式何其淒涼》，《申報》1948 年 5 月 16 日。

首先，從參賽隊伍來說，本屆參賽團體達到驚人的53個，創民國全運會參賽團體數量的最高紀錄。但參賽團體中居然有海陸空三軍的單獨代表團，甚至還有警察隊、聯勤隊，殊為本屆全運會有別於前幾屆大會之一大特色。細細想來，當時全國正處於戰爭時期，國民政府將精力放於同共產黨領導的人民解放軍打內戰，在那種環境下，大量人力資源被用於戰爭之中，又有多少真正的優秀運動員能夠代表各自省份參加本屆全運會呢？因此，在參賽團體數量虛高的表象下，彰顯著國民政府企圖粉飾太平的真相。參賽隊伍中，臺灣隊是第一次參加民國全運會，也是本次民國全運會參賽團體之中唯一的亮點所在。臺灣自 1895 年被割讓給日本之後，到 1945 年抗日戰爭勝利，在日本人的統治下整整 50 年時間。此次在抗戰勝利後不久，不顧各種條件的艱難，不遠千里來參加民國第六屆全運會，不啻是向世界宣示臺灣是中國不可分割的一部分。

再者，從大會籌備來說，由於國民政府把大量資金都充作軍費，撥給本屆全運會的籌辦資金杯水車薪，因此大會秩序維持不力，場面混亂不堪，再加上建築老化嚴重，在本屆全運會舉辦過程中出現了多次事故，觀眾擁擠不堪，場面極度紊亂，造成了許多人員受傷。「於是有人跌傷，有人流血，有人斷臂，有人昏迷，更有人哭爹喊娘，擠丟了鞋子，那更不算是一會事了。在大會三時開幕以前，已經先後有十四個人扛到童子軍救護隊中急救。全部受傷觀眾，有記錄可查的，達三十二人，其中七人傷勢較重，並有三人送往醫院療治。在昨天下午二時半，東司令臺右側的看臺，突然有一處欄杆折斷，連跌下帶跳下的觀眾，共有二百多人。第一個摔下來的，是培英小學的一個五年級學生……這位小朋友只有十四歲，受不了後面人群的擠、推、衝，前面的欄杆又不牢靠，於是就隨著斷裂的欄杆摔下來……不多一會兒，西司令臺左側，也有一處欄杆折斷，北看臺也有一處欄杆斷裂……出事三次以後，看臺上的人們，都具戒心，沒再出意外。可是到了三時二十五分，吳市長正在西司令臺上致詞時，突有大批人群，從臺下的門口衝進來，秩序一時大亂，維持秩序的軍警無法阻擋。就在這種混亂情形下，有好多人給擠倒了，尤其是婦女和小朋友們……記者問他們，為什麼要這樣衝？他們答說，都買了票子，但沒方法走進看臺，只有朝大門內衝，並說外面有兩千多有票子的人進不來」〔註27〕。「買到票子的進不得場，沒有票子的反擁了進去，「飛行堡

〔註27〕 《擠！推！衝！畢竟出亂子》，《申報》1948 年 5 月 6 日。

壘」兩面不討好……太太小姐從場裏出來，白皮鞋變黑皮鞋，黑皮鞋變灰皮鞋……」〔註28〕

　　而伴隨著混亂局面的，便是竊賊扒手渾水摸魚大行其道，黃牛黨四處販售大會門票：「警察局維持大會秩序，勞苦功高……截至昨日下午五時止，四日來共捕獲行為不檢及盜竊犯七十八人，開幕的一天在一冒牌軍人身上搜出派克鋼筆九枝之多……兜售黑市門票「黃牛」，捉牢兩隻，還有被報販抓獲出售小工袖章領客進場的一個嫌疑犯」〔註29〕。「全運會警衛人員昨在會場中捉到一個綽號「小四川」的扒手，竟是美式配備，胸前佩徽章四枚之多」〔註30〕。

　　「上午十一時全場均告客滿，場外觀眾聚集，雖由軍警阻擋入內，但至十一時四十分，二處入口均被衝破防線，潮湧入場，繼由軍警及童子軍再築第二道防線，阻止觀眾進入跑道，但未幾又被衝破，秩序大亂。每一個看臺上的出入口附近，人潮洶湧，你推我擠，亂得不可開交，到後來人潮又衝下欄杆，越過竹籬，甚至竄到田徑場裏，比賽因此曾宣告停止進行者兩次。憲兵、飛行堡壘、童子軍，累得滿頭大汗。廣播器裏一刻兒說：「觀眾不退出場子，立刻停止比賽」，一刻兒又拼命打招呼，如此軟硬兼施，觀眾逐漸退出場子，這才收到了一點小效果。想起第六屆全運會時，當時的陳璧君也被噓出場子的那種秩序，真使人感懷中國人連這一點也已經退了步……河南摔角隊領隊沈溪清，為了大會不准他們參加摔角，憤然向四周觀眾演說：「我們號布早已領到，但名單上卻沒有我們的名字，我們要從開封趕來做什麼」？最後，他要求大會最低限度允許河南選手和各組冠軍作表演賽一次。今日會場裏有兩人昏厥，一個老頭兒腹部被壓在欄杆上，幾乎喪命」〔註31〕。

　　就連人會籌辦人員都看不下去了，要求追究相關的建設責任：「東司令臺北之看臺欄杆及大門被擠倒塌，受傷觀眾三十餘人，負責大會工程之市工務局……以職責攸關……已命工程委員會調查責任問題，並飭員確查是否有偷工減料等情，倘調查屬實，決予嚴辦……市工務局除已星夜趕修、切實加強外，關於包商所做欄杆工程是否草率及此次觀眾受傷之經過情形與實在原因，現已呈請市長並請全運會籌備委員會徹查，以明真相，而清責任」〔註32〕。

〔註28〕　《飛行堡壘不討好，白皮鞋變黑皮鞋》，《申報》1948年5月5日。
〔註29〕　《黃牛兩隻被擒獲，竊犯達七十八名》，《申報》1948年5月9日。
〔註30〕　《當心口袋》，《申報》1948年5月6日。
〔註31〕　《會場秩序，一度紊亂》，《申報》1948年5月10日。
〔註32〕　《會場欄杆擠坍後，工務局追查責任》，《申報》1948年5月7日。

本屆全運會的秩序之混亂，場面之無序，也是歷屆民國全運會之最，反映了當時國民政府統治區域人心渙散、秩序混亂的時局。當時的申報記者用《民不畏死，奈何以死懼之》的標題諷刺了這一現象：「昨日下午，參觀人數告激增，看臺全部客滿，每項節目開始時，後排觀眾往往擠到前面來。播音機中時下警告：「欄杆就要坍了，請觀眾先生們坐下來。」又因為毫無效力，廣播員再加上一句：「下面水門汀很硬，摔下來可真不得了呀！」可是大家還是你擠我推，不時騷動」〔註33〕。

第三，從大會舉辦過程來看，因裁判執法問題引起的運動員毆打裁判事件、大會籌備人員之間矛盾導致的罷工事件等不和諧現象層出不窮，製造了民國全運會有史以來最為混亂無章的一幕。

運動場中最常出現的便是運動員因不滿裁判判罰而辱罵、毆打裁判的事情：「昨足球賽中曾發生波折兩起：一、空軍隊毆擊浙隊員陸炳生後，浙省代表隊即表示決向大會提出抗議，空軍總領隊胡偉克得訊，特親赴浙隊向該隊全體正式道歉，並聲明空軍隊在出賽前，渠曾再三告誡，恪遵紀律，不料仍發生事件。渠對該隊隊員忽視運動道德，及浙隊隊員因而受傷，表示遺憾，並願擔負全部醫藥費。浙隊總領隊李超英，以胡氏引咎自責，出事時並挺身而出彈壓，熱情可感，當即表示願撤回抗議。惟為維護大會精神起見，將另向大會提供報告。二、海軍對香港一場，港隊以二比一獲勝。據海軍隊代表表示：比賽中上半時該隊贏得一球，下半時法定時間已逾三分鐘，裁判何春暉竟未宣佈停賽，而港隊適於此時進入一球，致又延長時間，造成錯誤結果；該隊認為裁判失當，為遵守大會精神，比賽時仍服從決定，但賽後已向足球裁判長報告事實經過，並提出抗議」〔註34〕。

「足球錦標賽大連負於上海後，認為裁判徐紹武執法不公，比賽甫畢，若干球員即追逐裁判，向渠交涉……但徐紹武已被抓住頭髮，吃了一拳。西司令臺上觀眾見大連隊員行動越軌，大起公憤，喊打之聲，響成一片，幸經飛行堡壘竭力維持秩序，將裁判徐紹武護送至警衛室內，同時將行兇之大連後備隊員虞昌泰加以扣押。事發後，全體足球裁判向大會提出嚴重抗議，要求嚴懲行兇隊員及保障此後安全……」〔註35〕

〔註33〕 《民不畏死，奈何以死懼之！》，《申報》1948年5月13日。
〔註34〕 《足球賽風波》，《申報》1948年5月8日。
〔註35〕 《大連隊員遷怒裁判》，《申報》1948年5月9日。

　　在大會舉辦期間經歷了多次毆打事件後，當又一次發生打人事件時，連在場記者都不忍直視，用頗有調侃揶揄的口吻諷刺這些人，並用臺灣代表隊整齊劃一的秩序和較高的人文素質予以對比：「第四種「打」事件昨天發生了，那是球員打裁判。（一、某某打大會職員，二、大會職員打大會職員，三、球員打球員，四、球員打裁判。）接下來的角色是誰呢？觀眾和記者了。昨天的打人好漢，據說還被拘押在警察局裏，未獲解決，無論從哪一個觀點，我們都主張嚴辦，目的自然在遏止蔓延……買了票子而不能入場，這就是被欺詐。大會不應該這樣詐欺取財的；倘使再有混水摸魚情事，那就不堪說了。退票還錢，做不到，我很擔心那幾座售票亭。臺灣代表隊，一個令人感動而又可愛的行列，可惜就是這麼一個行列，嗚呼，真不知要再來若干嗚呼矣。他們整隊來，整隊去，隊旗在前，來去都高歌，沿路接受鼓掌與歡呼。我認為這是本屆全運會唯一的光榮，我不重視那些破什麼全國紀錄，甚至破什麼世界紀錄，做到每個單位都能這樣的守紀律，即使百米十八秒，跳遠五公尺，不算醜惡」〔註36〕。

　　在全運會上接連出現打人的惡劣事件後，大會籌委會決定不能再任其發展，決定嚴肅處理大連隊員毆打裁判徐紹武的事件：「大會為處置此一不幸事件，保障裁判員工作之安全，並避免今後再有類似事件發生起見，昨日中午特在張伯苓寓邸召開裁判委員會，商討有效辦法，結果議決下列各點：一、取消大連足球隊比賽資格；二、由大會去函大連市政府，將該隊足球指導員虞士珍撤職；三、取消大連足球隊參加下屆全運會之資格；四、大連隊賠償被毆裁判徐紹武之醫藥費及損失費；五、由大會法律顧問向法院提出刑事訴訟；六、保障今後安全辦法，場內應嚴格禁止觀眾闖入，警衛人員對於裁判特別保護，並由大會正式公佈，此後如再有毆打情形發生，行兇者由警衛人員當場逮捕，依法嚴辦。以上各項解決辦法，全體裁判均表滿意，今日起當可照常工作矣。又，外界認為上次空軍隊員毆打浙江隊員事大會未予深究，而於此次大連隊員則嚴厲處置，未免不公。昨據大會負責人表示：上次空軍事件，因浙江隊員並未提出要求，故未予過問云」〔註37〕。

　　不料這一處罰結果引起了東北代表團的強烈反彈，認為處罰過於嚴厲，其中對於取消大連足球隊參加下屆全運會比賽資格一議，尤為反對。東北代表團聯合天津、臺灣等地的代表，聯名向大會表達不滿和抗議：

〔註36〕　《場外閒話》，《申報》1948年5月9日。
〔註37〕　《大連足球隊毆辱裁判員，不准參加下屆全運大會》，《申報》1948年5月10日。

「東北選手團總領隊劉化鶤及天津選手團總領隊趙亞夫代表東北、華北、臺灣三團體為大會處置大連足球隊員毆打裁判員事件，於昨日下午四時招待記者，認為大會審判委員會議決之處置辦法太過分而不公平，為使此事件圓滿解決，希望重加考慮，採納合理之處理辦法。東北總領隊劉化鶤首先報告稱：東北在目前之艱苦環境下能派代表參加全運會，是極不容易之事，東北選手久在敵偽之下，此次來參加，主要意義是使他們來看看國家的情形，以增加東北人民之向心力。日前發生不幸事件，大連球員之不禮貌行為固應懲戒，但大會因一二球員之越軌行動而將整個大連隊如此嚴厲處罰，甚至取消下屆全運會之參加資格，實欠合理。大連隊現尚未接到大會通知，希望其不見諸實現，否則東北代表團決不接受。

天津總領隊趙亞夫稱：全國運動會之意義，第一為提倡體育，第二為聯絡各地情感。青年人因一時情緒衝動而致形成越軌行動，在所不免，大會對於此種事件之處置，應以具有教育指導意義為原則，使越軌者知所改過而圓滿解決。但此次先則將大連球員押送警局，繼則擬向法院起訴，此種辦法實非大會應有之態度，至如取消大連資格，及通知瀋陽市政府將大連足球指導員撤職，尤感不當。華北臺灣代表團目睹此種情形，為打開僵局，現特提出幾點意見，希望大會採納：一、維持大會及裁判員之尊嚴；二、以教育精神處理此事，使大事化小，小事化無，勿以法律從事；三、給予東北代表團自己檢討並處理犯規隊員之機會，大連隊員之處罰交由東北總領隊劉化鶤負責處置。以上各點辦法當由三團體向總領事郝更生及總裁判張伯苓貢獻，俾可合理解決而避免今後不幸事件之再度發生。出席招待會之雲南女子籃球隊領隊張鐵珊以私人資格亦起立發言，認為：一、大會中毆打事件已有三次，不應單獨對大連如此處罰。二、東北在日本佔據下十四年，感情上對於東北代表應有特殊優待，決不應反予特殊處罰」〔註38〕。

大會迫於壓力，不得已之下只好重新作出判罰：「關於大連隊隊員毆打裁判員徐紹武，以致受傷，決議取消大連隊足球比賽資格，並不得參加下屆大會足球競賽一案，提請覆議案。決議：（A）取消大連隊足球比賽資格（指本屆大會足球競賽）（B）該行兇隊員不得參加下屆大會足球競賽……湖北對南京隊在終場前二分鐘時，湖北隊隊員燕振華及朱雲濃兩人，不滿裁判員之判決，初則責詢，繼則侮辱裁判員朱權，應如何處理案。決議：（A）取消該隊

〔註38〕 《為大連足球隊事件呼籲》，《申報》1948年5月10日。

本屆足球比賽資格，並予以嚴重警告。（B）該隊隊員燕振華、朱雲濃，不得參加下屆大會足球競賽。香港對陸軍足球比賽，陸軍代表隊足球隊提出書面抗議，應如何處理案。決議：所提抗議書，核與競賽規程第二十二章四十一條之規定手續不符，原件退回；俟該隊補辦合法手續後，再行討論……」〔註39〕

不料這一判罰又遭到湖北代表團的抗議，他們認為這是對己方隊員的不公正和對整個湖北代表團的名譽損害：「湖北選手隊為該隊與南京舉行足球落選賽糾紛事件，特於昨午四時招待記者……現湖北隊特發表三點意見如下：一、為維護湖北名譽起見，大會所稱，既與事實不符，對其處罰亦決無法接受。二、請求大會提出毆打之具體證據，則鄂方即可立刻認錯，亦負責把人交出來。三、大會對本事件之處置絕對不公允，此次大會對湖北之處罰，反較毆打裁判員有據之單位為嚴峻，殊屬奇事。現湖北方面，業已將上述意見，書面送呈大會，希望於最短期間，獲得合理解決」〔註40〕。由於大會秩序混亂不堪，最終仍是不了了之。

裁判人員之中有很多本就不願意服務大會，對於運動員在場上頻發的野蠻行為，更是不滿，於是在民國第六屆全運會上出現了裁判員聯名向大會遞交辭呈的畫面，實屬民國全運會之一大奇聞：「上海方面足球裁判員，昨晚決定全體向全運大會裁判組提出辭職，今明最後二日決定不再擔任裁判工作。據裁判員方面稱：足球場上一再發生糾紛，對裁判員之安全，並無保障，已於前晚向大會總幹事郝更生提出辭職，經郝總幹事懇切挽留，宣警備司令並表示願負保障安全之責，嗣乃打消辭意，勉為其難。

昨日下午四時，足球落選賽湖北對南京，裁判員為朱權，南京以一比零佔先，時間尚餘一分半鐘，形勢相當緊張。湖北隊進攻時，被裁判員朱權判作越位，引起鄂隊之不滿，隊長即上前向朱權責問。據朱權聲稱：當時即有一鄂隊十二號球員，將其毆打三拳，聲勢甚凶，朱忍氣將比賽吹畢，事後即向裁判組報告經過。上海方面之裁判員，認為在此毫無體育道德，缺欠運動員精神，裁判員無安全保障之環境下，惟有停止執行職務，全體向大會提出辭職云」〔註41〕。在大會總負責人郝更生的苦苦挽留下，裁判員們方表示「勉為其難」的繼續執法比賽。

〔註39〕　《審判會重要決議》，《申報》1948年5月14日。
〔註40〕　《鄂隊陳述三項意見》，《申報》1948年5月15日。
〔註41〕　《足球裁判員，全體再辭職》，《申報》1948年5月14日。

正規的大秩序都無法維持，細節方面就更不可能到位了：「東司令臺上的十一支火炬熄滅著，時為十日上午十點鐘，不知道什麼時候起熄滅的，更不知道什麼時候才有人來燃點。據說，應該從大會開幕燃點到大會閉幕，然而又有誰來管理這類小事，只要「開幕禮成」「奏樂」，以後，死人也不管了。檢討一下，誰的收穫最豐碩？」〔註42〕「跑道上傳單滿地，雖然發得早，沒有影響，但在選手看來，還認為是一種擾亂視線的阻礙……」〔註43〕

就連大會總負責人郝更生都有對本屆全運會籌備工作啞巴吃黃連的感覺：「郝總幹事以沉痛之語調聲稱：此次大會最受各方攻擊者，莫過於田徑場內四角所高懸之四面可口可樂廣告旗，但該項廣告，本人事前並未知悉，直至大會開幕之前一日，本人尚不知該項塔形旗杆架，係用以高懸可口可樂廣告旗者，而誤認為廣播電臺所建。關於此事，本人精神上所受刺激至深，大會舉行期間，本人因不願推諉責任，故始終隱忍，但今日不得不於此向各位鄭重聲明」〔註44〕。

除此之外，因辛勤勞動卻得不到應有待遇的大會裁判人員，與辛苦維護大會秩序的工作人員之間亦爆發了衝突，「幸賴大會中間人全力調解，始未釀大禍……據裁判員表示，彼等兩日來為執行裁判工作，疲勞整天，而於任務完畢後，大會竟無專車接送，昨晚七時餘，彼等又因歸去無車，齊至大會辦事處，向交通祖大興問師之罪……言詞衝突，一時情勢極為緊張……」〔註45〕

第四，在比賽成績方面，臺灣代表隊成績一支獨秀，成為本屆全運會的最大贏家。在本屆全運會上，臺灣代表隊在第一次參加全運會的情況下，就取得了令國人不可小視的成績，令人欣喜之餘，也在感歎大陸地區近代體育荒廢之久和衰落之速。而某田徑裁判的話語最為貼切的道出了個中原因：「田徑賽名裁判沈昆南，昨天也在場。他說起田徑賽沒落的原因，實還是基於生活不安定。學校正是培植健兒的溫床，可是這年頭，開一圈起碼的跑道，動輒數億，又有那幾個學校，談得上運動健康設備？田徑又怎得不落下？」〔註46〕

〔註42〕　《場外閒話》，《申報》1948 年 5 月 10 日。
〔註43〕　《田徑場畔二三事》，《申報》1948 年 5 月 10 日。
〔註44〕　《全運組長末次會議，籌委會定十日結束》，《申報》1948 年 5 月 26 日。
〔註45〕　《車輛問題起風波，勸解後始告平息》，《申報》1948 年 5 月 7 日。
〔註46〕　《全運花絮》，《申報》1948 年 5 月 1 日～4 日。

　　王正廷、張伯苓在如此混亂的大會上發表了自己的感想，算是對本屆全運會籌備人員的一絲安慰：「渠稱：一、全運會已有十二年未舉行了，今日能如期隆重開幕，乃可告慰國民。二、本屆全運，因經費不足，籌備時間如此局促，能有五十三單位參加，國人如此熱烈興奮，乃中央政府，上海市政府，尤其是吳市長的出力，本人非常感佩。三、今天……看到復歸祖國的臺灣同胞，久淪敵寇之手的東北同胞，邊疆各省如新疆西康等同胞，以及海外僑胞，紛紛來歸，覺得異常興奮。四、本人希望國家早日太平，下一次全運，能有充分的時間、經費，辦的比這一次更好……張伯苓先生，渠發表其感想如下：此次全運會，在如此環境下，經費又缺乏，竟能準時開幕，洵非易事，其意義異常重大。此次全運會在全國性的國民大會後，選舉總統，實行新憲法後舉行，國人素來文弱，運動能教我們競爭，別的競爭在「權」，在「利」，而運動會在爭「名」，另一方面來說：運動會的競爭是有規則的競爭，任何比賽都要不犯規，人人守法，今天的大會便是建立民主國家，教人民如何守法的一種具體表現」〔註47〕。這些評論只不過是為本就混亂不堪的民國第六屆全運會蒙上一塊遮羞布而已，絲毫不能掩蓋近代體育在中國衰落的事實。

　　第五，在比賽組織方面，安排不盡合理，沒有給遠道而來的邊疆選手以體育競技的機會。以雲南女子籃球隊為例：「這一支女籃球隊伍，在昆明是極有聲望的……但是她們極少有和強力的對手相互切磋觀摩的機會，對於大場面上作戰的經驗，比較欠缺，所以出席這次全運會，是早為她們所決定的。可是教育廳對負擔她們東征的用費沒有辦法，但又不忍澆她們一盆冷水，於是只好拖一拖再說，及至她們知道廳方的困難，立刻自己進行募捐旅費工作，一直等待到二十六日才打電報到上海，但已經截止報名了……結果她們還是每人湊出了一億元，在本月三日飛到了上海，連領隊邵之博指導一共是九個人，大會辦事處對她們愛莫能助，除掉安頓她們住宿，另外每人發一張運動員證章，可以使她們參觀各項競賽外，這幾天來使她們生活得既枯燥又煩悶……據張領隊告訴記者，他希望在全運會結束以後，能邀約女籃的冠亞軍來和她們作幾場友誼賽……」〔註48〕

　　第六，本屆全運會取得優秀成績的一批選手，大多來自海外，或有良好的家庭背景和正規的體育指導。以本屆全運會幾乎包攬女子游泳冠軍的黃婉

〔註47〕　《全運觀感》，《申報》1948年5月5日。
〔註48〕　《昆明女將不遠千里而來，截止報名竟嘗閉門之羹》，《申報》1948年5月10日。

貞姐妹來說，「黃婉貞和黃婉生原籍廣東，自小生長香港……游泳到現在，已經有七八年歷史，有今日超人的成績，應該歸功於他們的父親，據說父親不但給予鼓勵，而且還運用科學方法，糾正姿勢，授以原理。除游泳以外，黃氏姊妹酷愛音樂，會唱歌，唱的是女高音，也會彈鋼琴……問起對上海的印象如何，回答非常乾脆：「太壞了，太壞了，我想馬上回香港去。」問她壞在哪裏呢？她們都一時答不出，只是說：「生疏，處處不方便，沒有香港的好」。「不過」，她們都說：「下一屆要是上海再開全運會，那我還是要來的」。亞軍高妙齡，也是廣東人，芳齡十九，自九歲就開始游泳……高小姐之有今日，得力於她的母親……她母親是個游泳家……」〔註49〕

由此可見，近代中國體育發展自抗日戰爭之後就一路開始下滑，直至民國第六屆全運會的舉辦，該下滑趨勢在大會上終於得到了驗證，這也是國民政府逆歷史潮流而動所造成的不良後果。

〔註49〕 《黃氏姐妹花，爸爸親自傳授：高妙齡小姐，媽媽一手訓練》，《申報》1948年 5 月 10 日。

結　論

一、民國全運會的發展歷程

縱觀民國時期的歷屆全運會，其發展歷程充滿艱難和波折。近代中國體育的發展是促使民國全運會誕生和發展的根本原因，而民國全運會的發展反過來又進一步刺激了民國時期各地區近代體育的發展。民國全運會的舉辦水平代表著當時中國近代體育的發展水平，因此民國全運會的發展與民國體育的發展是相輔相成的，兩者之間成正比例關係。我們根據民國歷屆全運會的舉辦水平和當時近代體育的發展情況，將民國六屆全運會的四個階段進行總結評述：

一、萌芽草創期

這一時期的民國全運會即民國第一屆全國運動會，於民國三年（1914 年）在北京天壇體育場舉行。這一時期正是清末民初時期，辛亥革命的烽火摧毀了老大腐朽的滿清封建王朝，終結了中國延續數千年「家天下」的封建君主專制制度，袁世凱北洋政權竊取了革命果實。民國頭兩屆全運會正是在這樣動亂的背景下，由基督教青年會籌劃開辦的，一切主辦權均歸由西方人控制的基督教青年會所有。參賽隊伍僅有來自國內少數學校的學生運動員，比賽項目僅有田徑和球類運動，沒有女子運動項目。

這一時期的民國全運會尚處於萌芽草創時期，一切制度均按照英美國家的標準和範式，全運會的舉辦地點也都不是專業的體育場所。此時的全運會

雖冠名爲全國運動會，但實際上僅有幾所大城市裏的學校學生參與，當時的全運會也僅有少數熱心體育的國人知曉此會，在社會上並無影響力。民國近代體育在此時仍處於萌芽期，因大多數人對於體育尚無概念，學校體育尚停留在軍事體操的階段，對田徑、球類等運動尚不熟悉。因此，這一時期是民國全運會的萌芽草創期，這一時期的全運會具備以下特點：一、舉辦規模較小，水平較低；二、影響範圍小，不受民眾重視；三、主辦權歸外國人所有，規則標準以國外爲準。

雖然這一時期的所謂全運會名不副實，不過它們的舉辦並不是無中生有，而是建立在晚清洋務運動時期直至清末新政時期，近代體育在中國的傳播和推廣之上的。在清末民初學校體育薄弱的基礎上，民國前兩屆全運會的舉辦僅僅是點燃了民國全運會的星星之火。

這一時期是民國全運會從無到有的誕生時期。好比汽車發動機從熄火到點火成功一樣，晚清時期的全運會是在熄火狀態下嘗試點火啓動，而民國第一屆全運會則是將汽車點火成功。

二、緩慢啓動期

這一時期的民國全運會即 1924 年在湖北武昌舉行的第二屆民國全運會。這一時期的中國正處於北洋政府統治時期，北洋軍閥相互之間忙於爭權奪利，在近代體育方面疏於重視，因此這一階段的近代體育發展步履蹣跚，路途坎坷，1914 年之後的 10 年內竟未能再舉行一次全國運動會，是爲這一時期近代體育發展艱難的佐證。及至 1919 年五四運動爆發，以及遠東運動會上中國代表隊成績一落千丈的糟糕表現，促使國人的民族意識陡然萌生，在體育界亦掀起了收回體育主辦權、努力發展民族體育的熱潮。在這種背景下方才有 1924 年於湖北武昌舉行的民國第二屆全運會。

這一時期的全運會主辦權首次被中國人收回，參賽單位也第一次出現了以省份報名的情況（雖然仍然以五大區的劃分作爲基礎），參賽規模較清末民初時期的全運會更加龐大，參賽選手達到數百人。在這一時期的全運會上，女子體育首次亮相全運會的舞臺，雖然僅僅是作爲表演賽，不列入正式成績，但足以證明民國體育的發展有了一定的成果，推廣普及範圍較清末民初時期明顯擴大。因此這一時期的民國全運會具有以下特點：一、舉辦規模有所擴大，舉辦水平開始上升，民國全運會從此初具雛形；二、影響範圍有所擴大，

在舉辦地及其周邊地區均產生較大影響，對當地近代體育的發展有積極的促進作用；三、首次實現了由中國人掌控全運會主辦權，是為收回體育主權的表現。

全運會也正是在這一時期之中才眞正開始引起相當數量和一定範圍內國人的重視和注意。民國第二屆全運會的舉辦是建立在近代體育項目逐漸在學校普及的基礎之上的，因此這一時期，學校體育逐漸走向近代化是本屆全運會舉辦的重要基礎，五四運動和遠東運動會中國的失敗是本屆全運會的誘導因素。民國全運會的舉辦從此開始緩慢起步，走上正軌。

這一時期，是民國全運會的「積累」起步時期。好比汽車的發動起步，民國第二屆全運會就是汽車進入起步檔位後，將汽車從靜止不動到緩緩前進、正在緩慢上路的艱難過程。

三、穩步發展期

這一時期的民國全運會包括民國第三屆、第四屆和第五屆全運會，分別於 1930 年、1933 年和 1935 年在杭州、南京、上海舉行。當時的中國正處於南京國民政府統治時期，而這三屆全運會都是在「黃金十年」舉行的。南京國民政府在 1929 年年底實現了對中國全境的統一（雖然僅僅是形式上的），雖然這一時期接連發生了九一八事變、一二八事變、華北事變等日寇挑釁的大事件，東北地區淪於日人之手，華北地區也岌岌可危，但此時期的中國在政治、經濟、文化、教育、外交等諸多領域都達到了自 1840 年以來的歷史最高水平。相對穩定的政治環境、經濟基礎和較好的文化氛圍還是爲這一時期民國全運會的舉辦創造了歷史最好條件。

這一時期的民國全運會開始由中國的中央政府全程組織籌劃。從民國第四屆全運會開始，南京國民政府專門撥款用於組織籌劃全國運動會，包括建築體育場等相關設施，一併包攬，這時期的每屆全運會籌劃都會由南京國民政府撥款修築一座大型體育場以供大會及今後其他各種運動會使用。全國運動會在此時期舉辦頻率高，規模也越來越大，參賽團體開始以各省爲單位參加比賽，並且參賽省份越來越多，從第五屆民國全運會至第六屆民國全運會，全國各地包括邊疆省區諸如新疆、西藏、青海、雲南、東北地區等均有派代表團體參加大會，運動選手中不乏來自回族、維吾爾族、藏族、蒙古族等少數民族的運動選手，運動員的身份也不再是以學生作為主力，社會各界人士

均有參加比賽，場面愈益宏大。而且這一時期的全運會，女子體育項目開始計入正式成績，取得了與男子體育項目平等的地位。全運會的舉辦在這一時期開始進入制度化軌道，而近代中國體育也在這一時期取得了舊中國歷史上的最好成績，舊中國時期各體育項目最高紀錄也大多在這一時期的全運會上誕生。因此，這一時期的全運會具有以下特點：一、舉辦規模達到中國近現代歷史上的最大規模，大會水平爲舊中國歷史上最高；二、全運會的影響遍及全國範圍，對各地近代體育的發展都具有極大的促進作用，尤其是對邊疆地區體育發展現代化具有積極的催化作用；三、中央政府主導籌劃全國運動會成爲定制，並將全運會的舉辦逐漸引入規範化與制度化的軌道。

民國全運會從這一時期開始逐漸進入全國人民的視野。在日本帝國主義步步緊逼的時代背景下，振興體育、自強不息不但成爲體育界的精神動力，也成爲當時整個中華民族的心聲。這一時期的全運會成爲激勵中國人民的動員大會，民國第六屆全運會甚至成爲全面抗日戰爭爆發前的全民誓師大會。這一時期民國全運會的舉辦基礎是南京國民政府時期建立起的體育行政體系對全國體育事業發展的領導以及自清末民初開始逐漸發展壯大的學校體育體系，日本帝國主義的挑釁則是此時期民國全運會舉辦的一個較小的催化因素。

這一時期，是民國全運會大步前進發展的時期。仍以汽車開動爲例，民國第三屆、第四屆、第五屆全運會就是汽車發動起步後從 2 檔一直加速到 4 檔的加速前進過程。

四、停頓衰落期

這一時期的民國全運會即 1948 年於上海舉行的民國第六屆全運會。這一時期的中國在經歷了 8 年浴血奮戰、趕走日本侵略者之後，很快又陷入了國共內戰的烽煙。蔣介石爲代表的國民政府拒絕履行重慶談判所簽訂的以和平方式建立新中國的雙十協定，置廣大人民群眾的切身利益於不顧，悍然發動全面內戰。爲換取美國軍事援助，國民政府簽訂了喪權辱國的條約，致使國內經濟趨於崩潰，大量人力物力和財力資源被用於戰爭，荒廢了 8 年之久的近代中國體育錯失了恢復發展的良機。

這一時期的全運會完全是國民政府爲粉飾太平、安撫國內反對內戰的聲音以及轉移民眾注意力、加強內部團結而舉辦的安撫大會。從參賽規模和和參賽人數來說，本屆全運會都達到了民國全運會歷史上的最高峰，但是從大

會籌劃組織以及舉辦水平來看，本屆全運會也是民國全運會歷史上籌備最爲倉促、秩序最爲混亂的一屆大會。本屆全運會賽場上出現多起運動員打人事件，觀眾席上出現多次擁擠踩踏事故，致使大會觀眾多人受傷。本想以全運會的舉辦來籠絡人心的國民政府，卻將人心渙散的局面用本屆大會上這樣的混亂方式表現得淋漓盡致，不得不說是一種諷刺。再將本屆全運會的優勝成績與之前幾屆民國全運會相比，就會發現大部分競技成績不進反退，這正是抗日戰爭和國共內戰所造成的動亂環境給近代中國體育發展帶來消極影響的體現。這一時期的全運會具有以下特點：一、舉辦規模和參賽人數創民國全運會有史以來最高紀錄；二、比賽秩序之混亂創民國全運會之最；三、人心渙散成爲本屆大會所表現的實際主題。

本屆全運會舉辦的基礎是建立在抗戰時期撤退到大後方以保存實力所積累的體育人力資源之上的，再加上抗戰時期，日軍的鐵蹄從未踏入大西北邊疆地區，因此大西北地區的近代體育得到了相對穩定的發展空間，在本屆全運會上得到較好的體現。國民政府爲籠絡人心、加強內部團結而堅持舉辦大會是本屆全運會能夠舉辦的主觀動因。

這一時期，是民國全運會迅速衰落的時期。抗日戰爭的爆發就是對正在前進的民國全運會這輛汽車的一記強大的外力撞擊，國共內戰則是另一記大力撞擊，在兩次巨大撞擊的影響下，民國全運會這輛行進中的汽車翻滾著衝出了車道，其速度似乎變得更快了（參賽人數爲歷屆之最），殊不知當這種撞擊的慣性消失之際，就是民國全運會的衰亡之日。

二、民國全運會的發展因素

縱觀民國全運會的發展歷程，其起步艱辛無比，發展步履蹣跚，其第三階段穩步發展期所取得的體育成就更加顯得難能可貴。民國全運會從誕生、起步、發展到最後衰落的歷程，其中存在著必然性的因素。

首先，在這30多年的歷史進程中，近代學校體育及社會體育的普及和推廣，即近代體育的發展是民國全運會舉辦的原動力，它決定著民國全運會的舉辦規模和舉辦水平；而民國全運會的舉辦反過來又對中國近代體育的發展起到了積極的促進作用，同時也反映出當時中國近代體育發展的水平。兩者相輔相成。

第二，國內反動軍閥爭權奪利致使內政不修，近代體育發展得不到政府全力支持，是為早期的民國全運會發展緩慢的主要原因。北洋政府自袁世凱之後，陷入內部派系互相傾軋的局面，內政不修，經濟凋敝，文化體育事業的統籌規劃更是無從談起。從 1914 年民國首屆全運會舉辦，到 1924 年民國第二屆全運會舉辦，中間竟然間隔了整整十年！北洋政府浪費了民國前期大好的發展時光，近代體育事業在此期間舉步維艱、步履蹣跚，民國全運會的舉辦自然遙遙無期。

第三，南京國民政府在形式上完成對中國的統一，對體育事業發展的高度重視，是民國全運會在這一時期穩步發展並取得佳績的政治保障。這一時期的民國全運會由南京國民政府統一組織籌劃，政府不惜投入鉅資和大量人力，表明其對全運會舉辦的高度重視。現將民國全運會常見項目最好成績整理如下：

民國全運會男子項目最佳成績表

項　目	最好成績	創造者	屆　次
100 米	10 秒 7	劉長春	4
200 米	22 秒	劉長春	4
400 米	50 秒 7	陳英郎	6
800 米	2 分 3 秒 1	賈連仁	5
1500 米	4 分 17 秒	於希渭	6
10000 米	32 分 47 秒	樓文敖	6
110 米高欄	16 秒	黃兩正	6
400 米中欄	57 秒 9	黃兩正	6
跳高	1.81 米	顧　彧	4
撐杆跳高	3.90 米	符保盧	5
跳遠	6.912 米	郝春德	4
三級跳遠	14.192 米	司徒光	4
擲鐵餅	41.55 米	齊沛霖	6
擲標槍	50.275 米	彭永馨	5
400 米接力	44 秒 4	廣東隊	4
1600 米接力	3 分 31 秒 8	上海隊	4
50 米自由泳	27 秒 8	陳振興	5

100 米自由泳	1 分 3 秒 3	吳傳玉	6
400 米自由泳	5 分 33 秒 2	楊維莫	5
1500 米自由泳	22 分 59 秒 2	楊維莫	5
100 米仰泳	1 分 16 秒 9	馮朝玉	6
200 米俯泳	3 分 5 秒 2	郭振恆	4
200 米接力游	1 分 57 秒 1	馬來亞華僑	6

民國全運會女子項目最佳成績表

項　　目	最好成績	創造者	屆　　次
50 米	6 秒 8	李森	5
100 米	13 秒 4	趙雲珊、王淑桂	4、6
200 米	27 秒 5	李森	5
80 米低欄	13 秒 6	王樂義	6
400 米接力	54 秒 19	廣東隊	5
跳高	1.40 米	吳樹森	6
跳遠	5.06 米	鄧銀嬌	5
擲鉛球	10.97 米	王燦華	6
擲鐵餅	30.055 米	陳榮棠	5
擲標槍	28.55 米	原恆瑞	5
50 米自由泳	35 秒 9	黃婉貞	6
100 米自由泳	1 分 20 秒 6	黃婉貞	6
100 米仰泳	1 分 37 秒 4	楊秀瓊	5
200 米俯泳	3 分 38 秒 5	陳玉瓊	5
200 米接力游	2 分 34 秒 2	廣東隊	5

　　由上表統計得出，民國歷屆全運會單個項目取得的最佳成績，有超過 60%
來自於這個時期。十幾年後的民國第六屆全運會，在各項技術均有進步的前
提下，仍未打破這一時期全運會的眾多紀錄，足以證明這一時期的全運會取
得的成績是令人矚目的。這一時期全運會上取得的優異成績客觀上在民眾中
也起到了振奮民族精神、團結一致抗日的積極作用，為即將到來的抗日戰爭
作了最好的精神動員工作。

第四，日本帝國主義發動的全面侵華戰爭，打斷了民國全運會向前發展的勢頭，是民國全運會走向衰落的罪魁禍首；抗戰結束後的國民政府則是直接將民國全運會推向終結的執行者。8 年的戰爭使得中國大地滿目瘡痍，近代體育事業陷於停頓，全運會的舉辦更是無從談起。抗戰勝利後，蔣介石爲首的國民政府違背民意發動內戰，國統區政治腐敗、經濟崩潰，民國全運會也隨著國民政府的垮臺而走向滅亡。

第五，帝國主義列強的欺凌嚴重損害了中國人民的民族自尊心，這是民國全運會得以舉辦的催化劑。從民國歷屆全運會的舉辦過程可以看出，「東亞病夫」的蔑稱始終是當時國人心中的痛。爲了擺脫這個恥辱性的稱號，彰顯中華民族的獨立、自強，國人從民國第二屆全運會開始獨立舉辦全國運動會，之後的歷屆民國全運會上，國人都在用日益優秀的成績回擊著「東亞病夫」的恥辱稱號。這個蔑稱在客觀上幾乎成爲激勵當時中國人不斷創造新紀錄的動力源頭。

三、民國全運會的意義和局限

一、民國全運會的積極意義

首先，作爲民國年間國內舉辦的水平最高、規模最大的綜合性運動會，民國全運會的舉辦爲近代中國體育發展水平的展現提供了良好的平臺。近代中國體育從誕生到緩慢發展至一定的水平是一個客觀存在的過程，民國全運會的舉辦從很大程度上恰恰反映了這一過程。民國全運會的舉辦向國內外大眾展示了民國年間中國近代體育的發展成果，一定程度上回擊了西方列強對國人「東亞病夫」的蔑稱。

第二，民國全運會的舉辦在客觀上起到了推廣近代體育運動、普及近代體育項目的作用。民國第二屆全運會上，女子籃球等女子體育項目首次以表演賽的形式出現在運動場上，這是當時整個大會的一大亮點，打破了以往運動賽場上都是男性運動員的思想傳統；游泳項目成爲正式比賽項目也是民國第二屆全運會的亮點，從此以後游泳項目愈益受到重視，在之後的歷屆全運會上，游泳比賽成爲和田徑賽同樣重要的比賽項目；在民國第四屆及第五屆全運會上，球類運動越來越受到廣大民眾的喜愛，籃球、足球等項目倍受民

眾追捧，相關優秀的球類運動員也受到民眾的崇拜。這一切都離不開民國全運會的舉辦，民國全運會在不知不覺中向社會推廣了各項近代體育運動。

第三，民國全運會的舉辦在客觀上對當時中國各地近代體育的發展起到了積極的促進作用。這一點在 20 世紀 30 年代的中國邊疆地區體現尤為明顯。從 1933 年民國第四屆全運會開始，運動場上出現了來自邊疆地區的少數民族選手，在此之後的民國全運會上，少數民族選手頻頻出現，參加團體數量也逐漸增多。民國全運會的舉辦不但促使新疆、西藏、青海、西康、寧夏、蒙古等邊疆地區的近代體育開始緩慢起步，對全國其他地區的近代體育發展也起到了積極的促進作用。民國全運會上，各參加團體為錦標之爭競爭激烈，各省市在每次賽後均加強了對相關近代體育項目運動員培養的投入。

第四，進入 20 世紀 30 年代，民國全運會的舉辦在一定程度上增強了中華民族的凝聚力，為即將到來的全面抗日戰爭作了很好的戰前動員。1931 年以後，日本帝國主義加大了對中國的侵略步伐，先是東北地區淪陷，繼而華北地區遭到威脅。在 1933 年和 1935 年的民國全運會上，東北地區的選手代表團打出黑白旗幟登場，全場觀眾席上響起了經久不息的熱烈掌聲，收復東北失地成為全場運動員及觀眾的心聲，團結自強也成為這兩屆民國全運會的主題。在大會開幕式以及國民政府要人的各種演講中，團結奮鬥、自強不息成為永恆的主題，這個時期民國全運會的舉辦實際上起到了為之後抗日戰爭全面爆發作戰前全民動員的作用。

第五，民國時期的全運會上，運動員們取得的優異成績、創造的各項全國新紀錄，向世人展現出近代中國體育發展的成果，振奮了中國的民族精神。自鴉片戰爭以來，中國人飽受屈辱，「東亞病夫」的稱呼體現出西方列強對中國人體質羸弱、精神萎靡的嘲弄。民國時期歷屆全運會的舉辦，在一定程度上振奮了中國人的精神狀態，各個體育項目上越來越多全國新紀錄的出現，也在有力的回擊著西方列強對國人「東亞病夫」的嘲弄。尤其是在民國第四屆和第五屆全運會上，創造的不少全國新紀錄甚至打破了遠東運動會的紀錄，這是中國人以實際行動在回擊列強對中國人的嘲弄。

二、民國全運會的歷史局限

民國全運會也存在著很多不可避免的歷史局限。首先，民國全運會從無到有的誕生過程是建立在西方列強對中國侵略的基礎之上的。這是民國全運

會的先天不足。民國年間的首屆全運會是袁世凱時期的西方基督教青年會組織舉辦的，所有組織工作、裁判工作均由外國人主導，運動規則、測量方法全部採用西方標準。在中國舉辦的全國運動會卻由外國人組織策劃，這樣的狀態有其深刻的政治背景。民國初年，北洋軍閥政府以出賣國家主權換取帝國主義列強的支持，整個中國的政局由西方列強在背後操縱，民國首屆全運會的組織策劃由外國人主導就不是稀奇之事了。

第二，民國全運會所反映出的近代中國體育發展水平總體上是比較落後的。雖然前面也提到民國全運會的整個發展歷程，總體上水平越來越高，也取得過不少優異的成績，但放眼世界，當時中國的體育發展水平依然十分落後。全運會上中國健兒們創造的各項成績與世界同期的優秀運動員相比，仍然存在不小的差距。以當時有「短跑怪傑」之稱的劉長春為例，在民國全運會上，他是短跑項目冠軍的常客，他在 1933 年民國全運會上創造的 100 米短跑紀錄，直至新中國成立時也無人能破。他也是代表中國參加奧運會的第一人。就是這樣一個在近代中國短跑項目上叱吒風雲的人物，在奧運會上卻表現平平，預賽即被淘汰。排除因舟車勞頓等外部因素對運動員競技狀態的影響，預賽即被淘汰的現實依然反映出近代中國體育發展水平的落後。

第三，雖然 1930 年以後的幾屆民國全運會上，包括邊疆地區在內的全國各省市均有代表參加，但全國運動會的名號卻始終名不副實。民國前三屆全運會上，邊疆地區的代表和少數民族選手均未出現，即使是中原地區，亦有省市未能派遣代表隊參賽；民國後三屆全運會上，雖然參賽代表團數量增加，邊疆地區開始派遣代表團參加，少數民族選手也開始登場亮相，但每屆全運會的參賽代表團始終不能覆蓋全國各省市和地區；在近代體育發展水平方面，邊疆地區的近代體育發展也極為滯後，在中原地區各省市運動員為錦標爭奪激烈之時，邊疆選手大多只能觀摩和學習，這說明近代體育項目在這些地區根本沒有普及。

第四，民國全運會的舉辦雖然在一定程度上刺激了各地近代體育的發展，但也由此催生出唯錦標論和體育發展貴族化的不良傾向。這在 20 世紀 30 年代的民國全運會上體現尤為明顯。當時正處於國民政府「黃金十年」時期，全運會舉辦頻繁，各省市為爭奪錦標，出現了唯錦標論的怪現象，這與今天的唯金牌論頗有相似之處，這樣就忽視了近代體育發展的本質，直接造成了當時近代體育發展貴族化的傾向。1935 年的全運會網球賽場上，很多取得優

異成績的網球運動員都是來自南洋地區的華僑華人，而不少優秀的游泳運動員也來自香港。在游泳、網球這些項目上，中國大陸地區能夠進入前三名的運動員寥寥無幾，這種現象充分顯示出民國全運會上近代體育發展呈現出的強烈的貴族化的趨勢。這樣的怪現象不利於近代體育在中國社會的發展，體育和錦標成為有錢人士的專屬，整個中國民眾的體育依然處於積貧積弱的狀態。

　　我們回望民國全運會的舉辦歷程，其發展歷史就好比一部汽車從點火發動、起步上路、逐漸加速再到遭遇車禍的過程，呈現出一個緩慢上升、逐漸加速再到驟然衰落的曲線狀圖案。在這個過程中，無數的中國人為了體育強國的夢想以不同的方式為民國全運會的舉辦作出了自己的貢獻。民國全運會的舉辦對中國近代體育的發展也起到了積極的促進作用，同時也反映出當時中國近代體育發展的水平。民國全運會的成功舉辦是民國時期中國體育界集體努力的結晶，雖然在當時的歷史條件下，民國全運會在各個方面存在著不可避免的歷史局限，但是它凝聚著當時的中國人為體育強國夢想不懈的努力和追求，體現出中華民族不畏強暴、迎難而上的奮鬥精神，這樣的精神，正是我們今天在努力實現中國夢的過程中所必須具備的。

參考文獻

一、資料彙編

1. 張研、孫燕京：《民國史料叢刊》第 1126 冊，大象出版社，2009 年。

2. 王恩溥：《談談六十三年前的體育活動》，《中國體育史參考資料》第 3 輯，人民體育出版社，1958 年。

3. 宋君復：《我的體育經歷》，《體育史料》第 3 輯，人民體育出版社，1981 年 2 月。

4. 中國第二歷史檔案館：《中華民國史檔案資料彙編》第三輯教育，鳳凰出版社，1991 年。

5. 舒新城：《中國近代教育史資料》，人民教育出版社，1981 年。

6. 《中國近代教育史資料彙編》，上海教育出版社，1993 年。

7. 陳學恂：《中國近代教育史教學參考資料》，人民教育出版社，1986 年。

8. 《體育史料》第 6 輯，人民體育出版社，1982 年 4 月。

9. 《政府公報》第 2393 號，1922 年 11 月 2 日。

10. 《中華全國體育協進會年刊第一期》，1927 年。

11. 湖北省黨政軍學體育促進委員會：《湖北省黨政軍學體育促進會會刊》，湖北省黨政軍學體育促進委員會，1936 年。

12. 平報社體育部：《第六屆全運始末記》，北平平報，1935 年 10 月。

13. 大會宣傳組：《第六屆全國運動大會手冊》，中國銀行印贈，1935 年 10 月。

14. 亞東出版社：《第六屆全國運動會指南》，上海亞東出版社，1935 年 10 月。

15. 《第七屆全國運動會秩序冊》，1948 年 5 月。

16. 《第七屆全國運動大會籌備委員會公報第一期》，1937 年 6 月。

17. 南京市檔案館館藏資料。

18. 余克禮、朱顯龍:《中國國民黨全書·上》,陝西人民出版社,2001 年。

19. 《籃球大辭典》編輯委員會:《籃球大辭典》,人民教育出版社 1993 年。

20. 何本方:《中華民國知識詞典》,中國國際廣播出版社 1992 年。

21. 徐傑舜、萬建中、周耀明:《漢族風俗史·第五卷 清代後期·民國漢族風俗》上海學林出版社 2004 年。

22. 吳文忠:《中國體育史圖鑒及文獻》中華民國大專院校體育總會,1993 年。

23. 周穀城主編:《民國叢書-第一編, 50-文化·教育·體育類》,上海書店,1989 年。

24. 陳薇婷:《中華民國體育年鑒》,財團法人徐亨體育文化基金會,2003 年。

25. 許義雄:《中華民國體育白皮書》〔臺灣〕行政院體育委員會,2000 年。

26. 百度百科:《基督教青年會》。

二、報刊雜誌

1. 《申報》,1910 年,1914 年,1924 年,1930 年,1933 年,1935 年,1948 年。

2. 《天津體育周報》,1932 年,1933 年。

3. 體育周報社:《體育周報》,湖南師範大學出版社,2010 年。

4. 《生活週刊》第五卷,1930 年。

5. 《生活週刊》第八卷,1933 年。

6. 《東方雜誌》第三十卷,第三十二卷。

三、論著

1. 王其慧、李寧:《中國體育史》,武漢體育學院教務處,1984 年。

2. 陳景磐:《中國近代教育史》,人民教育出版社,1983 年。

3. 容閎:《西學東漸記》,湖南人民出版社,1981 年。

4. 呂達:《中國近代課程史論》,人民教育出版社,1994 年。

5. 蘇竟存:《中國近代學校體育史》,人民教育出版社,1994 年。

6. 陳晴:《清末民初新式體育的傳入與嬗變》,華中師範大學出版社,2007 年,第 65 頁。

7. 國家体委體育文史工作委員會、中國體育史學會:《中國近代體育史》,北京體育學院出版社,1989 年。

8. 黃延復:《馬約翰體育言論集》,清華大學出版社,1986 年。

9. 崔樂泉:《中國近代體育史話》,中華書局,1998 年。

10. 印永清：《中國體育史話》，黃山書社，1997 年。

11. 全國體育學院教材委員會：《體育學院通用教材：體育史》，人民體育出版社，1989 年。

12. 笹島恆輔（日）：《近代中國體育運動史（日本新體育學講座第 43 卷）》，武恩蓮譯，逍遙書院，1978 年。

13. 陳晴：《清末民初新式體育的傳入與嬗變》，華中師範大學出版社，2007 年。

14. 程登科：《世界體育史綱要》，重慶商務印書館，1945 年。

15. 章輯五：《世界體育史略》，上海勤奮書局，1931 年。

16. 董啓俊：《全國運動大會小史》，出版社不詳，1937 年。

17. 王振亞：《舊中國體育見聞》，人民體育出版社，1987 年。

18. 趙祥麟、王承緒：《杜威教育論著選》，華東師範大學出版社，1981 年，第 438 頁。

19. 谷世權：《中國體育史》，北京體育大學出版社，2002 年，第 235 頁。

20. 阮蔚村：《遠東運動會歷史與成績》，上海勤奮書局，1933 年。

21. 谷世權、楊文清：《中國體育史》，北京體育學院體育理論教研室體育史教學組，1981 年 3 月。

22. 成都體育學院體育史研究室：《中國近代體育史簡編》，人民體育出版社，1979 年 12 月。

23. 林思桐：《中華體育五千年》，西安體育學院學報編輯部，1984 年。

24. 劉秉果：《中國體育史》，徐州師範學院體育系，1985 年。

25. 夏書宇、巫蘭英、劉薇：《中國體育通史簡編》，河南人民出版社，2007 年。

26. 郭希汾：《中國體育史》，上海商務印書館。

27. 孫和賓：《怎樣辦理公共體育場》，上海南京書店，1933 年 4 月。

28. 吳蘊初：《體育建築及設備》，上海勤奮書局，1933 年 7 月。

29. 趙文藻：《歐洲體育考察報告》，河北省教育廳印，1936 年。

30. 王庚：《民眾體育實施法》，上海勤奮書局。

31. 譚華：《體育史》，高等教育出版社，2005 年。

32. 盧海明、楊新華：《南京民國建築》，南京大學出版社 2001 年。

33. 史國生：《中國體育簡史》，人民體育出版社，2002 年。

34. 吳文忠：《中國體育百年發展史》，臺灣商務印書館，1981 年。

35. 何啓君、胡曉風：《中國近代體育史》，北京體育大學出版社，1991 年。

36. 顏紹瀘、周西寬：《體育運動史》，人民體育出版社，1990 年。

37. 馬莉芳：《中國體育簡史》，吉林大學出版社，2007 年。

38. 郎淨：《近代體育在上海》，上海社會科學院出版社，2006 年。

39. 全國體育學院教材委員會審定：《競技運動史》，人民教育出版社，1991年。

40. 張建會：《全運會制度變遷中的秩序、認同與利益》，北京體育大學出版社，2011 年。

四、碩士學位論文

1. 開云：《中國全運會述評（1910～2001）》，南京師範大學碩士學位論文，2005 年。

2. 劉勇：《略論中國「全運會」演變史》，南京師範大學碩士學位論文，2007年。

3. 姚敏：《體育救國：民國時期全運會研究》，華中師範大學碩士學位論文，2011 年。

五、期刊論文

1. 陳建寧：《1948 年上海第七屆全國運動會》，《上海檔案》2001 年第 6 期。

2. 陳建寧：《一九三〇年在杭州舉辦的第四屆全運會》，《浙江檔案》2001年第 10 期。

3. 王玉立：《中國近代女子體育的興起與發展》，《山東體育科技》2004 年第 2 期。

4. 廖建林：《社會變遷與近代體育的發展——對舊中國第三屆全國運動會的歷史考察》，《求索》2004 年第 4 期。

5. 盧立菊、付啓元：《回首民國第五屆全國運動會》，《江蘇地方志》2005年第 5 期。

6. 史國生：《對舊中國第五屆全運會開幕式的考證》，《體育文化導刊》2005年第 12 期。

7. 史國生：《舊中國第五屆全運會競賽概況考證》，《體育文化導刊》2006年第 6 期。

8. 李潤波：《民國時期第四屆全國運動會與體育專刊誕生》，《北京檔案》2008年第 2 期。

9. 張建會、鍾秉樞：《1910～1948 年全運會制度的歷史考察》，《體育學刊》2010 年第 8 期。

10. 董理峰：《民國時期全運會民族化發展特徵研究》，《體育科技》2012 年第 4 期。

致　謝

　　時光猶如白駒過隙，轉眼之間就到了博士研究生的畢業季。回首過往，感慨良多。二十年的讀書生涯，有過成功的喜悅，也有過失敗的沮喪，有太多的人和事值得細細回憶。

　　兒時的我體質較差，在電視上看見馳騁賽場的運動員健美的身姿、精湛的技巧，心中羨慕不已，幻想著自己何時能像他們一樣有著強健的身體和靈巧的技藝。而我最早接觸中國近現代史，是從兒時的一本近代史連環畫開始的。書中無數仁人志士爲打破帝國主義的侵略抛頭顱灑熱血的英勇事蹟深深的觸動了我。是什麼樣的信念支持著他們？又是怎樣的信仰讓他們堅持下去？從「師夷長技以制夷」的理念，到「民族、民權、民生」的三民主義的信仰，從「我自橫刀向天笑」的大無畏氣概到「革命尚未成功，同志仍需努力」的殷切囑託，無數近代仁人志士爲建立富強、獨立、民主的新中國而不懈努力，他們鞠躬盡瘁，前赴後繼，在近代史的長河中留下了點點倒影。懷著對探索近代中國歷史富強之路的崇敬和好奇，我選擇了民國時期的全國運動會作爲自己的研究對象。民國時期全運會的整個發展歷程，是近代史上中國仁人志士爲富強、獨立的新中國努力奮鬥的一個小小縮影。

　　學術研究的開展和進步離不開良師益友的教導指點以及交流切磋。首先，我要衷心感謝我的恩師周新國教授對我的淳淳教誨和悉心關懷！在我的學習過程之中，從論文選題、論文整體設計和架構，到論文的撰寫與修改，每一個環節中無不凝聚著恩師的汗水和心血。在寫作的過程中，尤其是在論文的整體架構方面，我曾經多次向恩師請教。恩師循循善誘的教導、在謀篇布局方面的開闊視野，都使我在論文寫作過程中感到獲益良多。恩師國際化

的視野，前沿的學術觀點，深厚的學術造詣，嚴謹的治學風格，勤奮的治學理念，從容、樂觀、豁達、靈活、勤奮、以身立行的做人風格不僅使我明白了如何看待問題、如何寫文章，懂得了如何規劃自己的人生，而且還明白了許多待人接物以及為人處世的道理，深刻影響著我今後的工作和生活。恩師教導我視野必須拓寬，研究境界必須高遠。在生活方面恩師也給予了我無微不至的關心和幫助，藉此機會向恩師表示我最誠摯的謝意！

此外我要感謝吳善中教授。在我讀博的起始階段，許多論文寫作的小技巧都是吳教授點撥指導的。他雄厚的史學理論基礎、深厚的秘密社會史理論功底、開闊的科研視野以及為人處事的豪爽性格為我今後的人生樹立了榜樣！

非常感謝羅瑛教授、劉正峰教授、朱季康教授在論文的選題過程中給予我的指導和幫助！感謝江蘇師範大學歷史文化與旅遊學院的周棉教授，在治學方法和研究思路方面給予我悉心指導！

感謝已畢業的博士研究生楊德志、顧亞欣兩位師兄在論文撰寫方面對我的無私指點。感謝張進老師在學校對我學習上的指導和生活上的關心。感謝圖書館文史閱覽室的尹老師在查閱資料的過程中給予我的鼎力幫助！在即將畢業之際，非常感謝劉勇、吳莉莉兩位博士研究生同學的幫助！感謝他們在學習精神和日常生活中對我的支持和幫助。在此，謹向他們及所有關心幫助過我的老師和同學表示我誠摯的謝意！

在即將完成學業之即，感謝我的家人多年來對我學業的鼎力支持！因為我的求學路壓彎了父母的腰，榨乾了他們的汗，染白了他們的髮。特別是母親在我讀博期間對我的關懷，「誰言寸草心，報得三春暉」，這份恩情無以為報！感謝大表哥對我學業的鼎力支持和鼓勵！如果沒有他們，我無法想像自己會如何挺過這段極具挑戰性的學習生涯，衷心祝願我的親人們健康幸福！

謹以此著作獻給所有關懷、幫助、支持、鼓勵我的親人、師長、學友和朋友們！